V&R unipress

Beiträge zu Grundfragen des Rechts

Band 38

Herausgegeben von
Stephan Meder

Christian Holzmann

# Die »Fehleridentität« bei der Anfechtung wegen Eigenschaftsirrtums unter besonderer Berücksichtigung des Insolvenzverfahrens

V&R unipress

MIX
Papier aus verantwortungsvollen Quellen
FSC www.fsc.org FSC® C083411

Bibliografische Information der Deutschen Nationalbibliothek
Die Deutsche Nationalbibliothek verzeichnet diese Publikation in der Deutschen Nationalbibliografie; detaillierte bibliografische Daten sind im Internet über https://dnb.de abrufbar.



Druck und Bindung: CPI books GmbH, Birkstraße 10, D-25917 Leck
Printed in the EU.

**Vandenhoeck & Ruprecht Verlage | www.vandenhoeck-ruprecht-verlage.com**

ISSN 2198-5405
ISBN 978-3-8471-1359-1

# Inhalt

# Vorwort

Die Arbeit wurde von der Juristischen Fakultät der Gottfried Wilhelm Leibniz Universität Hannover im Sommersemester 2020 als Dissertation angenommen. Sie befindet sich auf dem Stand von Oktober 2021.

Mein persönlicher Dank gilt den Menschen, die mich bisher auf meinem Lebensweg begleitet und stets unterstützt haben, insbesondere meinen Eltern und meiner Frau. Ihnen ist diese Arbeit gewidmet.

Auch danke ich denen, die mich beim Schreiben dieser Arbeit beratend unterstützt haben. Besonders danke ich Herrn Prof. Dr. Meder für die konstruktive Betreuung während der Erstellung dieser Arbeit. Herrn Prof. Dr. Becker gebührt mein Dank für die Übernahme des Zweitgutachtens.

Rüsselsheim, Oktober 2021 Christian Holzmann

# Abkürzungsverzeichnis

| | |
|---|---|
| a. A. | andere Auffassung |
| a. a. O. | am angegebenen Ort |
| ABGB | Allgemeines Bürgerliches Gesetzbuch (Österreich) |
| ABl. | Amtsblatt |
| Abs. | Absatz |
| AcP | Archiv für civilistische Praxis (Zeitschrift) |
| a. E. | am Ende |
| AEUV | Vertrag über die Arbeitsweise der Europäischen Union |
| a. F. | alte Fassung |
| AG | Amtsgericht |
| AGG | Allgemeines Gleichbehandlungsgesetz |
| AktG | Aktiengesetz |
| allg. | allgemein |
| ALR | Allgemeines Landrecht für die preußischen Staaten |
| Alt. | Alternative |
| amtl. | amtlich |
| Art. | Artikel |
| AT | Allgemeiner Teil |
| Aufl. | Auflage |
| B2B | Business to Business |
| B2C | Business to Consumer |
| BAG | Bundesarbeitsgericht |
| BAG AP | Bundesarbeitsgericht Arbeitsrechtliche Praxis (Nachschlagewerk) |
| BauR | Baurecht (Zeitschrift) |
| BB | Betriebsberater (Zeitschrift) |
| Bd. | Band |
| Begr. | Begründer |
| Begr. RegE | Begründung Regierungsentwurf |
| Bem. | Bemerkung |
| Beschl. | Beschluss |
| BGB | Bürgerliches Gesetzbuch |
| BGBl. | Bundesgesetzblatt |

| | |
|---|---|
| BG | Bundesgericht (Schweiz) |
| BGE | Amtliche Sammlung von Entscheiden des Schweizerischen Bundesgerichts |
| BGH | Bundesgerichtshof |
| BGHZ | Amtliche Sammlung der Entscheidungen des Bundesgerichtshofs in Zivilsachen |
| BJagdG | Bundesjagdgesetz |
| BPatG | Bundespatentgericht |
| BR-Drs. | Bundesrats-Druclsache |
| BT-Drs. | Bundestags-Drucksache |
| BVerfG | Bundesverfassungsgericht |
| BVerfGE | Amtliche Sammlung der Entscheidungen des Bundesverfassungsgerichts |
| BVerwG | Bundesverwaltungsgericht |
| bzw. | beziehungsweise |
| ca. | circa (ungefähr) |
| C. C. | Code Civil (Frankreich) |
| CESL | Common European Sales Law |
| CFR | Common Frame of Reference |
| Chr. | Christus |
| c. i. c. | Culpa in contrahendo |
| COVInsAG | Gesetz zur vorübergehenden Aussetzung der Insolvenzantragspflicht und zur Begrenzung der Organhaftung bei einer durch die COVID-19-Pandemie bedingten Insolvenz |
| D. | Digesten |
| DB | Der Betrieb (Zeitschrift) |
| DCFR | Draft Common Frame of Reference |
| DDR | Deutsche Demokratische Republik |
| Ders. | Derselbe |
| d. h. | das heißt |
| Diss. | Dissertation |
| DM | Deutsche Mark |
| DMBilG | Gesetz über die Eröffnungsbilanz in Deutscher Mark und die Kapitalneufestsetzung |
| DR | Deutsches Recht (Zeitschrift) |
| Ebd. | ebenda |
| EBGB | Einführungsgesetz zum Bürgerlichen Gesetzbuch |
| EG | Europäische Gemeinschaft |
| EGMR | Europäischer Gerichtshof für Menschenrechte |
| EGV | Vertrag zur Gründung der Europäischen Gemeinschaft |
| Einl. | Einleitung |
| EL | Ergänzungslieferung |
| EMRK | Europäische Menschenrechtskonvention |
| endg. | endgültig |
| etc. | et cetera |
| EU(-) | Europäische Union bzw. zur Europäischen Union gehörend |
| EWIV | Europäische Wirtschaftliche Interessenvereinigung |
| f. | folgend(e) |

| | |
|---|---|
| FamRZ | Zeitschrift für das gesamte Familienrecht (Zeitschrift) |
| ff. | fortfolgende |
| Fn. | Fußnote |
| FS | Festschrift |
| geb. | geboren |
| GEK | Gemeinsames Europäisches Kaufrecht |
| gem. | gemäß |
| GenG | Genossenschaftsgesetz |
| GG | Grundgesetz |
| ggf. | gegebenenfalls |
| Gruch. | Gruchots Beiträge zur Erläuterung des deutschen Rechts (Zeitschrift) |
| GVG | Gerichtsverfassungsgesetz |
| HansOLG | Hanseatisches Oberlandesgericht |
| HGB | Handelsgesetzbuch |
| h. L. | herrschende Lehre |
| h. M. | herrschende Meinung |
| Hrsg. | Herausgeber |
| HWB EUP | Handwörterbuch Europäisches Privatrecht |
| ICD | International Statistical Classification of Diseases and Related Health Problems |
| IDW | Institut der Wirtschaftsprüfer |
| InsO | Insolvenzordnung |
| IO | Insolvenzordnung Österreich |
| IPR | Internationales Privatrecht |
| JA | Juristische Arbeitsblätter (Zeitschrift) |
| J§E | Jura Studium & Examen |
| JR | Juristische Rundschau |
| JURA | Juristische Ausbildung (Zeitschrift) |
| JuS | Juristische Schulung (Zeitschrift) |
| JW | Juristische Wochenschrift (Zeitschrift) |
| JZ | Juristenzeitung (Zeitschrift) |
| KG | Kammergericht bzw. Kommanditgesellschaft |
| KMU | Kleines und mittleres Unternehmen |
| KO | Konkursordnung |
| KTS | Zeitschrift für Insolvenzrecht |
| LG | Landgericht |
| lit. | littera |
| MDR | Monatsschrift für Deutsches Recht (Zeitschrift) |
| MüKoBGB | Münchener Kommentar zum BGB |
| MüKoInsO | Münchener Kommentar zur InsO |
| m. a. W. | mit anderen Worten |
| max. | maximal |
| m. w. N. | mit weiteren Nachweisen |
| n. | nach |
| n. F. | neue Fassung |
| NJ | Neue Justiz (Zeitschrift) |

| | |
|---|---|
| NJW | Neue Juristische Wochenschrift (Zeitschrift) |
| NJW-RR | Neue Juristische Wochenschrift-Rechtsprechungsreport (Zeitschrift) |
| Nr. | Nummer |
| NSDAP | Nationalsozialistische Deutsche Arbeiterpartei |
| NZI | Neue Zeitschrift für Insolvenz- und Sanierungsrecht (Zeitschrift) |
| NZM | Neue Zeitschrift für Mietrecht (Zeitschrift) |
| OLG | Oberlandesgericht |
| OLGZ | Entscheidungen der Oberlandesgerichte in Zivilsachen einschließlich der freiwilligen Gerichtsbarkeit |
| OR | Obligationenrecht (Schweiz) |
| PKW | Personenkraftwagen |
| Prot. | Protokolle (zum BGB) |
| RabelsZ | Rabels Zeitschrift für ausländisches und internationales Privatrecht (Zeitschrift) |
| RegE | Regierungsentwurf |
| Rom I-VO | Verordnung (EG) Nr. 593/2008 des Europäischen Parlaments und des Rates vom 17. Juni 2008 über das auf vertragliche Schuldverhältnisse anzuwendende Recht (Rom I) |
| RG | Reichsgericht |
| RG Warn | Jahrbuch der Entscheidungen zum Bürgerlichen Gesetzbuch und den Nebengesetzen bzw. Warneyers Jahrbuch |
| RGZ | Amtliche Entscheidungssammlung des Reichsgerichts in Zivilsachen |
| Rn. | Randnummer |
| ROHG | Reichsoberhandelsgericht |
| RPflG | Rechtspflegergesetz |
| S. | Seite; Satz |
| SachenR | Sachenrecht |
| s. a. | siehe auch |
| SchuldR | Schuldrecht |
| scil. | scilicet (nämlich) |
| Sec. | Section |
| SGA | Sales of Goods Act (Vereinigtes Königreich) |
| SGB | Sozialgesetzbuch |
| Slg. | Sammlung |
| sog. | sogenannt(e) |
| sqq. | Sequentes [folgende Seite(n)] |
| StPO | Strafprozessordnung |
| Tz. | Textziffer |
| u. a. | unter anderem |
| Urt. | Urteil |
| US- | zu den Vereinigten Staaten von Amerika gehörig |
| u. U. | unter Umständen |
| v. | von |
| Var. | Variante |
| VersR | Versicherungsrecht (Zeitschrift) |
| VG | Verwaltungsgericht |

| | |
|---|---|
| VGH | Verwaltungsgerichtshof |
| vgl. | vergleiche |
| Vorb. | Vorbemerkung |
| WM | Wertpapier-Mitteilungen. Zeitschrift für Wirtschafts- und Bankrecht |
| z. B. | zum Beispiel |
| ZEuP | Zeitschrift für Europäisches Privatrecht (Zeitschrift) |
| ZGB | Zivilgesetzbuch (Schweiz) |
| ZGB-DDR | Zivilgesetzbuch der ehemaligen DDR |
| ZInsO | Zeitschrift für das gesamte Insolvenz- und Sanierungsrecht (Zeitschrift) |
| ZIP | Zeitschrift für Wirtschaftsrecht (bis 1982: Zeitschrift für Wirtschaftsrecht und Insolvenzpraxis) (Zeitschrift) |
| ZJS | Zeitschrift für das Juristische Studium (Online-Zeitschrift) |
| ZPO | Zivilprozessordnung |
| ZVG | Zwangsversteigerungsgesetz |

# Einführung

## A. Motivation der Arbeit

Die sogenannte *Fehleridentität* bei der Anfechtung wegen Eigenschaftsirrtums war in der Vergangenheit bereits Gegenstand zahlreicher Abhandlungen.[1] Im Kern geht es um die Frage, ob bei Vorliegen eines Eigenschaftsirrtums neben dem Verpflichtungsgeschäft auch das (abstrakte) dingliche Rechtsgeschäft, also das Verfügungsgeschäft gem. § 119 Abs. 2 BGB anfechtbar ist – ob demnach die Nichtigkeitsnorm tatbestandlich sowohl für das Grundgeschäft als auch für das dingliche Rechtsgeschäft erfüllt ist.[2] Dazu hatte das Reichsgericht[3] bereits kurz nach Inkrafttreten des BGB im Jahre 1907 gemeint, Kausalgeschäft und dingliches Übereignungsgeschäft könnten gemeinsam anfechtbar sein, »wenn beide Geschäfte in einem einheitlichen Willensakte zusammenfallen und dieser an dem Anfechtungsgrunde des Irrtums leidet«.[4] Dieser Entscheidung, der dogmatische »Sprengkraft«[5] beigemessen wurde, löste seinerzeit keinen umfassenden wissenschaftlichen Diskurs aus. Bekannter wurde dagegen der sog. *Duveneck/Leibl*-Fall des Bundesgerichtshofs (BGH), der sich mit dem Anfechtungsrecht des Verkäufers wegen Irrtums über die Urheberschaft eines verkauften

1 Siehe vorerst nur *Grigoleit*, AcP (199) 1999, 379 (396); *Flume*, BGB, Allgemeiner Teil, Bd. 2, § 24, S. 479, 487–489; *Meier/Jocham*, JuS 2021, 494 (495f.).; *Sorge*, Verpflichtungsfreier Vertrag als schuldrechtlicher Rechtsgrund. Das »Rechtsgeschäft« der condictio ob rem gem. § 812 Abs. 1 S. 2 Alt. 2 BGB jenseits von Erfüllungszwang und Markttausch; vgl. im Übrigen die Literaturhinweise im 2. Kapitel C.II sowie RGZ 66, 385 (390); RGZ 69, 13 (16); BGH DB 1966, 818; Prütting/Wegen/Weinreich/*Ahrens*, § 123 Rn. 41; vgl. auch BGHZ 58, 257 (258): *Westermann/Gursky/Eickmann*, SachenR, § 3 Rn. 11; Palandt/*Ellenberger*, vor § 104 Rn. 23; Erman/*Arnold*, § 142 Rn. 5; MüKoBGB/Busche, § 142 Rn. 15.

2 *Meier/Jocham*, JuS 2021, 494 (495).

3 RG, 18.10.1907 – Rep. II. 194/07, RGZ 66, 385, sog. Depeschen-Urteil.

4 RGZ 66, 385 (390). Allerdings habe es im Streitfall näher gelegen, die Anfechtung auf § 123 BGB zu stützen, RGZ 66, 385 (387).

5 *Haferkamp*, JURA 1998, 511 (515).

Bildes befasste. Dem lag im Wesentlichen folgende Sach- und Rechtsbehandlung zugrunde:[6]

Der Kläger verkaufte das ihm gehörende Ölgemälde »Bildnis eines jungen Mannes« zum Preis von 6.000,00 DM an den Beklagten. Anlässlich einer Begutachtung war dem Kläger zuvor mitgeteilt worden, das »Ölbild Männerkopf von Frank Duveneck« sei ein Original von Frank Duveneck. Das Bild wurde dem Beklagten übergeben, der Kaufpreis gezahlt. Der Beklagte ließ das Gemälde von einem Konservator untersuchen, der es dem Maler Wilhelm Leibl[7] zuschrieb und den Wert mit 25.000,00 DM bezifferte. Als der Kläger das Bild in der Ausstellung einer Städtischen Galerie über Wilhelm Leibl und dessen Malerkreis entdeckte und es dort als Werk von Wilhelm Leibl ausgewiesen wurde, erklärte der Kläger die Anfechtung des Kaufvertrags und der Übereignungserklärung wegen Irrtums an und forderte die Herausgabe des Bildes Zug um Zug gegen Rückzahlung der entrichteten 6.000,00 DM.

Das Berufungsgericht bejahte einen Herausgabeanspruch nach § 985 BGB, da der Kläger sich über eine verkehrswesentliche Eigenschaft des Bildes geirrt und die deshalb wirksame Anfechtung nicht nur den Kaufvertrag, sondern auch das dingliche Übereignungsgeschäft erfasst habe. Weiterhin ging es von einem aus der Nichtigkeit des Kaufvertrags resultierenden Bereicherungsanspruch aus. Die Anfechtung des Kaufvertrags sei wirksam, die Urheberschaft eines Gemäldes eine verkehrswesentliche Eigenschaft im Sinne von § 119 Abs. 2 BGB. Ferner habe sich der Kläger im Zeitpunkt des Verkaufs über den Maler des Bildes geirrt.

Die Entscheidung wurde vom BGH nicht beanstandet.[8] Die Revision des Beklagten führte – aus anderen Gründen – zur Aufhebung des Berufungsurteils und zur Zurückweisung an das Oberlandesgericht.[9]

Sollten sich beide Parteien über die Urheberschaft geirrt haben (sog. beiderseitiger Irrtum), indem beide Parteien davon ausgingen, dass das Bild von Duveneck ist, hätte der BGH konsequenterweise nach seiner Meinung die Regeln über den Wegfall der Geschäftsgrundlage (heute: § 313 BGB) anwenden müssen.[10] Anders als die Anfechtung lässt deren Anwendung den Bestand des Ver-

---

6 BGH, Urt. v. 08.06.1988 – VIII ZR 135/87 (Vorinstanz: OLG München) = NJW 1988, 2594 (2597 ff.); hier leicht abgewandelt und vereinfacht dargestellt.

7 Die Zuordnung änderte sich im Nachhinein. Der zuletzt bekannte Gutachter *Prof. Dr. Wichmann* schrieb das Bild dem Maler *Theodor Alt* zu. *Theodor Alt*, 1846 bis 1937, war ein Mitschüler Leibls. *Wilhelm Maria Hubertus Leibl*, 1844 bis 1900, war, wie z. B. teilweise auch *Hans Thoma*, ein Vertreter des Realismus in Deutschland. Der US-Amerikaner *Frank Duveneck*, 1848 bis 1919, ein Schüler von Leibl, wandte sich später dem Impressionismus zu.

8 BGH, Urt. v. 08.06.1988 – VIII ZR 135/87, II 3 a).

9 Das OLG München entsprach am 19. Januar 1993 dem Antrag des Klägers auf Herausgabe des Bildes: 13 U 4609/88 (nicht veröffentlicht).

10 Bei beiderseitigem Irrtum ist umstritten, ob § 119 Abs. 2 BGB anwendbar ist; vgl. dazu unten 2. Kapitel B. III.

trags unangetastet und führt zur Vertragsanpassung sowie lediglich in Ausnahmefällen zum Rücktritt, was wiederum die dingliche Ebene unberührt lässt. Im Insolvenzfall handelt es sich dann nur um ein als Insolvenzforderung gem. § 38 InsO einzuordnendes Gestaltungsrecht bzw. einen schuldrechtlichen Verschaffungsanspruch ohne Aussonderungswirkung.

In den Fällen der Fehleridentität liegt ein konkreter Mangel vor, der zur Unwirksamkeit des Verpflichtungs- *und* des Verfügungsgeschäfts führt. *Flume* meint, der Mangel des Verpflichtungsgeschäfts »erstrecke« sich auch auf das Verfügungsgeschäft, da – etwa bei der Anfechtung nach § 119 Abs. 2 BGB – die Eigenschaften der Sache auch Inhalt der dinglichen Einigung seien.[11] *Quack* dagegen meint, es könne nicht davon gesprochen werden, dass sich der Fehler des Grundgeschäfts auf das Erfüllungsgeschäft »erstrecke«: Das sei so wenig der Fall, wie das Umgekehrte, d. h. die Fehlererstreckung von der dinglichen Einigung auf das obligatorische Grundgeschäft.[12]

Zurückzuführen ist der Meinungsstreit auf das Abstraktionsprinzip, das zu den charakteristischen Merkmalen des deutschen Zivilrechts gehört[13] und als vollendete Durchführung des ihm zugrunde liegenden Trennungsprinzips gilt.[14]

Das u. a. auf die Arbeiten von *Savigny*[15] zurückgehende Abstraktionsprinzip hat sich ungeachtet zum Teil heftiger Kritik[16] im Verlauf der Rechtsentwicklung in Deutschland durchgesetzt. Heute sind beide Prinzipien sowohl in der (deutschen) Zivilrechtswissenschaft als auch in der Judikatur grundsätzlich anerkannt und werden überwiegend nicht mehr infrage gestellt.

Indes ist die Rechtsprechung und Lehre seit jeher bestrebt und versucht, das Abstraktionsprinzip zu umgehen bzw. zu durchbrechen. Dabei haben sich im Wesentlichen drei Fallgruppen etabliert: der Bedingungszusammenhang, die Geschäftseinheit und die bereits erwähnte sog. Fehleridentität.[17]

---

11 *Flume* AT II, § 24, S: 479, 487–489.

12 MüKoBGB/*Quack* (2004), § 929 Rn. 56; MüKoBGB/*Oechsler*, § 929 Rn. 33; so ähnlich auch *Faust*, BGB AT, § 5 Rn. 4.

13 Ausführlich zum Trennungs- und Abstraktionsprinzip *Stadler*, Gestaltungsfreiheit und Verkehrsschutz durch Abstraktion, S. 46ff.; *Peters*, JURA 1986, 449 (449); *Jauernig*, JuS 1994, 721 (721f.); *Petersen*, JURA 2004, 98 (98).

14 Vgl. allgemein *Meder/Czelk*, Grundwissen Sachenrecht, S. 7f. Rn. 13.

15 *v. Savigny*, Das Obligationenrecht als ein Theil des heutigen römischen Rechts II, S. 254ff.; zur historischen Entwicklung: *Kiefner*, Der abstrakte obligatorische Vertrag in Praxis und Theorie des 19. Jahrhunderts, S. 74ff.; *Ranieri*, Die Lehre von der abstrakten Übereignung in der deutschen Zivilrechtswissenschaft des 19. Jahrhunderts, S. 90ff.; *Felgentraeger*, Friedrich Carl v. Savignys Einfluss auf die Übereignungslehre, S. 21ff.; *Strack*, JURA 2011, 5 (5).

16 Dazu *Eisenhardt*, JZ 1991, 271 (272); *Peters*, a. a. O.; *Larenz*, Lehrbuch des Schuldrechts, Band II/1, § 39 II d.

17 Ausführlich MüKoBGB/*Oechsler*, § 929 Rn. 33ff.; *Lieder/Berneith*, JuS 2016, 673 (673).

Als Anwendungsfälle der Fehleridentität lassen sich zunächst die Fälle der Geschäftsunfähigkeit (§§ 104ff., 105, 105a BGB),[18] des Verstoßes gegen Verbotsgesetze (§ 134 BGB)[19] und der Nichtigkeit wegen Sittenwidrigkeit (§ 138 Abs. 1 BGB)[20] bzw. Wuchers (§ 138 Abs. 2 BGB)[21] identifizieren.[22] Darüber hinaus kann Fehleridentität auch in Anfechtungsfällen vorliegen. Während dies für den Inhalts- und Erklärungsirrtum gem. § 119 Abs. 1 BGB überwiegend vertreten wird[23] und bei der arglistigen Täuschung oder widerrechtlichen Drohung gem. § 123 Abs. 1 BGB unbestritten ist,[24] wird Fehleridentität bei der Anfechtung

18 Da die dingliche Einigung, die nach der überwiegenden Meinung lediglich einen Konsens über den Verfügungsgegenstand, die Verfügungswirkungen und die beteiligten Parteien erfordert, Rechtsgeschäftsqualität aufweist, führt die Geschäftsunfähigkeit wie beim Kausalgeschäft zur Nichtigkeit des Verfügungsgeschäfts; vgl. u. a. *Petersen*, a. a. O. Kann jemand wegen Geschäftsunfähigkeit das Kausalgeschäft nicht wirksam abschließen, gilt dies auch für das Verfügungsgeschäft. Es sind die Fälle der krankhaften Störung der Geistestätigkeit. Diese liegt vor, wenn jemand nicht imstande ist, seinen Willen frei und unbeeinflusst von einer Geistesstörung zu bilden und nach zutreffend gewonnenen Einsichten zu handeln, vgl. Palandt/*Ellenberger*, § 104 Rn. 3. Dabei kommt es nicht darauf an, wie die Störung medizinisch (etwa nach ICD) zu diagnostizieren ist, MüKoBGB/*Spickhoff*, § 104 Rn. 11. Erfasst werden auch die Fälle der Geistesschwäche. Entscheidend ist jeweils, ob infolge des krankhaften Zustands die freie Willensbestimmung ausgeschlossen ist, RGZ 130, 69 (71); RGZ 162, 223 (228). Die Beweislast für das Vorliegen von Geschäftsunfähigkeit trägt derjenige, der sich darauf beruft, vgl. BGH, Urt. v. 06.06.1965 – III ZR 229/64, WM 1965, 895 Tz. 16. Im dortigen Streitfall ging es um Geldabhebungen in Höhe von ca. 41.000,00 DM von einem Bankkonto durch einen Alkoholiker. Die Erben forderten vergeblich Rückzahlung vom Kreditinstitut. Ob bei Personen, die unter Betreuung (§§ 1896ff. BGB) stehen, Geschäftsunfähigkeit vorliegt, ist Einzelfallfrage. Die Betreuung setzt nicht Geschäftsunfähigkeit voraus, vgl. OLG Düsseldorf FamRZ 193, 1124.

19 Für den Fall, wenn das Verbotsgesetz gerade auch das Erfüllungsgeschäft erfassen soll, um die Vermögensverschiebung zu verhindern, vgl. *Meder/Czelk*, S. 9 Rn. 16.

20 Sittenwidrigkeit soll vorliegen, wenn gerade mit dem dinglichen Rechtsvorgang unsittliche Zwecke verfolgt werden oder wenn in ihm die Unsittlichkeit liegt, vgl. RGZ 57, 95; RG Gruch. 57, 916. Dies wurde z. B. auch angenommen für eine Vereinbarung zwischen Eheleuten dahingehend, dass der Mann der Frau ein Grundstück veräußert, wenn diese Scheidungsklage erhebt, vgl. RGZ 145, 152 (153f.); RGZ 70, 55 (57); vgl. auch BGHZ 7, 111, 114; BGH NJW 1970, 657; BGH NJW 1985, 3006 (3007); BGH NJW 1991, 918.

21 Bei § 138 Abs. 2 BGB ergibt sich der Durchgriff auf die dingliche Ebene des Bewucherten bereits aus dem Wortlaut (»gewähren lässt«); vgl. nur RGZ 109, 201; MüKoBGB/Oechsler, § 929 Rn. 36 sowie BGH NJW 1982, 2767.

22 Vgl. grundlegend: *Meder/Czelk*, S. 8 Rn. 14 und 15.

23 MüKoBGB/*Oechsler*, § 929 Rn. 33ff. und MüKoBGB/*Armbrüster*, § 119 Rn. 78; a. A. offenbar Stadler, S. 177. Dass dies bei einem Versprechen, Vergreifen bzw. Verschreiben und wenn der Erklärende meint, keine Willenserklärung abzugeben, möglich sein soll, leuchtet ein, weshalb dies hier, weil weitestgehend unstreitig, nicht weiter vertieft werden soll.

24 RGZ 70, 55 (57f.); RGZ 66, 385 (389); in der Regel sei auch der dingliche Vertrag unwirksam; vgl. insgesamt dazu Palandt/*Ellenberger*, vor § 104 Rn. 23a; differenzierend für die Fälle der arglistigen Täuschung und widerrechtlichen Drohung, *Meier/Jocham*, JuS 2021, 494 (496f.): »Nur wenn die Täuschung auch den Entschluss zur Übereignung selbst beeinflusst, mithin der Veräußerer das Eigentum ohne die Täuschung überhaupt nicht übertragen hätte, ist der

wegen Irrtums über verkehrswesentliche Eigenschaften gem. § 119 Abs. 2 BGB teilweise uneingeschränkt, teilweise lediglich unter bestimmten Voraussetzungen bejaht, etwa bei Koinzidenz von Verpflichtungs- und Verfügungsgeschäft oder wenn von der Nichtigkeit ex tunc kein redlicher Dritter tangiert ist,[25] von anderen dagegen einschränkungslos und generell abgelehnt.[26]

## B. Forschungsfragen und Kernthesen

Die Frage nach der dinglichen Rechtslage bei der umstrittensten Fallgruppe der Fehleridentität beim Eigenschaftsirrtum wird in der Insolvenz des Anfechtungsgegners virulent. Infolge des Abstraktionsprinzips geht das Eigentum an der Sache in das Haftungsvermögen des Anfechtungsgegners (z. B. des Käufers) über, auf das dessen Gläubigern zugreifen können. Der anfechtungsberechtigte Verkäufer ist mit seinem Bereicherungsanspruch Insolvenzgläubiger und wird mit seiner Forderung im Rang des § 38 InsO regelmäßig auf die Insolvenzquote vertröstet. Dagegen bewirkt die Anfechtbarkeit auch des Verfügungsgeschäfts bzw. in einem kausalen System Aussonderungsschutz zugunsten des verfügenden Anfechtungsberechtigten gem. § 47 InsO. Daraus folgen im Grundsatz folgende Fragen:

Welcher Meinung ist unter Berücksichtigung aller denkbaren theoretisch-dogmatischen Erwägungen der Vorzug zu geben? Worin liegen die Vorteile und Schwächen der jeweiligen Lösungsansätze? Welche praktischen Folgewirkungen ergeben sich mit Blick auf eine ordnungsgemäße und effiziente Abwicklung von Insolvenzverfahren?

Die Arbeit führt zu folgenden vier Kernthesen:

Verkehrswesentliche Eigenschaften im Sinne des § 119 Abs. 2 BGB vereinbaren die Vertragsparteien bindend ausschließlich auf der Kausalebene bzw. im Verpflichtungsgeschäft: Verkehrs- und Gläubigerinteressen rechtfertigen beim Eigenschaftsirrtum die Versagung des dinglichen Schutzes für den Anfechtungsberechtigen, aus dessen Verantwortungssphäre die Störung bei der Willensbildung resultiert. Für eine gesonderte Anfechtung gem. § 119 Abs. 2 BGB auf der Verfügungsebene ist im BGB kein Raum. Auch bei Koinzidenz von Verpflichtungs- und Verfügungsgeschäft kann der Willensinhalt hinsichtlich beider Rechtsgeschäfte ein anderer sein.

---

Willensmangel kausal, was zur Anfechtbarkeit auch der Verfügung führt«; ebenso *Westermann/Gursky/Eickmann*, § 3 Rn. 11.

25 Lindemann, Die Durchbrechungen des Abstraktionsprinzips durch die höchstrichterliche Rechtsprechung seit 1900, S. 48ff.; Lieder/Berneith, JuS 2016, 673 (677).

26 Vgl. zu den verschiedenen Positionen 2. Kapitel C.

Trennungs- und Abstraktionsprinzip gelten uneingeschränkt auch im Insolvenzverfahren. Dies ergibt sich aus dem Sinn und Zweck und den rechtsdogmatischen Wertungen des Insolvenzrechts: Es gilt der historisch gewachsene Grundsatz *par conditio creditorum* – das Prinzip der gleichmäßigen und gemeinschaftlichen Gläubigerbefriedigung bzw. der Gläubigergleichbehandlung. Würden dem Kausalgeschäft zugrunde liegende Eigenschaftsirrtümer berücksichtigt, wäre der *par conditio creditorum*-Grundsatz aber nicht mehr gewährleistet, denn anderenfalls könnte die insolvenzrechtliche Stellung einiger Gläubiger rechtsgestaltend verändert und Vermögenswerte könnten der Insolvenzmasse entzogen werden.

Die Geltung des Trennungs- und Abstraktionsprinzips im Insolvenzrecht manifestiert sich deutlich in der Existenz des § 47 InsO: Zwar kommt dem anfechtungsrechtlich begründeten Rückgewähranspruch in der Doppelinsolvenz nach § 143 Abs. 1 S. 1 InsO Aussonderungskraft zu; § 47 InsO verschafft aber keinen Aussonderungsschutz für Verschaffungs- bzw. Bereicherungsansprüche, denn der *par conditio creditorum*-Grundsatz würde gestört, wenn der sine causa Verfügende infolge der Berücksichtigung zugrunde liegender Motive im Sinne des § 119 Abs. 2 BGB bevorzugt würde. Der sine causa Verfügende ist vielmehr mit den anderen Insolvenzgläubigern im Rang des § 38 InsO gleichgestellt. Gesamtbetrachtet lässt sich schlussfolgern, dass der Gläubigergleichbehandlungsgrundsatz die hinter dem Abstraktionsprinzip stehenden Verkehrs- und Gläubigerinteressen durch seine eigenständige, insolvenzspezifische Wertung und Schutzrichtung flankiert und verstärkt.

Kernthese 3 ist auch durch weitere, spezifisch insolvenzrechtliche Wertungen und praktische Überlegungen zum Insolvenzverfahren bestätigt: Das Symmetrieargument im Sinne der Gleichbehandlung von Sach- und Geldleistenden würde ins Leere laufen und der Käufer bei Eingreifen der Sachmängelgewährleistungsrechte schlechtergestellt, wenn der sine causa Verfügende letztlich durch § 119 Abs. 2 BGB dinglich gesichert sein sollte. Als rechtspraktische Erwägung muss gelten, dass die für den sine causa Verfügenden wirtschaftlich vorteilhaftere »Aufwertung« zum Aussonderungsberechtigten ein effizientes Insolvenzverfahren und bereits die Ermittlung der Haftungsmasse beeinträchtigen würde.

## C. Aufbau und Ziel der Arbeit

Die sog. Fehleridentität kann nicht losgelöst vom Abstraktionsprinzip und dessen Wertungen betrachtet werden. Die Arbeit will daher diese Kernfragen im Sinne einer konsequenten Ausrichtung am Abstraktionsprinzip und aus einer spezifisch insolvenzrechtlichen Perspektive untersuchen. Schwerpunktmäßig sollen dazu die besonderen Interessenlagen der Beteiligten im Insolvenzverfahren und die dort maßgeblichen normativen und teleologischen Wertungen erörtert werden.

Untersucht wird insbesondere die Rechtslage beim Eigentumsübergang beweglicher Sachen. Auf unbewegliche Sachen und Forderungen wird lediglich insoweit eingegangen, als dies für das Gesamtverständnis erforderlich ist.

Die möglichen Sachverhaltskonstellationen werden im Hinblick auf die dargestellte Fragestellung untersucht. Es wird stets zwischen der Insolvenz der erwerbenden und der übertragenden Partei bzw. des Käufers und des Verkäufers differenziert. Es wird aufgezeigt, dass die wirtschaftliche Bevorzugung des an sich lediglich sine causa Verfügenden zu einer Belastung des Insolvenzverfahrens führt und insbesondere dem Grundsatz der Gläubigergleichbehandlung sowie den Interessenlagen der Beteiligten im Insolvenzverfahren widerspricht.

Damit flankiert und verstärkt der insolvenzrechtliche Gläubigerschutz die hinter dem Abstraktionsprinzip stehenden Verkehrs- und Gläubigerinteressen. Die Arbeit ist in vier Kapitel gegliedert.

## I. Erstes Kapitel

Im ersten Kapitel werden die für das Verständnis der Thematik erforderlichen Grundlagen erörtert, Bedeutung und Wirkungsweise des Trennungs- und des auf ihm aufbauenden Abstraktionsprinzips dargestellt. Die Geltung beider Prinzipien ist das Ergebnis einer Rechtsentwicklung, die vom klassischen römischen Recht, dort als Antinomie zwischen *Julian* und *Ulpian* bekannt, bis in die Jetztzeit reicht. So waren frühmittelalterliche Glossatoren wie *Accursius* sowie französische Juristen wie *Donellus* und *Robert-Joseph Pothier* allesamt Anhänger des Abstraktionsprinzips, bis es unter der Einwirkung naturrechtlicher Einflüsse (*Hugo Grotius*) kurz vor Schaffung des Code Civil von 1804 (C. C. bzw. »Code Napoléon«) einem anderen System der Eigentumsübertrag, dem Konsensual- oder Einheitsprinzip, gleichsam dem denklogischen »Kontrapunkt« zur deutschen Konzeption, weichen musste. In Deutschland vollzog sich eine gegenläufige Entwicklung, indem – aufbauend auf Vorarbeiten und Überlegungen von *Gustav von Hugo* und *Friedrich Carl von Savigny* – eine Abkehr von der ebenfalls auf dem Trennungsprinzip basierenden Lehre von Titel und Modus, die im Wege einer kausalen Verknüpfung die Wirksamkeit des Kausalgeschäfts zur Wirksamkeitsvoraussetzung des Verfügungsgeschäfts macht, vollzogen wurde. Dies führte dazu, dass schließlich knapp hundert Jahre nach Inkrafttreten des C. C. bei den Beratungen zur Schaffung des BGB die Lehre vom abstrakten dinglichen Vertrag und damit das Abstraktionsprinzip nur noch von wenigen überhaupt ernsthaft in Frage gestellt wurde.

So war der rechtgeschichtliche Verlauf in Frankreich durch eine Entwicklung weg und in Deutschland hin zum Abstraktionsprinzip geprägt.

Nichtdestotrotz riss auch in Deutschland die Kritik an diesem Prinzip nie ab und nahm teilweise in den 1930/40er Jahren noch an Schärfe zu. Zuzugeben ist, dass juristische Laien die Sinnhaftigkeit des Abstraktionsprinzips, etwa mit Blick auf einfach gelagerte Bar- und Handgeschäfte des Alltagslebens, möglicherweise nur schwerlich nachvollziehen können.

Insbesondere Gesichtspunkte des Verkehrsschutzes sprechen hingegen für die Trennung der Wirksamkeit des Erfüllungsgeschäfts von der Fehlerquelle des Grundgeschäfts.

Der Blick ins Unionsrecht im Zusammenhang mit den europäischen Harmonisierungsbestrebungen im Sachenrecht am Beispiel des *Draft Common Frame of Reference* (DCFR) zeigt darüber hinaus, dass die Eigentumsübertragung im Wege des Abstraktionsprinzips nicht ausgeschlossen wird, weshalb es auch in Zukunft dessen Abschaffung nicht bedarf.

Demnach wird die hier im Mittelpunkt stehende Frage nach der Zulässigkeit der Anfechtung gem. § 119 Abs. 2 BGB in Fällen der Fehleridentität weiterhin relevant bleiben. Trotz grundsätzlicher Anerkennung des Abstraktionsprinzips meinte das Reichsgericht allerdings bereits 1904 unter Hinweis auf die Vertragsfreiheit hiervon in den Fällen des sog. Bedingungszusammenhangs abweichen zu können. Dies gilt ebenso für den Fall der sog. Geschäftseinheit, die von der älteren Rechtsprechung für zulässig gehalten wurde, die der BGH lediglich in einer einzigen Entscheidung angenommen und von der heutigen Literatur auch bei beweglichen Sachen abgelehnt wird. In den Fällen der sog. Fehleridentität, auf die im zweiten Kapitel eingegangen wird, stellt sich die Frage einer Abweichung vom Abstraktionsprinzip ebenfalls. Sie allein sind wesentlicher Gegenstand der Arbeit.

## II. Zweites Kapitel

Das zweite Kapitel der Arbeit ist – entsprechend eines sukzessiven Voranschreitens vom Allgemeinen zum Speziellen – der zuletzt genannten Sonderproblematik gewidmet. Es werden zunächst im Einzelnen die Anfechtungsvoraussetzungen und im Kontext der gesamten Arbeit das Verhältnis auch zu konkurrierenden Anspruchsnormen behandelt. Denn erweist sich der »Weg« über die Anfechtung nach § 119 Abs. 2 BGB für den sich Irrenden als nicht gangbar, muss sich der (vergeblich) Anfechtende stets fragen, welche anderen Möglichkeiten er hat, um zu seinem Recht zu gelangen. Dies zeigt die praktische Bedeutung der hier behandelten Thematik.

Im Zentrum der weiteren Ausführungen steht sodann die Frage, ob auch das Verfügungsgeschäft wegen Eigenschaftsirrtums anfechtbar ist. Dazu wird auf den Meinungsstand in Rechtsprechung und Literatur, auf unstreitige und vor allem umstrittene Fallkonstellationen eingegangen. Dabei wird insbesondere die praktische Relevanz – für das Zivilrecht im Allgemeinen – herausgearbeitet. Die für die Beantwortung der Eingangsfragen wesentlichen Erkenntnisse werden zusammengefasst.

Die grundsätzliche Anfechtbarkeit des Verfügungsgeschäfts stellt dabei keine Durchbrechung des Abstraktionsprinzips, sondern dessen Bestätigung dar. Seine konsequente Beachtung setzt einen dinglichen Minimalkonsens voraus, der sich lediglich auf die Einigung über den konkreten Verfügungsgegenstand, die Rechtswirkungen der Verfügung und die Identität der Parteien beschränkt. Die Übereignung ist damit wert- und motivneutral. Insgesamt zeigt sich, dass der Irrende bei einem Eigenschaftsirrtum regelmäßig für den Irrtum selbst verantwortlich und von daher nicht schutzwürdig ist. Selbst wenn er im Rechtsverkehr redlich ist, ist ein Mindestmaß an Schutz im Fall des Eigenschaftsirrtums daher nicht geboten.

### III. Drittes Kapitel

Nachdem im ersten Kapitel die grundsätzlichen Vorteile des Abstraktionsprinzips aus der Perspektive der Theorie und im zweiten Kapitel der Meinungsstand zur Anfechtung des Verfügungsgeschäfts in den Fallen der Fehleridentität, insbesondere bei der umstrittensten Fallgruppe gem. § 119 Abs. 2 BGB, dargestellt wurden, wird im dritten Kapitel erläutert, warum das Abstraktionsprinzip und damit eine Versagung der Anfechtbarkeit auch des Verfügungsgeschäfts beim Eigenschaftsirrtums auch aus der besonderen Perspektive des Insolvenzrechts und des Insolvenzverfahrens überzeugt. Maßgeblich sind auch dort die stets für das Abstraktionsprinzip ins Feld geführten Argumente der Leichtigkeit, der Sicherheit des Rechtsverkehrs und der Fungibilität von Vermögensgegenständen. Zunächst werden im Rahmen einer allgemeinen Einführung in das Insolvenzverfahren dessen spezifische Wertungen, Grundlagen und Ziele, die Hauptakteure, das Insolvenzanfechtungsrecht sowie die wesentlichen Aufgaben des Insolvenzverwalters als Zentralfigur des Verfahrens erläutert. Damit soll ein Verständnis für die besondere Situation des Insolvenzverwalters und die sämtlichen weiteren Erwägungen aus dem Blickwinkel des Insolvenzrechts geschaffen werden. Für die weitere Erörterung wird dabei die Insolvenz des Käufers als Ausgangssituation gewählt.

Das Insolvenzrecht und das gesamte Insolvenzverfahren sind ausgerichtet am primären Zweck der gemeinschaftlichen und gleichmäßigen Gläubigerbefriedigung bzw. Gläubigergleichbehandlung (*par conditio creditorum*). Bei Berücksichtigung des umfassenden Aufgabenspektrums des Insolvenzverwalters und der unterschiedlichen Ziele der BGB-Anfechtung und der Regeln über die Insolvenzanfechtung werden Verpflichtungs- und Verfügungsgeschäfte auch im Insolvenzrecht als getrennte Angriffsobjekte begriffen. Die *par conditio creditorum* kann als weiteres, flankierendes Argument für die Geltung des Abstraktionsprinzips im Insolvenzverfahren begriffen werden: Wären die Motive des jeweiligen Kausalgeschäfts maßgeblich, wäre die Gewährleistung der Gläubigergleichbehandlung gefährdet bzw. erschwert. § 143 Abs. 1 S. 1 InsO hat im Fall der Doppelinsolvenz Aussonderungskraft, was aber das Abstraktionsprinzip im Insolvenzrecht nicht überflüssig macht. Auch eine wirtschaftliche Bevorzugung des lediglich rechtsgrundlos Verfügenden gegenüber anderen Insolvenzgläubigern widerspricht der Gläubigergleichbehandlung. Der sine causa Verfügende wird mit anderen Insolvenzgläubigern, insbesondere den Vertragsgläubigern, im Rang des § 38 InsO gleichbehandelt. Nur derjenige, welcher das Risiko eines unwirksamen Verpflichtungsgeschäfts und eine mögliche Insolvenzgefahr bewusst absichert, kann insolvenzrechtlich privilegiert (§§ 47ff. InsO) sein.

Schließlich führen auch das sog. Symmetrieargument und der unauflösbare Wertungswiderspruch mit § 103 InsO dazu, dass der kausalos Verfügende nicht dinglich gesichert sein kann. Ein weiteres Argument für den Ausschluss der Anfechtung des Verfügungsgeschäfts nach § 119 Abs. 2 BGB ergibt sich aus dem Rechtsgedanken von § 302 InsO. Schließlich sprechen auch Gesichtspunkte in der Insolvenzpraxis gegen die Anfechtbarkeit des Verfügungsgeschäfts wegen Eigenschaftsirrtums. Stünde dem lediglich kausalos Verfügenden ein Aussonderungsrecht zu, würde dies das Insolvenzverfahren über die Gebühr belasten, der Insolvenzverwalter könnte seine Aufgaben nicht mehr ordnungsgemäß wahrnehmen, von einer ihm erwachsenden erhöhten Haftungsgefahr ganz zu schweigen. Die Erreichung des Ziels einer bestmöglichen Gläubigerbefriedigung und zügigen Schuldnersanierung bzw. Restrukturierung würde zu ökonomisch nicht zu vertretende Friktionen führen, wäre der Insolvenzverwalter zu zeitaufwendigen Ermittlungen verpflichtet. Insgesamt sprechen somit auch die spezifischen Wertungen und Maßgaben des Insolvenzrechts gegen die Anfechtung des Verfügungsgeschäfts gem. § 119 Abs. 2 BGB in Fällen der Fehleridentität.

## IV. Viertes Kapitel

Im Schlusskapitel werden die wichtigsten Feststellungen und Thesen der Untersuchung, jeweils getrennt für die einzelnen Kapitel, komprimiert zusammengefasst.

# 1. Kapitel: Dogmatische, rechtshistorische und rechtsvergleichende Grundlagen

## A. Abstraktion als Grundprinzip des BGB

Abstraktions- und Trennungsprinzip gehören zu den spezifischen Eigenheiten und Errungenschaften des deutschen Zivilrechts.[27] Sie gehören zu dessen grundlegenden Strukturprinzipien und gelten nicht nur bei sachenrechtlichen Verfügungen, sondern für sämtliche rechtsgeschäftliche Übertragungstatbestände.[28] Während das Trennungsprinzip eine rechtsbegriffliche Abstraktion des dinglichen Rechtsgeschäfts nicht voraussetzt,[29] baut das Abstraktionsprinzip auf dem Trennungsprinzip auf und ist ohne jenes nicht denkbar (»keine Abstraktion ohne Trennung«).[30] Nachfolgend wird daher zunächst das Trennungsprinzip erläutert, dessen Kenntnis für das Verständnis des Abstraktionsprinzips essenziell ist.

### I. Trennungsprinzip als dogmatische Voraussetzung

Das Trennungsprinzip unterscheidet zwischen dem Verpflichtungsgeschäft, das, wie die Bezeichnung nahelegt, den Rechtsgrund für die Zuwendung bildet und durch das zwischen den Parteien lediglich Verpflichtungen (Obligationen) ausgelöst werden, und dem Verfügungsgeschäft, dem Zuwendungsgeschäft, durch das die dingliche Rechtslage verändert wird und die sachenrechtliche Zuordnung wechselt. Bei Kaufverträgen bewirkt der Vertragsschluss lediglich das Entstehen beiderseitiger Vertragspflichten aus § 433 BGB, bei Werkverträgen entsprechen-

27 *Lieder/Berneith*, JuS 2016, 673 (673).

28 *Wilhelm*, Sachenrecht, Rn. 24; *Prütting*, SachenR, Rn. 28; *Vieweg/Werner*, Sachenrecht, § 1 Rn. 10; *Habermeier*, AcP 195 (1995), 283 (284); *Lieder*, Die rechtsgeschäftliche Sukzession, S. 266.

29 Vgl. insbesondere zur Konzeption des österreichischen Rechts nachfolgend B. I.

30 *Jauernig*, JuS 1994, 721 (721); *Medicus*, Allgemeiner Teil des BGB, Rn. 224; so ähnlich *Giesen*, BGB Allgemeiner Teil: Rechtsgeschäftslehre, Rn. 10.

der Verpflichtungen aus § 631 BGB etc. Durch den Vertragsschluss allein ändert sich an der sachenrechtlichen Zuordnung somit nichts, der Käufer wird noch nicht Eigentümer der Kaufsache, der Besteller noch nicht (unbedingt) Eigentümer eines (mangelfreien) Unternehmerwerks etc.

Der Eigentumsübergang erfolgt erst durch einen zweiten Akt, das Verfügungsgeschäft. Diese gedankliche Konzeption, das Trennungsprinzip, ist notwendige Voraussetzung und Vorstufe des Abstraktionsprinzips.[31]

Einen gänzlich anderen Weg gehen diejenigen Rechtsordnungen, die bereits diese begriffliche Aufspaltung in zwei juristische Teilakte ablehnen und nach dem sog. Einheitsprinzip verfahren.

Als prominentes Beispiel sei hier auf den sog. *Code Napoléon*, den französischen Code civil (C. C.) von 1804, verwiesen, der weltweit einen weitaus größeren Einfluss auf die Kodifizierungsbestrebungen auf dem Gebiete des Zivilrechts in vielen Ländern ausgeübt hat als das deutsche BGB. Danach erfolgt der Übergang des Eigentums an einer Sache in dem Zeitpunkt, in dem der (Kauf-)Vertrag »perfekt wirksam geschlossen ist«.[32] So heißt es in Art. 1583 C. C.[33] zum Kaufvertrag:

> »Elle est parfaite entre les parties, et la propriété est acquise de droit à l'acheteur à l'égard du vendeur, dès qu'on est convenu de la chose et du prix, quoique la chose n'ait pas encore été livrée ni le prix payé«.[34]

Diese Formulierung verdeutlicht exemplarisch, dass das Einheitsprinzip dem Trennungsprinzip konzeptionell diametral entgegensteht, gewissermaßen seinen »Gegenpol« bildet:

Für den Eigentumsübergang reicht die Einigung über den Kaufgegenstand und den Preis; weder eine Lieferung (Übergabe) der Kaufsache noch die Entrichtung des Kaufpreises sind erforderlich.[35] Der Eigentumserwerb erfolgt mithin

---

31 *Westermann/Gursky/Eickmann*, § 3 Rn. 1ff.; *Stadler*, S. 7; vgl. zum Konsensprinzip: *Aretz*, JA 1998, 242 (242).

32 Zu dieser Formulierung: vgl. *Kaspar*, Abschied vom Abstraktions- und Traditionsprinzip?, S. 9.

33 Vgl. z. B. auch Art. 1138 Abs. 1 C. C.: »L'obligation de livrer la chose est parfaite par le seul consentement des parties contractantes«; Übersetzung des Verfassers: »Die Verpflichtung zur Lieferung (Übergabe) der Sache entsteht aus der bloßen Übereinkunft der Vertragsparteien«; vgl. auch *Stadler*, S. 31.

34 Übersetzung des Verfassers: »Er ist abgeschlossen und das Eigentum des Verkäufers geht kraft Gesetzes auf den Käufer über, sobald man über die Sache und den Preis einig ist, ohne dass dazu die Übergabe der Sache oder die Zahlung des Kaufpreises vorausgehen muss«. Im Badischen Landrecht von 1810, das eine Übersetzung des Code Civil darstellt und vom 01.01. 1810 bis zum 31.12.1899 im Großherzogtum Baden galt, lautet Art. 1583 wie folgt: »Er ist abgeschlossen, und das Eigenthum des Verkäufers geht kraft des Gesezes auf den Käufer über, sobald man über die Sache und den Preis einig ist, ohne daß dazu die Uebergabe der Sache oder Zahlung des Kaufschillings vorausgehen muß«.

35 Diesem Prinzip folgen auch die Zivilrechtsordnungen von Italien und Rumänien.

»solo consensu«,[36] allein der Vertragsschluss hat translative[37] Wirkung – eines gesonderten dinglichen Vertrags bedarf es nicht.[38] Demgegenüber bewirkt das Trennungsprinzip, dass das vom Verpflichtungsgeschäft gedanklich zu trennende (und für die Eigentumsübertragung erforderliche) Verfügungsgeschäft auch dann, wenn es mit dem Verpflichtungsgeschäft zeitlich in einem Akt zusammenfällt, wie etwa bei Bargeschäften des täglichen Lebens, als eigenständiger Vertrag, ggf. durch einen Realakt ergänzt, begriffen wird.[39] Folglich können beide Rechtsgeschäfte unterschiedlichen Wirksamkeitsvoraussetzungen unterstellt werden.

Dabei gelten für Verfügungen der sachenrechtliche Bestimmtheits- und der Publizitätsgrundsatz. Über nicht existente Sachen können wirksam Verpflichtungsgeschäfte zustande kommen, die durch die Verfügung bewirkte Zuordnungsänderung muss dagegen eindeutig und auch für Außenstehende ersichtlich sein.[40]

## II. Begriff und Inhalt des Abstraktionsprinzips

Ausgangspunkt für die nachfolgenden Erörterungen ist zunächst die Unterscheidung zwischen kausalen und abstrakten Zuwendungsgeschäften:[41] Zuwendungsgeschäfte sind Rechtsgeschäfte, durch die mindestens einer der Parteien oder einem Dritten ein Vermögensvorteil in Form einer Leistung oder der Begründung oder der Erlass einer Forderung zugewandt wird.[42]

Für derartige Zuwendungen bedarf es eines Rechtsgrunds, einer causa,[43] durch welche die Zuwendung erst ihren Sinn erhält.[44] Hier setzt die Unterscheidung zwischen kausalen und abstrakten Rechtsgeschäften an:[45] Bei kausalen Geschäften bilden Zuwendung und Rechtsgrund eine unauflösliche Einheit. Die Causa gehört zum Inhalt des Geschäfts. Das kausale Rechtsgeschäft ist demzu-

36 *Sonnenberger/Classen*, Einführung in das französische Recht, Rn. 109; *Picot*, Abstraktion und Kausalabhängigkeit im deutschen Immaterialgüterrecht, S. 47.

37 = übertragende Wirkung.

38 *Picot*, a. a. O.; *Kaspar*, S. 9; *Witz*, FS Jahr (1993), 533 (533); vgl. auch Art. 711 C. C.: »La propriété des biens s' acquiert et se transmet … par l'effet des obligations«. Übersetzung des Verfassers: »Sacheigentum wird erworben und auf andere übertragen, … durch die Wirkung übernommener Verbindlichkeiten«.

39 Ausdrücklich: *Vieweg/Werner*, § 1 Rn. 10.

40 *Westermann/Gursky/Eickmann*, § 3 Rn. 1ff. m. w. N.

41 Vgl. zum Nachfolgenden: *Nolden*, Das Abstraktionsprinzip im urheberrechtlichen Lizenzverkehr, S. 17f.; grundlegend außerdem: *Lorenz*, JuS 2009, 489 (489f.).

42 *Flume* AT II, § 12 I 1.

43 *Stadler*, S. 9ff.

44 *Flume* AT II, a. a. O.

45 *Nolden*, S. 17.

folge in seinem Bestand von der Wirksamkeit der rechtsgeschäftlichen Regelung über den Rechtsgrund der Zuwendung abhängig.[46] Bei abstrakten Geschäften hingegen wird zwischen dem Rechtsgrund der Zuwendung, der außerhalb des Zuwendungsgeschäfts steht, und der Zuwendung selbst differenziert.[47] Ob ein Rechtsgrund für eine Zuwendung vorliegt, ist somit für die Wirksamkeit des abstrakten Geschäfts ohne Bedeutung. Das Zuwendungsgeschäft bzw. die Zuwendung ist demnach auch dann wirksam, wenn ein Rechtsgrund fehlt. Das Zuwendungsgeschäft ist in seiner Wirksamkeit »abstrakt«, also von der Wirksamkeit des Rechtsgrunds losgelöst.[48]

Die Unwirksamkeit des einen Rechtsgeschäfts, das den Rechtsgrund bildet, hat nicht zwangsläufig die Unwirksamkeit des anderen Geschäfts, des Zuwendungsgeschäfts, zur Folge. Das Abstraktionsprinzip geht somit einen Schritt weiter als das Trennungsprinzip, indem es Verpflichtungs- und Verfügungsgeschäfte als vollkommen gleichwertig einstuft und die Wirksamkeit des einen nicht zur Wirksamkeitsvoraussetzung für das andere erhebt.

Das Abstraktionsprinzip kann demgemäß als »vollendete Durchführung des Trennungsprinzips«[49] bezeichnet werden. Es ergänzt das Trennungsprinzip[50] mit seiner Differenzierung zwischen dem Verpflichtungsgeschäft, durch das eine Verpflichtung (Obligatio)[51] begründet wird, und dem Verfügungsgeschäft. Das ist die Quintessenz des Abstraktionsprinzips.

## III. Sinn und Zweck

Welchen Sinn hat eine solche Konstruktion? Welchen Zweck verfolgt der Gesetzgeber mit einem solchen Konzept, das dem juristischen Laien, der nicht in juristischen Kategorien zu denken gewohnt ist, ohne rechtliche Vorbildung aufgrund seines aus den Anschauungen des Alltagslebens entwickelten Vorstellungen fremd sein dürfte?

Die Antwort lässt sich auf zwei der Rechtspraxis entspringende Aspekte zurückführen, zum einen auf die Leichtigkeit des Rechtsverkehrs,[52] also auf Gläu-

46 *Flume* AT II, § 12 I 3; *Nolden*, S. 18.

47 Sog. »innere Abstraktion«, vgl. *Enneccerus/Lehmann*, Allgemeiner Teil des Bürgerlichen Rechts, § 200 IV; *Medicus* BGB AT, Rn. 225.

48 *Stagl*, Der Eigentumsübergang beim Kauf beweglicher Sachen, S. 369 (371).

49 *Petersen*, JURA 2004, 98 (98); *Larenz* II/1, § 39 II d.

50 *Jauernig*, JuS 1994, 721 (726).

51 Obligatio = lat. »Verpflichtung, Verbürgung«, vgl. *Stowasser*, Lateinisch-deutsches Schulwörterbuch. Dementsprechend wird das Schuldrecht auch als Obligationenrecht bezeichnet, so in der Schweiz mit der Kodifikation des Obligationenrechts (OR) von 1881 (OR), das seit 1912, ohne seine kodifikatorische Eigenständigkeit zu verlieren, als fünftes Buch des ZGB gilt.

52 *Müller/Gruber*, SachenR, Rn. 80.

biger- und Verkehrsschutzinteressen, und zum anderen auf die eindeutige Zuordnung der Rechtsinhaberschaft.[53] Insbesondere bei Veräußerungsketten und beim Eigentumsvorbehaltskauf zeigt sich die Überlegenheit des Abstraktionsprinzips. Denn ohne dieses Prinzip müsste z. B. jeder Käufer sämtliche vorangegangenen Kaufverträge prüfen, zumal das Kausalgeschäft wesentlich fehleranfälliger ist als der Minimalkonsens des dinglichen Verfügungsgeschäfts.[54]

Das Abstraktionsprinzip kommt nicht nur bei Kaufverträgen und in dessen Erfüllung erfolgten Übereignungen, die ohne Zweifel den Hauptanwendungsfall bilden, sondern auch in anderen Fällen der Vermögensverlagerung (rechtsgeschäftliche Sukzession) zum Tragen.[55]

Demzufolge ist die Forderungsabtretung als Verfügungsgeschäft ausgestaltet,[56] dem in der Regel ein rechtlich selbstständiges schuldrechtliches Kausalgeschäft zugrunde liegt.[57]

Dies gilt auch für die Schuldübernahme (§§ 414, 415 BGB)[58] und die gesetzlich nicht geregelte Vertragsübernahme.[59] Bei Anordnung eines Vermächtnisses entsteht gem. §§ 2147, 2174 BGB ebenfalls nur ein schuldrechtlicher Anspruch.[60] Auch ein Grundstück, das ein BGB-Gesellschafter aufgrund des Gesellschaftsvertrags einzubringen hat, ist durch ein gesondertes Verfügungsgeschäft (§§ 873, 925 BGB) zu übertragen.[61] Die Bestimmungen über die ungerechtfertigte Bereicherung haben nur Sinn, wenn Kausal- und Vollzugsgeschäft rechtlich vollständig verselbstständigt sind.[62]

53 *Stadler*, S. 353ff., 390f.; Soergel/*Henssler*, vor § 929 Rn. 12.
54 *Lieder*, S. 276; *Lieder/Berneith*, JuS 2016, 673 (674).
55 *Lieder/Berneith*, a. a. O.
56 Vgl. nur Palandt/*Grüneberg*, § 398 Rn. 2.
57 Beim Factoring ist dies ein Kaufvertrag, bei der Sicherungsabtretung ein Sicherungsvertrag, etwa zwecks Besicherung eines Bankdarlehens; vgl. dazu aus der Judikatur: RGZ 68, 97; RGZ 70, 88; RGZ 87, 71; RGZ 102, 386.
58 MüKoBGB/*Heinemeyer*, vor § 414 Rn. 4f.; RGZ 63, 42; BGH NJW 1960, 621 (622f.).
59 Staudinger/*Rieble*, § 414 Rn. 139f.; *Röthel/Heßeler*, WM 2008, 1001 (1002).
60 Palandt/*Weidlich*, § 2174 Rn. 1: Anders als im gemeinen Recht besteht kein Vindikationslegat.
61 *Lieder/Berneith*, a. a. O. m. w. N.
62 *Bork*, Allgemeiner Teil des Bürgerlichen Gesetzbuches, Rn. 478; *Flume* AT II, § 12 I 2; *Larenz/Wolf*, Allgemeiner Teil des Bürgerlichen Rechts, § 23 Rn. 87 a. E.

## B. Entwicklung der Lehre vom abstrakten dinglichen Vertrag

### I. Rechtslage bis zum 19. Jahrhundert – römisches Recht als Ausgangspunkt

Bis zu Beginn des 19. Jahrhunderts war das deutsche Zivilrecht durch die auf der Grundlage des römischen Rechts im *Usus modernus pandectarum*[63] entwickelte Lehre vom *Titulus et Modus* geprägt.[64] Es wurde differenziert zwischen einem Rechtsgeschäft einerseits (»Titulus«) und dem »*Modus ad(c)quirendi*«, d. h. der *Traditio* bzw. Übergabe bzw. Besitzverschaffung andererseits. Für den Eigentumsübergang waren folglich ein gültiges Rechtsverhältnis erforderlich, wie z. B. ein Kaufvertrag oder ein Vermächtnis, und zusätzlich die körperliche Übergabe der Sache (»Traditio«) bzw. ein die Übergabe ersetzender Vollzugsakt (Surrogat). Dass der Übergabe ein wie auch immer geartetes vertragliches Element innewohnen könne, war den Praktikern des Usus modernus pandectarum hingegen fremd.[65]

#### 1. Österreichisches ABGB und Preußisches ALR

Die Lehre von Titulus und Modus wurde in das österreichische ABGB von 1811[66] und in das preußische ALR von 1794 übernommen.[67] Im ALR hieß es in Teil I Titel 9 §§ 1–3:

---

63 Wörtlich übersetzt: Moderne Anwendung der Pandekten. Die Pandekten waren der zweite Teil des Corpus Juris Civilis des Kaisers Justinian; von griech: »πας« = »alles« und »δέικνυμι« = »zeigen, aufzeigen, lehren«; von Letzterem auch der Begriff Digesten, vgl. *Gemoll*, Griechisch-Deutsches Schul- und Handwörterbuch. Das Ziel des Usus modernus pandectarum bestand darin, das rezipierte römische und kanonische Recht allgemein anwendbar zu machen, ohne allerdings die jeweiligen Besonderheiten der einheimischen Rechtskulturen aufzugeben. Es handelte sich also um eine Synthese unterschiedlicher Rechtssysteme. Allerdings kam es wider Erwarten noch zu keiner Vereinheitlichung des Rechtssystems, *Gschnitzer* u. a., S. 11; vgl. grundlegend zum Usus modernus pandectarum: *Meder*, Rechtsgeschichte. Eine Einführung, S. 252ff.

64 *Lindemann*, S. 13ff. m. w. N.

65 *Zweigert/Kötz*, Einführung in die Rechtsvergleichung auf dem Gebiete des Privatrechts, Band 1, § 15 II.

66 Allgemeines Bürgerliches Gesetzbuch, Kaiserliches Patent v. 01.06.1811, in Kraft getreten am 01.01.1812, letztmals geändert durch BGBl. I Nr. 59/2017.

67 *Stadler*, S. 48; das ALR trat zwar erst nach dem Tode Friedrich des Großen (1786) im Jahre 1794 in Kraft, ist aber maßgeblich durch dessen der Aufklärung zugewandtes Denken geprägt. Ein erster Kodifikationsversuch unter dem Juristen Freiherr von Cocceji war zuvor gescheitert. Das ALR wurde wegen seiner übergroßen und unüberschaubaren Stofffülle kritisiert (ca. 19.000! Paragrafen), und weil es nahezu alle denkbaren Alltagssituationen im Rechtsleben regeln wollte. Sein zivilrechtlicher Teil war bis zum Inkrafttreten des BGB im Jahre 1900 in Kraft und war beim Landvolk und beim Bürgertum sehr beliebt; es galt als »weltliche Bibel«

»Die äußeren Handlungen, durch welche das Eigenthum erworben wird, bestimmen die verschiedenen Erwerbungsarten (Modus acquirendi). Der gesetzliche Grund, vermöge dessen diese äußeren Handlungen die Kraft haben, daß dadurch Eigenthum erworben werden kann, wird der Titel des Eigenthums genannt. Zur Erwerbung des Eigenthums wird die Besitznehmung erfordert. (Tit. VII. d. §. 43 sqq.)«[68]

Danach sind also zur Begründung bzw. Änderung von Rechten an der Sache ein Erwerbsgrund, eine *Iusta causa traditionis*[69] (Titel) und eine rechtlich anerkannte Erwerbsart (Übergabe bzw. Eintragung im Grundbuch) erforderlich.[70] Dies hat zur Folge: Ist das Grundgeschäft, z. B. ein Kaufvertrag, unwirksam, gilt dies auch für den davon zu trennenden Eigentumsübergang. Im österreichischen Recht wird der Vertrag als »Titel« und die Übergabe als »Modus« bezeichnet.[71]

Der Modus wurde zunächst als Realakt aufgefasst. Eines gesonderten Vertrags bedurfte es nicht.[72] Unter dem Einfluss der deutschen Lehre wird gleichwohl im österreichischen Recht mittlerweile ebenfalls ein dinglicher Vertrag angenommen, der allerdings nicht im beschriebenen Sinne abstrakt, sondern an die Wirksamkeit des schuldrechtlichen Vertrags gebunden ist.[73] Dabei erfolgte die Übernahme der deutschen Konzeption wohl vor allem deshalb, um das Problem des Eigentumsvorbehalts zu lösen.[74] Folgendes kann demzufolge bereits an dieser Stelle festgehalten werden:

Das österreichische Recht[75] geht ebenfalls vom Trennungsprinzip aus und nimmt einen gesonderten dinglichen Vertrag an, vollzieht aber, ebenso wenig wie das schweizerische[76] und das niederländische Recht,[77] nicht den von der deut-

---

und war trotz seines gewaltigen Umfangs aufgrund der Bildhaftigkeit der Sprache allgemein verständlich.

68 Vgl. auch Art. 53 Entwurf eines bürgerlichen Gesetzbuchs für das Großherzogthum Hessen nebst Motiven, 2. Abtheilung, Titel II, Von dem Eigenthume, Darmstadt (1845): »Das Eigenthum an Sachen wird erworben durch Uebertragung im Gefolge eins rechtmaeßigen Erwerbtitels.« sowie § 338 Entwurf eines bürgerlichen Gesetzbuchs für das Königreich Sachsen nebst allgemeinen Motiven und Inhaltsverzeichnissen, Dresden (1852, ersch. 1853): »Zur Uebertragung des Eigentums von dem bisherigen auf einen neuen Eigenthümer wird ein dazu geeigneter Titel und Uebergabe der Sache erfordert«.

69 *Stagl* (2005), S. 369 (373).

70 *Welan*, Recht in Österreich. Eine Einführung, S. 119f.

71 *Stagl* (2005), a. a. O.

72 So wie es der Lehre des gemeinen Rechts vor der Kodifikation des ABGB entsprach.

73 Vgl. dazu §§ 380, 423ff. ABGB; Rummel/*Spielbüchler*, § 425 ABGB Rn. 2. Auch in den Niederlanden und in der Schweiz wird diese Auffassung vertreten.

74 *Stagl* (2005), a. a. O.

75 Zum österreichischen Zivilrecht, insbesondere zur Entstehung des ABGB allgemein: *Meder*, Rechtsgeschichte, S. 291ff. Vgl. dazu § 380 ABGB: »Ohne Titel und ohne rechtliche Erwerbungsart kann kein Eigenthum erlangt werden.«

76 Für den Fall der Zession folgt auch das schweizerische Recht dem Abstraktionsprinzip. Ansonsten gelten für das Immobiliarsachenrecht Art. 974, 975 ZGB, die das Kausalprinzip festschreiben. Für die Fahrnisübereignung wurde die Geltung dieses Prinzips durch einen Entscheid des Bundesgerichts von 1929 begründet; vgl. *Stadler*, S. 25f.; *Kaser/Knütel/Lohsse*,

schen Lehre als zwingend angesehenen zweiten Schritt zur Abstraktion des dinglichen Vertrags.

Verpflichtungs- und Verfügungsgeschäft sind voneinander getrennt. Insoweit gilt das Trennungsprinzip mit dem Erfordernis der Tradition.[78] Anders als im deutschen Recht ist das Verfügungsgeschäft indes kausal vom Verpflichtungsgeschäft abhängig, es gilt das sog. Kausalprinzip (§§ 380, 424, 425 ABGB).[79] Demnach muss die dingliche Einigung auch den Rechtsgrund mit einbeziehen und ihn benennen - sog. inhaltliche Kausalität - und zusätzlich muss überhaupt ein wirksames Kausalgeschäft vorliegen - sog. äußerliche Kausalität.[80]

### 2. Römisches Recht

Diese Abhängigkeit der Wirksamkeit des Verfügungsgeschäfts vom zugrunde liegenden Verpflichtungsgeschäft war jedoch keineswegs im ursprünglichen römischen Recht zwingend angelegt. Die Aussagen der Autoren unterscheiden sich in diesem Punkt. Das römische Recht bietet insofern kein einheitliches Bild.

#### *a) Einordnung der Traditio*

Nach altrömischem und klassischem Recht war die Traditio kausal, setzte also ein wirksames Kausalverhältnis voraus.[81] Zunächst wurde davon ausgegangen, dass durch den Kauf selbst oder die Schenkung etc. das Eigentum überging. Die Traditio wurde somit als Realakt begriffen. Später wurde die Traditio im technischen Sinne als Übereignungsgeschäft behandelt, bestehend aus der Besitzverschaffung und einem gültigen Zuwendungsverhältnis (Iusta causa bzw. später auch Titulus genannt), aus dem sich zugleich der auf Eigentumsübertragung und -erwerb gerichtete Wille der Parteien ergab.[82]

Im Verlaufe der weiteren Rechtsentwicklung wurden Kauf und Schenkung dann in der vorjustinianischen Epoche als Handgeschäfte des täglichen Lebens selbst zu sachenrechtlichen Übertragungsakten, d. h., die »Traditio« verlor in ihrer Eigenständigkeit vorübergehend an Bedeutung.

---

Römisches Privatrecht, § 34 Rn. 10ff.; BGE 55 II, 302 (306), bestätigt in BGE 72 II, 1946 (240); BGE 78 II, 1952, 210. Voraussetzung für den Eigentumserwerb sind also ein wirksames Grundgeschäft und die Übergabe, vgl. Art. 714 Abs. 1 ZGB.

77 *Stagl* (2005), a. a. O. m. w. N.

78 *Aretz*, JA 1998, 242 (243).

79 So die allgemeine Terminologie; vereinzelt wird auch - wenn auch missverständlich - der Terminus »Kausalitätsprinzip« verwandt, vgl. *Jauernig*, JuS 1994, 721 (722) m. w. N. - oder es ist verständlicher die Rede von der Rechtsgrundabhängigkeit, vgl. *Stagl* (2005), a. a. O.

80 *Aretz*, a. a. O.; *Jauernig*, JuS 1994, 721 (722).

81 *Kaser/Knütel/Lohsse*, § 34 Rn. 10ff.

82 Ebd.

Im Recht Justinians[83] kam ihr aber wieder eine gesonderte Übereignungsfunktion zu.[84] Es erfolgte demzufolge eine Rückkehr zur klassischen Auffassung, wonach die Eigentumsübertragung durch »Traditio« erfolgte. Kauf, Schenkung, Darlehen etc. wurden wieder als bloße Causae der Übereignung aufgefasst.

### b) Positionen von Julian und Ulpian

Ob ein wirksamer Eigentumserwerb indes ein wirksames Kausalgeschäft erforderte, war nach wie vor nicht eindeutig. So bestand ein unauflösbarer Widerspruch (Antinomie) zwischen der Position des Juristen *Julian*[85] und jener des *Ulpian*,[86] wie auch später die Mitglieder der Ersten Kommission im Rahmen der Vorarbeiten zur Erstellung des BGB feststellen sollten.[87] Ebendies lässt sich anhand von Zitatstellen belegen. Diese behandeln die Frage, wie bei einem Dissens über die Causa zu verfahren ist, wenn der Geber Geld schenken, der Empfänger dieses aber als Darlehen annehmen will.[88]

#### *Julian D. 41, 1, 36 (13. Buch der Digesten)*

»Cum in corpus quidem quod traditur consentiamus, in causis vero dissentiamus, non animadverto, cur inefficax sit traditio, veluti si ego credam me ex testamento tibio obligatum esse, ut fundum tradam, tu existimes ex stipulatu tibi eum deberi, nam et si pecuniam numeratam tibi tradam donandi gratia, tu eam quasi creditam accipias, constat proprietatem ad te transire nec impedimento esse, quod circa causam dandi atque accipiendi dissenserimus.«

»Wenn wir über den Gegenstand der Übergabe einig, über deren Grund aber verschiedener Ansicht sind, so sehe ich nicht ein, warum die Übergabe wirkungslos sein soll; z. B. ich glaube, dir aus einem Testament verpflichtet zu sein, ein Landgut übergeben zu müssen, und du glaubst es gebühre dir auf den Grund einer Stipulation. Denn so ist es ja auch bekannt, dass, wenn ich dir baares Geld in Absicht übergebe, es dir zu schenken, und du es, als sei es ein Darlehn, annimmst, das Eigenthum auf dich über-

83 Flavius Petrus Sabbatius Justinianius, ca. 482 bis 565 n. Chr., oströmischer Kaiser ab 527, auch Justinian der Große genannt. Er wird in den Ostkirchen als Heiliger verehrt. Ein guter Überblick zur Justinianischen Kodifikation findet sich bei *Meder*, Rechtsgeschichte, S. 109ff.

84 *Stadler*, S. 47; *Kaser/Knütel/Lohsse*, § 34 Rn. 15ff.

85 Lucius Octavius Cornelius Publius Salvius Iulianus Aemilianus wurde ca. 108 n. Chr. geboren, war nicht nur Jurist, sondern auch Politiker, mit den Kaisern Mark Aurel und Lucius Verus befreundet und verfasste 90 Libri digesta, die später in den Codex Juris Iustinianii übernommen wurden.

86 Ulpian, dessen Name nicht überliefert ist und über dessen Herkunft und Leben wenig bekannt ist, wurde 223 oder 228 n. Chr. geboren und unter Kaiser Septimius Severus hingerichtet.

87 Teilentwurf 1880, Begründung S. 636 Fn. 2; *Stadler*, S. 53.

88 *Kaser/Knütel/Lohsse*, § 34 Rn. 12; an der Passage von Julian setzten, wie noch zu zeigen sein wird, von Hugo und von Savigny bei ihren Überlegungen zur abstrakten Natur des dinglichen Vertrags an; vgl. unten B. II.

gehe, und kein Hinderniss darin liegt, dass wir über den Grund des Gebens und des Empfangs verschiedener Ansicht gewesen sind.«[89]

### *Ulpian, D. 12, 1, 18*

»Si ego tibi pecuniam quasi donaturus dedero, tu quasi mutuam accipias, Julianus scribit donationem non esse: sed an mutua sit, videndum. et puto nec mutuam esse magisque nummos accipientis non fieri, cum alia opinione acceperit. quare si eos consumpserit, licet condictione teneatur, tamen doli exceptione uti poterit, quia secundum voluntatem dantis nummi sunt consumpti.«

»Wenn ich dir Geld in der Absicht gebe, es dir zu schenken, du es aber als Darlehen annimmst, liegt, wie Julian schreibt, eine Schenkung nicht vor; doch man müsse in Betracht ziehen, ob ein Darlehen vorliegt. Und ich meine, daß auch kein Darlehen gegeben ist und mehr dafür spricht, daß die Münzen nicht Eigentum des Empfängers werden, da dieser beim Empfang eine andere Vorstellung (als der Geber) hatte. Hat er also die Münzen verbraucht, kann er, obwohl er mit der Kondiktion haftet, dennoch die Einrede der Arglist geltend machen, da die Münzen dem Willen des Gebers entsprechend verbraucht worden sind.«[90]

Im ersten Fall sind sich die Parteien über den Eigentumserwerb einig. Ob *Julian* davon ausging, dass hierfür entweder das Testament oder die Stipulation wirksam sein musste, kann aus heutiger Sicht nicht mehr eindeutig konstatiert werden. Zumindest nahmen römische Juristen teilweise die Möglichkeit einer Rückforderung mit der Condictio an, wenn eine Sache vom Eigentümer zur Erfüllung einer Verbindlichkeit (Solvendi causa) übergeben wurde, die angenommene Verpflichtung jedoch nicht bestand.[91] Hätten die Juristen in diesen Fällen den Eigentumserwerb verneint, so wäre die Rei vindicatio statt der Condictio einschlägig gewesen.[92] Dementsprechend kann nicht mit absoluter Sicherheit gesagt werden, im Corpus Juris habe es *keine* Abstraktion gegeben.

Allerdings gab es keine präzisen Aussagen, weder über den Begriff des abstrakten Geschäfts selbst noch über dessen praktische Bedeutung.[93]

Im zweiten Fall geht es darum, ob ein Schuldverhältnis begründet wurde. Ein Darlehen führt zur Entstehung einer Rückzahlungspflicht. Der Dissens könnte einem Eigentumsübergang entgegenstehen. Allerdings erfolgt in beiden Fällen (Schenkung oder Darlehen) ein Eigentumswechsel mit der Folge, dass im Dissens als »kleinster gemeinsamer Nenner« somit ein Konsens über den Eigentums-

89 Übersetzung durch *Otto/Schilling/Sintenis*, Das corpus juris civilis in's Deutsche übersetzt, Band 4, S. 264.

90 Übersetzung durch *Behrends/Knütel/Kupisch/Seiler*, Corpus Juris Civilis, Text und Übersetzung, Band 3, Digesten 11–20, S. 58.

91 *Gaius*, D. 44, 7, 5, 3.

92 *Kaser/Knütel/Lohsse*, § 34 Rn. 12.

93 *Liebs*, Abstraktion im Neueren Gemeinen Recht, S. 59ff., 65.

übergang enthalten ist. Dann hätte *Julian* eine abstrakte Traditio angenommen.[94] Ungeachtet dieser Unwägbarkeiten lässt sich die Vorstellung von einem abstrakten dinglichen Vertrag jedoch eindeutig erst für das byzantinische Recht des 11. Jahrhunderts nachweisen.[95]

Beide Zitate stehen paradigmatisch für beide Sichtweisen, das Abstraktions- und das Kausalprinzip, die für die Entstehung und Entwicklung des kontinentaleuropäischen Zivilrechts prägend werden sollten.

Dabei ist zu beachten, dass sich das Abstraktionsprinzip vor der Kodifikation des C. C. im Jahre 1804 auch außerhalb des deutschen Rechtskreises teilweise durchgesetzt hatte. Dies wird bei einer Sichtung der unterschiedlichen Interpretationen des klassischen Quellenmaterials in der Zeit vom ausgehenden Mittelalter bis zur Schwelle zum 19. Jahrhundert deutlich. Auf diese soll, um die historische Entwicklungslinie vom Codex Juris Civilis bis zur Neuzeit nachzuzeichnen, ergänzend in komprimierter Form eingegangen werden.

#### c) Iusta Causa

Der italienische Glossator *Accursius*[96] ging bei der Auslegung der klassischen Quellen[97] ohne Weiteres von der Geltung des Abstraktionsprinzips aus und war der Ansicht, dass das Eigentum sowohl bei einem wirklichen als auch bei einem vermeintlichen Rechtsgrund (»Causa vera vel putativa«) übergehe. Dies gelte für den Kauf, aber auch sonst ohne Ausnahme. In dieser Interpretation der Glosse ist das Trennungsdenken bereits im Keim enthalten, und zwar sowohl das Trennungsprinzip als auch das Abstraktionsprinzip im engeren Sinne.[98]

*Donellus (Hugues Doneau)*,[99] ein französischer Jurist des 16. Jahrhunderts, schloss sich dem an und meinte, es seien nur zwei Voraussetzungen für eine wirksame Übereignung erforderlich, die Übergabe (»Traditio«) und der Übereignungswille (»Voluntas transferendi dominii«).[100] Die »Iusta causa« in dem Paulus-Zitat habe lediglich zwei Bedeutungen: Sie sei einerseits das Motiv, das

94 *Kaser/Knütel/Lohsse*, § 34 Rn. 15.

95 *Stadler*, S. 47; *Brandt*, Eigentumserwerb und Austauschgeschäft., S. 32 m. w. N.; *Kaser/Knütel/Lohsse*, a. a. O.

96 Accursius, 1182/85 bis 1260/63, war der letzte Glossator. Er verfasste die »Glossa ordinaria«, eine Sammlung von ca. 97.000 Anmerkungen (»Glossen«) zum »Codex juris civilis«, die in ihrer Bedeutung oftmals die der Originaltexte übertraf. Es galt der Satz: »Quidquid non agnoscit glossa, non agnoscit curia«; Übersetzung des Verfassers: »Was auch immer die Glosse nicht kennt, kennt auch das Gericht nicht.«; vgl. dazu. *Dorn*, Accursius, S. 13ff.

97 Vgl. das Zitat von Paulus 41,1,31 pr., unten S. 30.

98 *Huber*, FS Canaris (2007), 417 (490).

99 Hugo Donellus (Hugues Doneau), 1527 bis 1591, verfasste ebenfalls Kommentare zum Codex Juris Civilis, wobei es ihm primär darum ging, ein kohärentes Gesamtsystem zu etablieren. Dabei löste er auch Widersprüche in den klassischen Texten auf, vgl. dazu: *Kleinheyer/Schröder*, Deutsche und europäische Juristen aus neun Jahrhunderten, S. 112–115.

100 *Huber*, FS Canaris (2007), 417 (491).

dem Übereignungswillen notwendigerweise zugrunde liege, und andererseits das Zeichen, an dem der Übereignungswille erkannt werde, wenn er nicht anderweitig nachgewiesen sei. Die Gültigkeit der »Iusta causa« sei für beides nicht erforderlich. Das Vorliegen einer »Iusta causa« sei anzunehmen, wobei es keinen Unterschied mache, ob sie wirklich vorliege oder nicht.[101]

Im 18. Jahrhundert wurde diese Lehre von dem damals führenden französischen Juristen *Robert-Joseph Pothier*[102] übernommen, wobei die einzige Abweichung gegenüber der Konzeption des *Donellus* darin bestand, dass er das dingliche Rechtsgeschäft, als Voraussetzung für die Übereignung, nicht als Vertrag (»Contrat«), sondern als Einigung (»Consentement«) bezeichnete, so wie die Verfasser des BGB über hundert Jahre später ebenfalls verfahren sollten (§§ 873, 925, 929 BGB). Auch nach *Pothier* bedarf es neben der Einigung noch der Übergabe. Die Rechtsgrundlosigkeit der Übereignung ist ohne Bedeutung.

Als »Iusta causa traditionis« bzw. »Titre« gilt sowohl ein wahrer Rechtsgrund (»Vrai titre«) als auch ein vermeintlicher Rechtsgrund (»Titre putatif«).[103]

Von dieser Betrachtungsweise wandte sich die französische Zivilistik allerdings kurze Zeit danach bei der Schaffung des C. C. ab und übernahm – unter Rückgriff auf den Naturrechtslehrer *Hugo Grotius*[104] – das Konsensprinzip. Dieser ging davon aus, das Eigentum gehe bereits aufgrund vertraglicher Einigung über, das römischrechtliche Erfordernis der Übergabe sei nur durch das positive Recht, nicht aber durch das Naturrecht vorgegeben.[105]

## II. Gustav von Hugo und Friedrich Carl von Savigny

Für die weitere Entwicklung in der deutschen Zivilistik kommt zwei Personen entscheidende Bedeutung zu: *Gustav von Hugo*[106] und *Friedrich Carl von Savigny.*[107]

---

101 *Huber*, FS Canaris (2007), 417 (492).

102 Robert-Joseph Pothier, 1699 bis 1772, verfasste Abhandlungen (»Traités«) zum römischen Recht und zum französischen Gewohnheitsrecht (»Droit coutumier«).

103 *Huber*, FS Canaris (2007), 417 (493).

104 Hugo Grotius, 1583 bis 1645, war Theologe, Philosoph und Begründer des Völkerrechts. Sein Hauptwerk war »De jure belli ac pacis«.

105 *Huber*, FS Canaris (2007), 417 (494) m. w. N.

106 Gustav von Hugo, 1764 bis 1844, war Begründer der Historischen Rechtsschule, die den gesamten Rechtsstoff darauf hin untersuchte, welche Rechtsinstitute römisch-rechtlichen und welche deutsch-rechtlichen Ursprungs waren. Er bezog sich auf die Institutionen des Gaius. Sein Forschungsschwerpunkt war das Obligationenrecht.

107 Friedrich Carl von Savigny, 1779 bis 1861, war der prominenteste Vertreter der Historischen Rechtsschule. Das Abstraktionsprinzip entwickelte er in seinem Werk »System des heutigen Römischen Rechts«, vgl. *v. Savigny*, System des heutigen Römischen Rechts, Band 3, S. 312f.; MüKoBGB/*Oechsler*, § 929 Rn. 8.

### 1. Vorarbeiten

*Hugo* wurde bisher lediglich als Vorläufer und Wegbereiter von *Savigny* angesehen.[108] Nach *Jakobs* soll die Lehre vom abstrakten dinglichen Vertrag zu einem erheblichen Teil auf der Leistung von *Hugo* beruhen.[109] *Jakobs* meint,

> »... der dingliche Vertrag wird nicht, wie dies in der deutschen Literatur vor allem durch Felgenträger gewöhnlich ist, als eine originäre Schöpfung Savignys gesehen, sondern als das Resultat eines fortgesetzten, von Hugo in der Ausbildung des Privatrechtssystems begonnenen Denkens, ...«.[110]

*Hugo* hatte herausgearbeitet, dass die Forderung bzw. Obligation ein Recht ist, dessen Gegenstand nicht ein »Res«, sondern eine andere Person ist, gegen welche die Forderung gerichtet ist, während das dingliche Recht gegen jedermann wirkt, also ein Recht »gegen die ganze Welt« verschafft.[111] Aufgrund der relativen Wirkung von Forderungen ergebe sich, dass Obligationen als Eigentumserwerbsgründe gestrichen werden müssten.

Demnach gehöre die Forderung nicht zu dem Tatbestand, der zur Übertragung des Eigentums erfüllt sein muss.[112] *Hugo* schreibt weiter:

> »In der That versteht es sich auch von selbst, denn zum Übergeben gehört doch gewiß der Wille des Gebenden sowie zum Annehmen der Wille des Empfängers. Jener und dieser zusammen setzen entweder schon ein früheres Geschäft voraus oder sie machen eines, das zwar freilich keine obligatio civilis wäre aber doch eine naturalis ...«.[113]

Demnach fehlte hier nur noch der allerletzte Schritt, der »mit den Händen zu greifen ist«, der gewissermaßen »denknotwendig« ist, den dinglichen Vertrag als einen eigenständigen Vertrag explizit anzuerkennen.[114] Insgesamt ist das Verhältnis zwischen Forderung und Traditio nach *Hugo* das von Forderung und Erfüllung.[115]

### 2. Entwicklung der Lehre vom abstrakten dinglichen Vertrag

Eine endgültige Abkehr von der vorherrschenden Lehre von Titulus und Modus ad(c)quirendi vollzog zu Beginn des 19. Jahrhunderts dann als Erster *Savigny*, indem er – auf den Überlegungen *Hugos* aufbauend – die Lehre vom abstrakten

108 *Felgentraeger*, S. 21.
109 *Jakobs*, SZ 119 (2002), 269 (281 ff.).
110 *Jakobs*, SZ 119 (2002), 269 (294).
111 *Tu*, Abstrakte Verfügungen und kausale Verpflichtungen?, S. 22.
112 *Jakobs*, SZ 119 (2002), 269 (290).
113 *Hugo*, zitiert bei *Jakobs*, SZ 119 (2002), 269 (292).
114 *Tu*, S. 23.
115 *Tu*, S. 24; *Hugo*, Lehrbuch des heutigen Römischen Rechts, S. 40.

dinglichen Vertrag entwickelte.[116] Dabei gingen *Savigny* und *Hugo* zunächst davon aus, dass für die Übertragung des Eigentums durch eine Traditio »irgend ein Obligazionenverhältnis, ein Geschäft vorgefallen sein (muss), wodurch nach dem Willen des Eigenthümers Eigenthum übertragen wird«.[117]

Anschließend wandte sich *Savigny* von der Vorstellung ab, dass jeder Traditio eine Forderung vorangehen muss und die Traditio stets die Erfüllung einer Forderung ist, wobei er wiederum das Beispiel der Handschenkung bemühte, bei welcher das Eigentum allein aufgrund der »bloße(n) factische(n) Tradition«[118] übertragen wird.[119]

Dazu heißt es: »die Absicht des Gebers macht den Beschenkten zum Eigenthümer, nichts anderes«.[120] In einem weiteren gedanklichen Schritt gelangte *Savigny* dann dazu, wie folgt den dinglichen Vertrag zu formulieren:

> »Hierauf gründet sich der Satz, daß jede Tradition ihrer Natur nach ein wahrer Vertrag ist u. daß die justa causa nichts anderes als diesen Vertrag ausdrückt. Aber es braucht nicht ein obligatorischer Vertrag zu seyn, denn sonst würden wir wieder in den gerügten Fehler verfallen, sondern sie ist ein wahrer dinglicher Vertrag, ein Vertrag des Sachenrechts«.[121]

Savigny ging davon aus, dass jedes Rechtsgeschäft auf der unabhängigen Herrschaft des individuellen Willens, also auf der Privatautonomie des Einzelnen, beruht.[122] *Savigny* erkannte, dass in der »Traditio« sämtliche Elemente des Vertragsbegriffs enthalten sind. Neben das Grundgeschäft tritt infolgedessen ein weiterer, ein eigenständiger dinglicher Vertrag.

Mit Blick auf die voranstehend dargestellte Antinomie zwischen *Julian* und *Ulpian* stellte *Savigny* fest:

> »Wer die zweyte (Frage, »ob eine gültige Schenkung, oder vielleicht auch ein gültige Darlehen vorhanden ist«) bejaht, muß nothwendig auch die erste (Frage, »ob Eigenthum übergeht«) bejahen. Wer die erste bejaht, kann daneben noch immer die zweyte bejahen oder verneinen«.[123]

*Savigny* entwickelte den Gedanken der Abstraktion für Zuwendungen erstmals im Wintersemester 1814/15 in seiner Berliner Pandektenvorlesung.[124] Dabei ist zu

116 *Stadler*, S. 46 m. w. N., S. 49ff.; *Lindemann*, S. 14f.
117 *Savigny*, Vorlesungen über das Pandektenrecht, vgl. *Felgentraeger*, S. 29.
118 *Tu*, S. 27.
119 Nach *Sorge*, S. 63–89, insb. S. 69 ff: wollte Savigny allerdings mit dem Beispiel der Handschenkung primzipielle Widersrpüchlichkeiten aufzeigen und vor einer allzu strikten Anwendnung des Trennungs- und des Abstraktionsprinzips warnen.
120 *Savigny*, Vorlesungen über das Pandektenrecht, vgl. *Felgentraeger*, S. 34.
121 Ibd.
122 *Nolden*, S. 29.
123 *Savigny*, System des heutigen Römischen Rechts, Band 3, S. 159.
124 *Felgentraeger*, S. 26–45; *Liebs*, S. 66.

beachten, dass es sowohl in der herkömmlichen Lehre vom Titulus und Modus als auch im justinianischen und im klassischen römischen Recht Ausnahmen vom Kausalprinzip gegeben hatte.

So hatte das klassische römische Recht die Condictio indebiti entwickelt, weil bei irriger Leistung einer Nichtschuld das Eigentum am geleisteten Gegenstand, meist Geld, auf den Scheingläubiger überging, obwohl ein Rechtsgrund nicht bestand und bei konsequenter Anwendung der Lehre vom Titulus und Modus Eigentum hätte nicht übergehen dürfen, also die Rei vindicatio geeigneter Rechtsbehelf hätte sein müssen. Gleichwohl wurde dies nicht in Betracht gezogen, sondern ein Eigentumsübergang angenommen.[125] Des Weiteren wurde das zuvor wiedergegebene Zitat von *Julian* als weiterer Beleg für den Nachweis einer Abstraktion im klassischen römischen Recht gewertet. Ferner wurde auf eine Konstitution des Kaisers Diokletian rekurriert, die folgende Bestimmung enthielt:

> »Wenn ein Ehemann in unzulässige Stellvertretung für seine Frau kauft und erwerben will, sei der Kaufvertrag unwirksam; allerdings gehe da Eigentum auf denjenigen über, dem übergeben wird, meist wohl auf den Mann. Wenn der Verkäufer das Grundstück aber unmittelbar der Frau übergibt, auf diese«.[126]

In den Institutionen ist eine generalisierende Formulierung zum Erfordernis einer Justa causa (Titulus) enthalten, die, isoliert betrachtet, so klingt, als sei eine konkrete Causa entbehrlich und es komme lediglich auf den Willen zur Eigentumsübertragung an.[127]

Diese Aussage wird in den Digesten an anderer Stelle wiederholt.[128] Die Institutionenstelle zitierte *Savigny* in seinen Vorlesungen 1815/16 und 1820/21; beide Stellen in seiner Pandektenvorlesung 1824/25.[129]

Schließlich wurde ebenfalls die vom Juristen *Paulus*[130] missverständlich eng formulierte Lex 31 pr. des Titels der Digesten über den Eigentumserwerb (41, 1, 31 pr) herangezogen:[131]

---

125 *Fuchs*, Iusta causa traditionis in der Romanistischen Wissenschaft, S. 163–253; *Liebs*, S. 67.

126 Cod. Jus., 4, 50, 6 v. 19.08.293; *Liebs*, S. 68.

127 Inst 2, 1; *Felgentraeger*, S. 34f.

128 Dig. 41, 1, 9 § 3 »Gaius 2 rer. cott.: Hae quoque res, quae traditione nostrae fiunt, iure gentium nobis adquiruntur: nihil enim tam conveniens est naturali aequitati quam voluntatem domini volentis rem suam in alium transferre ratam haberi«.

129 *Felgentraeger*, S. 34f.

130 Iulius Paulus, geb. nach 224 n. Chr., war ein spätklassischer Jurist. Im Zitiergesetz von 426 n. Chr. wurde er neben Gaius, Ulpian, Papinian und Modestinus als maßgebliche juristische Autorität benannt. Auf ihn geht die Paulianische Anfechtungsklage zurück. Im deutschen Recht unterscheidet man die Anfechtung von gläubigerbenachteiligenden Rechtshandlungen durch den Insolvenzverwalter nach Verfahrenseröffnung nach §§ 129ff. InsO und die Anfechtung außerhalb des Insolvenzverfahrens nach dem Anfechtungsgesetz; der Begriff

»Numquam nuda traditio transfert dominium, sed ita si venditio aut aliqua iusta causa praecesserit, propter quam traditio sequeretur«.

»Niemals überträgt eine bloße Übergabe das Eigentum. Das geschieht nur, wenn ein Kauf oder ein anderer Rechtsgrund vorangeht, dessentwegen die Übergabe erfolgte.«

Damit wird deutlich, dass *Paulus* wohl der Meinung war, dass sich selbst bei einer Handschenkung die Parteien vor ihrem Vollzug über die Unentgeltlichkeit der Zuwendung geeinigt haben müssten.[132] Danach ging *Paulus* davon aus, dass die bloße Übergabe (»Traditio«) für den Eigentumsübergang nicht ausreiche, es müsse vielmehr noch ein Kauf (»Venditio«) oder ein anderer rechtfertigender Grund (»Iusta causa«) hinzukommen. Als weitere Rechtsgründe (»Causae«) kamen weiterhin in Betracht: Schenkung (»Causa donandi«), Darlehensgewährung (»Causa credendi«) und Erfüllung einer Übereignungspflicht aus Vermächtnis oder Stipulation, d. h. abstraktem Schuldversprechen (»Causa solvendi«). Diese Stelle spricht für die Annahme einer kausalen Ausgestaltung der Übereignung.[133]

*Savigny* ging möglicherweise davon aus, dass der berechtigte Geber und der Empfänger bei der Übergabe den übereinstimmenden Willen haben müssten, Eigentum zu übertragen, was jedoch bei einer Handschenkung problematisch sei,[134] wobei *Savigny* in diesem Zusammenhang wiederholt das Beispiel anführte, dass er, *Savigny*, einem Bettler eine Münze gebe.

Diese Überlegungen bildeten den Ausgangspunkt für seine Lehre vom dinglichen Vertrag, also der Vorstellung, dass dem dinglichen Eigentumsübergang ein Vertrag zugrunde liege.[135]

1840 begründete er seine Meinung zusätzlich damit, dass die Wirksamkeit von Kauf und Übereignung trotz Irrtums »die einzige Rettung des Verkehrs gegen gränzenlose Unsicherheit und Willkühr«[136] sei. In seinem »System des heutigen Römischen Rechts« führte *Savigny* weiter aus:[137]

»Die privatrechtlichen Verträge aber sind unter allen die mannigfaltigsten und häufigsten (…) Hier nun kommt der Vertrag bey allen Arten der Rechtsinstitute vor, und überall als eine der wichtigsten Rechtsformen. So zuerst bey den Obligationen, und zwar vor Allem zur Begründung derselben, welche Verträge man vorzugsweise die *obliga-*

Paulianische Anfechtung ist nicht mehr gebräuchlich, vgl. dazu *Kaser/Knütel/Lohsse*, § 19 Rn. 11f.

131 *Liebs*, S. 68.

132 *Hammen*, Friedrich Carl von Savigny, Pandektenvorlesung 1824/25, S. 106.

133 *Huber*, FS Canaris (2007), 471 (484).

134 *Felgentraeger*, S. 33 (Erwähnung 1815/16); *Felgentraeger*, S. 36 (Erwähnung 1827); *Hammen*, S. 105 (Erwähnung 1824).

135 Ausführlich *Huber*, FS Canaris (2007), 417 (496ff.).

136 *Felgentraeger*, S. 40; *Liebs*, S. 69.

137 *Savigny* III, S. 312f.

*torischen* nennt (...) Ferner in Sachenrecht, und zwar gleichfalls in der ausgedehntesten Anwendung. So ist die Tradition ein wahrer Vertrag, da alle Merkmale des Vertragsbegriffs darin wahrgenommen werden: denn sie enthält von beiden Seiten die auf gegenwärtige Übertragung des Besitzes und des Eigenthums gerichtete Willenserklärung (...) dass diese Willenserklärung für sich allein nicht hinreicht zur vollständigen Tradition, sondern die wirkliche Erwerbung des Besitzes, als äußere Handlung, hinzutreten muß, hebt das Wesen des zum Grund liegenden Vertrags nicht auf (...). In diesen häufigen und wichtigen Fällen wird die Vertragsnatur der Handlung meist übersehen, welche jene Handlung gewöhnlich vorbereitet und begleitet. Wird zum Beispiel ein Haus verkauft, so denkt man gewöhnlich an den obligatorischen Kauf, und ganz richtig; aber man vergißt darüber, dass die nachfolgende Tradition auch ein Vertrag ist, und ein von jenem Kauf ganz verschiedener, nur durch ihn nothwendig gewordener«.

Von diesen Überlegungen kommend ging *Savigny* noch einen Schritt weiter und postulierte die vollkommene Unabhängigkeit des dinglichen Vertrags vom obligatorischen Grundgeschäft: »Eine aus Irrtum entsprungene Tradition ist vollgültig«.[138] Dies ist die Ausgangsüberlegung, von der das Abstraktionsprinzip ausgeht:

Das Grundgeschäft bzw. der Rechtsgrund (Kauf, Schenkung usw.) ist lediglich Motiv für die Eigentumsübertragung.

Es ist weder Inhalt der Verfügung (inhaltliche Abstraktion)[139] noch beeinflusst es die Wirksamkeit der Eigentumsübertragung (äußerliche Abstraktion).[140] Dabei ist zu beachten, dass *Savigny* den Gedanken der Abstraktion vornehmlich für die Konstellation des Irrtums bezüglich des Kausalgeschäfts (»Error in causis«) formulierte hatte.[141]

## III. Die Präzisierung der Lehre vom abstrakten dinglichen Vertrag

Es waren andere Vertreter der historischen Rechtsschule wie *Bähr*,[142] *Windscheid*,[143] *von Jhering*[144] und *Dernburg*,[145] welche den Gedanken vom abstrakten dinglichen Vertrag aufgriffen und den Anwendungsbereich dieser neuen Lehre

138 *Savigny* IV, S. 156ff.

139 Der Inhalt des Verfügungsgeschäfts beschränkt sich ausschließlich auf die Herbeiführung der Verfügungswirkungen, die Bestimmung des Verfügungsgegenstands sowie der beteiligten Parteien.

140 *Lindemann*, S. 15; *Jauernig*, JuS 1994, 721 (722); *Haedicke*, JuS 2001, 966 (969).

141 *Picot*, S. 26.

142 Otto Bähr, 1817 bis 1896, war Jurist, Politiker und Verfasser vieler einflussreicher juristischer Schriften, u. a.: »Die preußischen Gesetzentwürfe über die Rechte an Grundvermögen« (1870), »Der Rechtsstaat. Eine publicistische Skizze (1864) und »Die Anerkennung als Verpflichtungsgrund« (1855, 2. Aufl. 1867). Letztere Schrift beeinflusste maßgeblich die

auf den Dissens bei Abschluss des obligatorischen Vertrags und schließlich auf sämtliche Fälle der Unwirksamkeit des Verpflichtungsgeschäfts erweiterten.[146]

So hielt *Otto Bähr* auch die Anerkennung einer Schadensersatzpflicht für verbindlich, das Opfer müsse dann nicht mehr beweisen, dass der Anerkennende schuldhaft gehandelt oder sonst einen Haftungsgrund verwirklicht habe, etwa aufgrund einer Gefährdungshaftung.[147] *Rudolf von Jhering* ging dann noch einen Schritt weiter und sprach auf dem achten und neunten Deutschen Juristentag 1869 und 1871 bereits von einem abstrakten Schuldversprechen, das allerdings vertraglich begründet sein müsse. Allein der Wille der Parteien, sich zu verpflichten, reiche aus und habe abstrakt verpflichtende Wirkung. Wolle der Richter im Prozess die Causa überprüfen, sei das eine Bevormundung freier Individuen.[148] Dies wurde jedoch von vielen Tagungsteilnehmern als zu weitgehend zurückgewiesen, zumal eine vernünftige Willenserklärung stets eine zu beachtende Causa habe. Abstrakte Obligationen würden die individuellen Verhältnisse maskieren.[149]

Abgesehen von dieser theoretischen Fundierung der Lehre vom abstrakten dinglichen Vertrag fand diese auch in der Rechtspraxis rasch Anklang. Hierfür waren zwei Hauptgründe ausschlaggebend:[150]

So wurde in Preußen, wo aufgrund des ALR die Lehre von Titulus und Modus galt, zunehmend dazu übergegangen, die Wirksamkeit der Übereignung nicht am Verstoß gegen die aus fiskalischen Gründen besonders strengen Formvorschriften scheitern zu lassen. Auf diese Weise rückte die Praxis für bestimmte

---

spätere Regelung der abstrakten Verbindlichkeiten (§§ 780f., 784 BGB), vgl. *Meder*, Rechtsgeschichte, S. 338.

143 Bernhard Joseph Hubert Windscheid, 1817 bis 1892, war Mitglied der Ersten Kommission (1874–1883) und Herausgeber *des* führenden Lehrbuchs zum Pandektenrecht (3 Bde.). Weiterhin begründete er die Abgrenzung des materiell-rechtlichen Anspruchs von der römischen Actio. Seine Lehre von der »Voraussetzung« war Vorläuferin der späteren Lehre vom Wegfall der Geschäftsgrundlage, heute § 313 BGB. Zu den Verdiensten von Windscheid sei verwiesen auf *Meder*, Rechtsgeschichte, S. 325ff.

144 Rudolf von Jhering, 1818 bis 1892, übte in der 2. Hälfte des 19. Jahrhunderts besonders starken Einfluss auf die Zivilrechtswissenschaft aus. Auf ihn geht als Vertreter der Interessenjurisprudenz die Unterscheidung zwischen positivem und negativem Interesse zurück. Besondere Bekanntheit erlangte seine Schrift »Der Kampf ums Recht« (1872); *Meder*, Rechtsgeschichte, S. 333ff.

145 Heinrich Dernburg, 1829 bis 1907, war auch Politiker und lehrte römisches, preußisches Recht und Zivilrecht. Er befasste sich vornehmlich mit der Pandektistik.

146 Vgl. *Stadler*, S. 50.

147 *Liebs*, S. 72.

148 Ebd.

149 Ebd. m. w. N.; dies wurde teilweise als Vorzug herausgestellte, so z. B. von *Kuntze*, Das Wechselrecht, S. 65.

150 *Brandt*, S. 111ff. m. w. N.

Situationen bereits von der bisherigen Auffassung ab und hatte de facto den Gedanken einer Abstraktion übernommen.

Darüber hinaus kam das Abstraktionsprinzip dem zunehmenden wirtschaftlichen Bedürfnis nach Sicherungsgeschäften entgegen.

So war das Pfandrecht an beweglichen Sachen wie in §§ 1204ff. BGB nach dem ALR an den Besitz des Sicherungsgegenstands gebunden. Sicherungsübereignungen dagegen waren nicht möglich, da die Eigentumsübertragung die Existenz eines auf dauernden Eigentumsübergang gerichteten Titels voraussetzte.[151]

Schließlich war der Wirtschaftsliberalismus des 19. Jahrhunderts ein fruchtbarer Boden für die Akzeptanz des Abstraktionsprinzips. Die Erhöhung der Verkehrsfähigkeit von Forderungen, beweglichen und unbeweglichen Sachen kam dem aufkommenden Streben nach freier Entfaltung der Wirtschaft entgegen.

Neben dem Ursprung in der deutschen Pandektenwissenschaft des 19. Jahrhunderts hat das Abstraktionsprinzip aber auch deutsch-rechtliche Wurzeln, was von seinen Kritikern oftmals übersehen wird. Ebendiese sind im mittelalterlichen Stadtbuchwesen zu sehen und betreffen die Rechte an Immobilien. Der Eintragungsakt war dort rein formal ausgestaltet und vollkommen losgelöst von sämtlichen materiellen Beziehungen zwischen den Parteien. Dergestalt sollten Beweis- und Bestandsprobleme vermieden werden.[152] Dementsprechend war auch dieser Aspekt ein mitbestimmendes Leitprinzip der Reformepoche der 40er-Jahre des 19. Jahrhunderts.[153] Auch im germanischen Recht war die Eigentumsübergabe von Grundstücken stark formalisiert und von den materiellrechtlichen Beziehungen zwischen den Parteien abgekoppelt.[154]

Das sächsische BGB von 1860[155] und der Entwurf des bayerischen BGB von 1864 sowie das preußische Gesetz über den Erwerb von Grundstücken von 1872 übernahmen bereits vor Inkrafttreten des BGB das Abstraktionsprinzip.

Auch die Judikatur legte in einzelnen Entscheidungen vorsichtig das Abstraktionsprinzip zugrunde, obwohl sie in Österreich, Preußen und in Bayern noch an die kausal ausgestalteten Gesetze gebunden war.[156]

Als die Vorarbeiten zur Schaffung des BGB aufgenommen wurden, hatte sich das Abstraktionsprinzip bereits als herrschende Meinung etabliert.[157]

151 *Picot*, S. 27.
152 *Lindemann*, S. 15.
153 *Buchholz*, Abstraktionsprinzip und Immobiliarrecht, S. 7f.; *Lindemann*, S. 16.
154 *Stadler*, S. 57ff.
155 §§ 253, 256 des Sächsischen BGB lauteten wie folgt: »Durch Übergabe wird das Eigentum an einer beweglichen Sache erworben, wenn der Besitz derselben in der Absicht, Eigentum zu übertragen, übergeben wird«.
156 *Lindemann*, a. a. O. m. w. N.
157 *Stadler*, S. 51; RG JW 1896, 211 Nr. 47.

## C. Normativer Ansatz im BGB

### I. Vorentwurf, Erste Kommission und Erster Entwurf

Am Ausgangspunkt der Entwicklung, die zur Verabschiedung des BGB führen sollte, stand einige Jahre nach der Reichsgründung von 1871 die Erweiterung der Gesetzgebungskompetenz des Reichs. 1873 wurde diese auf das allgemeine Zivilrecht ausgedehnt, nachdem sie zuvor nur auf dem Gebiet des Handels- und Wechselrechts bestanden hatte. Diese Änderung der Reichsverfassung ging auf die Initiative der beiden Reichstagsabgeordneten *Lasker*[158] und *Miquel*[159] zurück und wurde nach Zustimmung durch den Bundesrat umgesetzt, weswegen auch von der Lex Lasker bzw. Lex Miquel gesprochen wird. Am 28. Februar 1874 wurde sodann auf Antrag des preußischen Justizministers eine aus fünf Juristen bestehende Vorkommission eingesetzt, die einen Plan und eine Methode, wie der Entwurf eines Bürgerlichen Gesetzbuchs erstellt werden sollte, auszuarbeiten hatte.[160] Zu dieser Zeit wurde die Übernahme des Abstraktionsprinzips von den Kommissionsmitgliedern bereits ohne Weiteres als Selbstverständlichkeit angesehen. *Reinhold Johow* verfasste einen Vorentwurf, der in den §§ 132, 133 folgende Regelung enthielt:[161]

> »Das Eigentum einer beweglichen Sache wird im Fall der Übertragung erworben durch die in dieser Absicht erfolgte Übergabe der Sache von Seiten des Eigentümers an den Erwerber. Der Übergang des Eigentums wird in den Fällen des § 132 nicht gehindert durch Meinungsverschiedenheiten der Beteiligten über den Grund der Übertragung und auch nicht durch die irrige Voraussetzung eines zu der Übertragung verpflichtenden Rechtsgeschäftes«.

Die Erste Kommission trat sodann im September 1874 erstmals unter dem Vorsitz des Präsidenten des Reichsoberhandelsgerichts (ROHG)[162] *von Pape*

158 Eduard Lasker, 1829 bis 1884, war ein preußischer Jurist, Politiker, Reichstagsabgeordneter sowie Gegner Bismarcks.

159 Johannes von Miquel, 1828 bis 1901, war preußischer Staats- und Finanzminister sowie Oberbürgermeister von Frankfurt am Main.

160 Auf Vorschlag dieser Kommission wählte der Bundesrat elf Kommissionsmitglieder. Es waren alle größeren deutschen Staaten und Rechtsgebiete vertreten, u. a. hohe Ministerialbeamte und Richter (darunter Planck) sowie Ordinarien rechtswissenschaftlicher Fakultäten wie z. B. Bernhard Windscheid und Paul Roth. Seinerzeit und bis zum 31. 12. 1899 bestand im Deutschen Reich ein Mischrechtssystem: Es galten französisches, preußisches, bayerisches, sächsisches, österreichisches und dänisches Recht sowie verschiedene Partikularrechte, wie z. B. auch das Jütisch Low oder der Sachsenspiegel, vgl. *Meder*, Ius non scriptum – Traditionen privater Rechtsetzung, S. 133.

161 Schubert/*Johow*, Die Vorlagen der Redaktoren für die erste Kommission zur Ausarbeitung des Entwurfs eines Bürgerlichen Gesetzbuches, Sachenrecht, Teil 1, § 132.

162 Das ROHG in Leipzig wurde auf Betreiben Preußens und Sachsens 1869 als Gericht des Norddeutschen Bundes (»Bundes-Oberhandelsgericht«, vgl. § 1 des Gesetzes, betreffend die

zusammen und traf sich zwischen 1874 und 1879 jeweils im September für ca. vier Wochen, um in Vorberatungen über Grundsatzfragen zu entscheiden. Über das Abstraktionsprinzip wurde nicht mehr diskutiert, es galt als etabliert.[163] Eine rechtspolitische Diskussion über dessen Auswirkungen fand in der Kommission und auch später unter den Verfassern des BGB nicht mehr statt.[164] Die Kommission nahm sich im Übrigen der ihr gestellten Aufgabe mit außerordentlicher Gründlichkeit an. Während das Abstraktionsprinzip in der Gesetz gewordenen Fassung des BGB an keiner Stelle ausdrücklich geregelt wurde, enthielt § 829 des ersten Entwurfs von 1886 noch folgende Regelung:

> »Die Parteien mögen bei einem dinglichen Vertrag verschiedene Rechtsgründe vorausgesetzt haben oder der von ihnen vorausgesetzte Rechtsgrund mag nicht vorhanden oder ungültig sein, die Wirksamkeit des dinglichen Vertrages wird dadurch nicht ausgeschlossen«.[165]

Unmittelbar nach der Veröffentlichung des ersten Entwurfs setzte allenthalben eine hitzig geführte Diskussion ein.[166] Der Entwurf wurde umfassend erörtert und einer teilweise massiven Kritik unterzogen. Es erschien eine heutzutage kaum noch überschaubare Flut von Schriften, vor allem von Professoren, Rechtsanwälten und von Richtern. Besonders kritisiert wurden dabei in erster Linie die doktrinäre, schwerfällige und lehrbuchhafte, also wenig volkstümliche Methode, nach welcher der Entwurf abgefasst war, die sprachliche misslungene Fassung einzelner Bestimmungen, die große Anzahl von Gesetzesverweisungen und die Lebensfremdheit vieler Regelungen.

Allerdings ist diesbezüglich zu beachten, dass die Mehrheit der Kritiker mit dem materiell-rechtlichen Inhalt des Entwurfs, vor allem mit dessen tragenden Grundsätzen, einverstanden war.

Ihr Hauptanliegen ging lediglich dahin, den Entwurf von dogmatischen Fesseln und mancherlei Überspitztheiten zu befreien, also ein Gesetzbuch zu schaffen, das weniger lehrbuchhaft-doktrinär und leichter verständlich sein sollte:

---

Errichtung eines obersten Gerichtshofs für Handelssachen v. 18.06.1969, BGBl. d. Norddeutschen Bundes, Bd. 1869, Nr. 22, S. 201) gegründet, nahm seine Tätigkeit im August 1870 auf, sah sich in der Tradition des früheren Reichskammergerichts in Wetzlar und war zuständig für Streitigkeiten auf den Gebieten des Handels- und Wechselrechts. Nach Inkrafttreten der sog. »Reichsjustizgesetze« (ZPO, StPO; KO etc.) im Jahre 1878 trat das Reichsgericht (RG), ebenfalls in Leipzig, an seine Stelle.

163 *Lindemann*, S. 16.

164 *Brandt*, S. 116ff.

165 *Mugdan*, Die gesammten Materialien zum Bürgerlichen Gesetzbuch für das Deutsche Reich, Band I, S. 422; *Haferkamp*, JURA 1998, 511 (511).

166 *Meder*, Rechtsgeschichte, S. 348ff.

> »Form und Fassung weisen darauf hin, dass er (scil.: der Entwurf) nicht frisch aus dem Leben geschöpft, sondern das Produkt einer künstlich mühsam berechneten Arbeit ist. Und dennoch fehlt ihm der wahrhaft wissenschaftliche Aufbau, fehlen die festen, klar ausgedachten Grundbegriffe und die folgerichtige Entwicklung derselben zu anschaulichen Rechtssätzen, wie das Leben sie fordert. Sollen wir das Wesen des Entwurfs mit zwei Worten bezeichnen: nicht wissenschaftlich, sondern doktrinär.«[167]

und:

> »Dass rein sachlich manche Bestimmungen wohl gelungen, namentlich der Entwurf den Anforderungen der Gegenwart näher tritt als irgendeines der zur Zeit noch geltenden großen Gesetze, ist schon vielfach anerkannt worden«.[168]

Besonders kritisch *Otto Bähr:*[169]

> »Und da seit Anfang dieses Jahrhunderts die wissenschaftlichen Fortschritte fast ausschließlich auf gemeinrechtlichem Gebiete gelegen haben, so hat auf diesen Theil des Entwurfs die gemeinrechtliche Wissenschaft den größten Einfluss geübt. In diesen seinen Bestandteilen nimmt sich daher der Entwurf gewissermaßen wie ein ›kleiner Windscheid‹ aus, der sich von dem großen nur dadurch unterscheidet, dass dieser bisher nach der freien wissenschaftlichen Thätigkeit und Forschung neben sich Raum ließ, während jener mit seinen Paragraphen die Wissenschaft ein für alle Mal abschließt«.

Die schärfsten Einwände wurden von *Anton Menger*[170] und *Otto von Gierke*[171] vorgebracht.

*Gierke* bezeichnete den Entwurf als »unsozial, undeutsch und zu romanistisch«, d. h. viel zu sehr von römisch-rechtlichen Vorstellungen und Instituten geprägt. In seiner bekannten Schrift »Der Entwurf eines bürgerlichen Gesetzbuchs und das deutsche Recht« vertiefte er seine Argumentation ausführlich. *Gierke* gehörte der germanistischen Rechtsschule an und hatte stets die genossenschaftliche Struktur des Privatrechts betont. Er meinte, das »deutsche Privatrecht« sei so gut wie gar nicht berücksichtigt worden, römisch-rechtliche Grundsätze hätten sich durchgesetzt. Dies wird insbesondere an der Ausgestaltung des Allgemeinen Teils deutlich, die dort enthaltene Rechtsgeschäftslehre ist

167 *Becker*, System und Sprache des Entwurfes eines bürgerlichen Gesetzbuches für das Deutsche Reich, S. 67.

168 *Becker*, S. 73.

169 *Bähr*, Besprechung des Entwurfs eines bürgerlichen Gesetzbuches für das Deutsche Reich, S. 326ff.

170 Anton Menger von Wolfensgrün, 1841 bis 1906, war ein österreichischer Jurist und Sozialtheoretiker, der sich insbesondere sozialen Fragen widmete. Am bekanntesten wurden vor allem die Werke »Das Recht auf den vollen Arbeitsertrag in geschichtlicher Darstellung« und »Das bürgerliche Recht und die besitzlosen Volksklassen«.

171 Otto von Gierke, 1841 bis 1921, war seines Zeichens Rechtshistoriker und Politiker und gilt als »Vater der Genossenschaftsrechts« und Vertreter des deutsch-rechtlichen Eigentumsbegriffs.

in der Tat nichts anderes als eine nahezu komplette Übernahme der bereits im Corpus Juris dargestellten Rechtsgrundsätze.

*Gierke* beanstandete auch den Individualismus und die kapitalistische Tendenz des Entwurfs, der die familiären und sozialen Bindungen der Menschen so wenig berücksichtige.

»Wird dieser Entwurf nicht in diesem oder jenem wohlgelungenen Detail, sondern als Ganzes betrachtet, wird er auf Herz und Nieren geprüft und nach dem Geiste befragt, der in ihm lebt, so mag er manche lobenswerte Eigenschaft offenbaren. Nur ist er nicht deutsch, nur ist er nicht volkstümlich, nur ist er nicht schöpferisch - und der sittliche und sociale Beruf einer neuen Privatrechtsordnung scheint in seinen Horizont überhaupt nicht eingetreten zu sein! Was er uns bietet, das ist in seinem letzten Kern ein in Gesetzesparagraphen gegossenes Pandektenkompendium.«[172] (...) »Mit jedem seiner Sätze wendet dieses Gesetzbuch sich an den gelehrten Juristen, aber zum deutschen Volke spricht es nicht - nicht zu seinen Ohren, geschweige denn zu seinem Herzen«.[173]

Darüber hinaus bemängelte *Gierke* die verpasste Gelegenheit einer sozialen Ausrichtung sowie den fehlenden Schutz des wirtschaftlich Schwächeren. Dieser Aspekt wurde gerade auch von *Menger* besonders kritisiert. Der Arbeitsvertrag war im Entwurf und auch später im BGB nur sehr knapp geregelt:[174]

»Der wichtigste Vertrag für den Standpunkt, dem diese Blätter gewidmet sind, ist der Lohnvertrag, welcher in dem Entwurf, der naturgemäss mehr die dem Lohnherrn zugewendete Seite des Rechtsverhältnisses ins Auge fasst, überall als Dienstvertrag bezeichnet wird. Ich habe schon in einem früheren Abschnitt (XIX) gezeigt, dass der Entwurf das Lohn- oder Dienstverhältnis, obgleich die ungeheure Mehrheit der Besitzlosen, ja die grosse Mehrheit der ganzen Nation darauf ihre Existenz gründet, in acht nach Umfang und Inhalt höchst dürftigen Paragraphen abgetan hat. Keine der grossen Streitfragen, die sich an das Lohnverhältnis knüpfen, ist in dem Abschnitte des Entwurfs über den Dienstvertrag gültig oder auch nur in den Motiven (II, 455 ff.) erwähnt, welche letzteren geradezu als ein abschreckendes Beispiel für die Begrenztheit des rein juristischen Standpunktes dienen können«.

## II. Zweite Kommission, Zweiter und Dritter Entwurf

Aufgrund der massiven Kritik und der vielfältigen Änderungsvorschläge berief der Bundesrat, nach der Verfassung von 1871 das höchste Verfassungsorgan,[175] eine zweite Kommission von 24 Mitgliedern ein, in der auch Nichtjuristen ver-

172 Vgl. *Gierke*, Der Entwurf eines Bürgerlichen Gesetzbuches und das deutsche Recht, S. 2.
173 Vgl. *Gierke*, S. 3.
174 *Menger*, Das bürgerliche Recht und die besitzlosen Volksklassen, S. 160 f.
175 Dem Reichstag (Bezeichnung durch Kaiser Wilhelm II: »Quasselbude) als Repräsentant der deutschen Bevölkerung kam nur eine beratende Funktion zu, die eigentliche Macht lag nach

treten waren. Generalreferent war *Gottlieb Planck.* 1895 legte sie den zweiten Entwurf vor nebst Begründung, den sog. Protokollen. Anders als der erste Entwurf löste sich dieser Entwurf wesentlich stärker vom Gemeinen Recht und dem darauf basierenden Pandektensystem und unternahm den Versuch, mehr den sozialen und ökonomischen Fragestellungen des ausgehenden 19. Jahrhunderts zu entsprechen. Überdies wurde der Entwurf nochmals erheblich gestrafft und gekürzt. Allerdings hielt der zweite Entwurf trotz vieler Änderungen im Einzelnen an der Grundkonzeption und dem Sprachstil des ersten Entwurfs fest.[176]

Im Justizausschuss fanden dann weitere Beratungen statt, der sodann den dritten Entwurf mit einer Denkschrift dem Reichstag zur Beratung vorlegte. Der Reichstag billigte im Wesentlichen die Vorlage. Die Beratungen konzentrierten sich vor allem auf Detailfragen im Bereich des Vereins-, Dienstvertrags-, Amtshaftungs- und Wildschadensrechts. Eine besondere Kuriosität stellte das sog. *Hasenrecht* dar. Dabei stand die Frage im Vordergrund, ob Jagdberechtigte auch für den von Hasen angerichteten Flurschaden aufzukommen hatten. Diese Kontroverse wurde derart hitzig geführt, dass daran beinahe die Verabschiedung des BGB zu scheitern drohte. Die konservative Deutsche Zentrumspartei, in denen vor allem Jagdliebhaber vertreten waren, machte ihre Zustimmung zu dem Gesetzesentwurf von einem Einlenken in der Hasenfrage abhängig und setzte sich durch.[177]

Am 18. August 1896 wurde das BGB im Reichsgesetzblatt verkündet und trat auf persönlichen Wunsch von *Kaiser Wilhelm II.* – das neue Jahrhundert sollte glanzvoll beginnen – am 01.01.1900 in Kraft. Gewiss wurden im zweiten und im dritten Entwurf viele dogmatische Übertreibungen entfernt. Es bleibt aber gleichzeitig der Haupteinwand gegenüber dem BGB bestehen: Es ist zu wenig volkstümlich, zu wenig allgemeinverständlich. Andererseits ist die begriffliche Schärfe und Präzision[178] zu bewundern, an die kaum eine andere Zivilrechtskodifikation der Neuzeit heranreicht und die das BGB als Höhepunkt der Zivilrechtswissenschaft des 19. Jahrhunderts erscheinen lassen.[179]

---

der Verfassungskonzeption von 1871 nach wie vor bei der Vertretung der Fürsten und Landesherren, dem Bundesrat.

176 *Schulte-Nölke,* NJW 1996, 1705 (1705). Zum zweiten Entwurf: *Meder,* Rechtsgeschichte, S. 351f.

177 In § 835 Abs. 1 S. 1 BGB a. F., der eine Gefährdungshaftung vorsah, hieß es: »Wird durch Schwarz-, Roth-, Elch-, Dam- oder Rehwild oder durch Fasanen ein Grundstück beschädigt, an welchem dem Eigentümer das Jagdrecht nicht zusteht, so ist der Jagdberechtigte verpflichtet, dem Verletzten den Schaden zu ersetzen«. Ein Ersatz von Wildschäden durch Hasen war dort ausdrücklich nicht vorgesehen. Die Bestimmung wurde mittlerweile aufgehoben und durch § 29 BJagdG ersetzt, der auch eine Haftung für Schäden durch Wildkaninchen umfasst, Palandt/*Sprau,* § 835 Rn. 2.

178 *Zweigert/Kötz,* Bd. 1, § 12 II.

179 *Rheinstein,* Einführung in die Rechtsvergleichung (1974), S. 87.

## III. Abstraktion als vorausgesetztes Prinzip

Die Verfasser des BGB gingen wie selbstverständlich von der abstrakten Natur des dinglichen Vertrags aus. Vorstöße, bei beweglichen Sachen entsprechend dem französischen Konsensualprinzip den Eigentumsübergang bereits mit Abschluss des obligatorischen Veräußerungsvertrags anzunehmen, wurden bereits in der Vorkommission (wenn auch noch mit knapper Mehrheit) abgelehnt.[180] Die Verfasser des BGB meinten, dass wegen der erforderlichen und logischen Trennung von Schuld- und Sachenrecht ein dinglicher Vertrag notwendigerweise abstrakt sein müsse.[181] Eine Vermengung werde den begrifflichen Gegebenheiten nicht gerecht und erschwere die Einsicht in das Wesen der Rechtsverhältnisse.[182]

Mit Blick auf die Antinomie der beiden Digestenstellen von *Julian* und *Ulpian* sei die Auffassung von Julian vorzuziehen, da sie die Rechtskonsequenz für sich habe.[183]

Allerdings verstummte die Kritik am Trennungs- und Abstraktionsprinzip auch im Verlauf der weiteren Ausarbeitung des BGB nicht. Es wurden immer wieder Gegenvorschläge unterbreitet, die das französische Modell favorisierten. Die Zweite Kommission wies daher auch folgerichtig Anträge zurück, die darauf abzielten, den Eigentumsübergang von einem wirksamen Verpflichtungsgeschäft abhängig zu machen.[184] Dies hatte zwei Gründe: Zum einen galt französisches Recht lediglich in den linksrheinischen Gebieten des Reichs und im Großherzogtum Baden (Badisches Landrecht, basierend auf dem Code Napoléon, dem C. C.),[185] in anderen Teilen des Reichs dagegen aufgrund der heillo-

180 *Schubert,* Die Entstehung der Vorschriften des BGB über Besitz und Eigentumsübertragung, S. 26, 144; *Stadler,* S. 52.

181 *Stadler,* S. 53.

182 *Mugdan,* Die gesammten Materialien zum Bürgerlichen Gesetzbuch für das Deutsche Reich, Band III, S. 1.

183 Teilentwurf 1880, Begründung S. 636 Fn. 2, *Stadler,* a. a. O.

184 *Schubert,* S. 161; *Mugdan* Bd. 3, Protokolle, S. 3676.

185 Das Badische Landrecht von 1809 war eine Übersetzung des C. C. Dies hatte zur Folge, dass sich ein Senat des Reichsgerichts (ab 1879) bis 1899 ausschließlich mit französischem Recht zu befassen hatte; vgl. *Schubert.* Der C. C. ist 1804 in Kraft getreten und bildet neben dem ABGB von 1811, das noch auf die Initiative Maria Theresias und Kaiser Joseph II. zurückging, die ältesten noch geltenden Zivilrechtskodifikationen Europas. Beide Gesetzeswerke basieren im Wesentlichen auf naturrechtlichen Vorstellungen. Der C. C. v. 1804 wurde unter maßgeblicher Mitwirkung von Napoléon Bonaparte ausgearbeitet, er griff – als Nichtjurist – wiederholt massiv in die Beratungen der Gesetzgebungskommission ein, was zu einer erheblichen Straffung und Vereinfachung führte. Der Code wurde daher auch Code Napoléon genannt. Von Napoleon selbst ist folgender – zutreffender – Ausspruch überliefert: »Ma gloire, ce n'est pas d'avoir gagné plus de quarante batailles. Ce qui vivra éternellement, ce qui ne s'effacera pas, c'est mon Code civil«. Napoléon am 26.09.1816, vgl. *Charles-Tristan de Montholon,* S. 401. Übersetzung des Verfassers: »Mein Ruhm besteht nicht darin, mehr als

sen Rechtszersplitterung sächsisches,[186] bayerisches[187] und preußisches Recht (ALR)[188] sowie österreichisches[189] oder dänisches Recht und – subsidiär – gemeines Recht.[190]

Zum anderen war die Lehre vom abstrakten dinglichen Vertrag inzwischen weitgehend akzeptiert.

Dass sich die Konzeption eines abstrakten dinglichen Vertrags inzwischen allgemein durchgesetzt hatte, zeigt sich auch daran, dass ein Hinweis auf die Rechtsgrundunabhängigkeit des Verfügungsgeschäfts für überflüssig[191] gehalten wurde.

Im BGB werden Trennungs- und Abstraktionsprinzip daher nicht ausdrücklich erwähnt. Sie sind ihm auch nicht unmittelbar zu entnehmen. Allerdings sprechen gewichtige Gründe für eine begriffliche Aufteilung rechtsgeschäftlicher Übertragungen in zwei Rechtsgeschäfte: zum einen die Dichotomie von Schuld- und Sachenrecht, zum anderen der Umstand, dass obligatorische Rechtsgeschäfte lediglich Verpflichtungen auslösen.

Die Verfasser des BGB gingen ohne Weiteres davon aus, dass das Abstraktionsprinzip sowohl bei der Übertragung von Grundstücken als auch bei der Übereignung beweglicher Sachen und bei der Forderungsabtretung gelten müsse.

Dabei ließen sie sich im Wesentlichen von dogmatischen Aspekten leiten und verwiesen auf den scharfen begrifflichen Gegensatz zwischen Schuld- und Sachenrecht. Dementsprechend hieß es z. B. in den Motiven:[192]

---

vierzig Schlachten gewonnen zu haben. Das, was ewig leben und was auch nicht ausgelöscht werden wird, ist mein Bürgerliches Gesetzbuch«.

186 Sächsisches ZGB von 1863/65; vgl. Palandt/*Grüneberg*, Einl. Rn. 4.

187 Codex Maximilianeus Bavaricus von 1756, vgl. Palandt/*Grüneberg*, Einl. Rn. 4.

188 In Anlehnung an Christian Wolff sollte das ALR alle Rechtsmaterien vollständig und abschließend regeln, was zu einer teilweise absonderlichen Kasuistik führte, wie sich anhand folgender Regelung zeigt: »Putz ist, was außer Schmuck und Geschmeide zur Verzierung der Person getragen wird und nicht selbst ein Teil eines Kleidungsstückes ausmacht. § 26 Spitzen und Kanten gehören nicht zur Wäsche oder zum Weißzeuge, wohl aber zum Putze«, vgl. ALR, 1 Teil, 2. Titel.

189 Allgemeines Bürgerliches Gesetzbuch, Kaiserliches Patent v. 01.06.1811, in Kraft getreten am 01.01.1812, letztmals geändert am 27.07.2010, BGBl. I Nr. 58/2010.

190 § 3 der Reichskammergerichtsordnung sah z. B. vor, dass grundsätzlich das gemeine Recht zu gelten habe, enthielt aber auch eine salvatorische Klausel, wonach auch die jeweiligen Landesrechte zu berücksichtigen waren. Dies führte in der Rechtspraxis allerdings genau zum Gegenteil, also dazu, dass meist das jeweilige Partikularrecht Anwendung fand und nur dann auf das gemeine Recht rekurriert wurde, wenn eine entsprechende Sonderregelung fehlte. Wer sich auf den glossierten Text des Corpus Juris berief, hatte die Vermutung der Primärgeltung für sich. Gelang dem Gegner aber der Beweis der Nichtrezeption, dann galt das jeweilige Partikularrecht, *Floßmann*, Österreichische Privatrechtsgeschichte, S. 10f.

191 *Mugdan* Bd. 3, Protokolle, S. 3408.

192 Motive III (1896) 1.

»Ältere Gesetzbücher, namentlich das preußische Allgemeine Landrecht und der Code civil vermengen vielfach obligatorische und sachenrechtliche Vorschriften miteinander (…). Eine solche Methode wird den begrifflichen Gegensätzen nicht gerecht; sie erschwert die Einsicht in das Wesen der Rechtsverhältnisse und gefährdet hierdurch die richtige Anwendung des Gesetzes«.

Bemerkenswert ist, dass hier ausschließlich rechtsdogmatisch argumentiert wird und eine Abwägung nach praktischen und rechtspolitischen Gesichtspunkten nicht erfolgt. Dies sollte zur Hauptursache für die teilweise vehemente zeitgenössische Kritik und die Ablehnung nicht nur des neuen Gesetzeswerks, sondern auch für die späteren Angriffe gegen das Abstraktionsprinzip werden.

Eine normative Verortung erfährt die Systematik des Abstraktionsprinzips zudem in den Vorschriften über die bereicherungsrechtliche Rückabwicklung[193] im Sinne der Leistungskondiktion nach § 812 Abs. 1 S. 1 Alt. 1 BGB und der Condictio ob causam finitam nach § 812 Abs. 1 S. 2 Alt. 1 BGB, deren Sinn in der rechtlichen Autonomie von Kausal- und Vollzugsgeschäft liegt.[194] Diesen Zusammenhang verstärkt der Rechtsbehelf des § 822 BGB, der bei Vorliegen einer unentgeltlichen Verfügung einen Bereicherungsanspruch gegenüber dem Dritten normiert. Wie bei § 816 Abs. 1 S. 2 BGB genießt der Dritterwerber weniger Schutz, da er keine Gegenleistung erbringt.

Soweit bei § 138 Abs. 1 BGB die Verfügungen wirksam sind, ist bei der bereicherungsrechtlichen Rückabwicklung § 817 S. 2 BGB zu beachten. Diese Norm versagt demjenigen den Schutz der Rechtsordnung, der sich mit seinem Geschäft außerhalb der Rechts- bzw. Sittenordnung bewegt.

Die Übergabe wurde von den Verfassern des BGB nicht als Formerfordernis, sondern als selbstständige Voraussetzung für den Eigentumsübergang ausgestaltet.[195] Für die Einigung als Teil des Verfügungsgeschäfts geht die von der deutschen Pandektenwissenschaft des 19. Jahrhunderts entwickelte Lehre vom abstrakten dinglichen Vertrag von einem sachenrechtlichen »Minimalkonsens« aus, d. h., die Einigung bezieht sich nur auf drei Punkte, den Verfügungsgegenstand, die Verfügungswirkungen und die beteiligten Parteien, nach dem Motto:

»Dies hier von mir zu dir«.[196]

Abgeschlossen wurde die Entwicklung schließlich durch die als § 929 Abs. 1 S. 1 BGB Gesetz gewordene Fassung.[197] Das BGB spricht im Fahrnis- und Immobi-

193 Daher zurecht als notwendiges Pendant zur abstrakten Gestaltung von Zuwendungsgeschäften, *Stadler*, S. 8.

194 *Bork* BGB AT, Rn. 478; *Larenz/Wolf* BGB AT, § 23 Rn. 87 a. E.

195 *Stadler*, S. 55; *Mugdan* Bd. 3, Protokolle, S. 3677 f.

196 *Petersen*, JURA 2004, 98 (99), mit Hinweis auf *Grigoleit*, AcP 199 (1999), 379 (381).

197 *Stadler*, a. a. O.

liarsachenrecht von »Einigung«, »Einigsein« und nicht von »Vertrag«, was jedoch wie beim Vertrag eine Willensübereinstimmung der Parteien über eine dingliche Rechtsänderung voraussetzt.[198]

Für die Doktrin vom abstrakten dinglichen Vertrag bzw. das Abstraktionsprinzip sprechen insbesondere Gesichtspunkte des Verkehrsschutzes und der Rechtssicherheit:

Ein Zweiterwerber, der eine Sache vom Ersterwerber erwirbt und ein Gläubiger des Ersterwerbers, der sie pfänden will, muss sich nicht darum kümmern, ob dem ersten Erwerb ein wirksamer Kaufvertrag zugrunde liegt oder der Erwerb sonst berechtigt erfolgt ist. Dies dient der Leichtigkeit des Warenumsatzes und Sicherheit des Rechtsverkehrs[199] sowie der klaren und eindeutigen Zuordnung der Rechtsinhaberschaft. Insbesondere in Fällen von Veräußerungsketten müsste der Zweiterwerber ohne Abstraktionsprinzip die Wirksamkeit der zwischen Verkäufer und Ersterwerber getroffenen – schuldrechtlichen – Vereinbarung überprüfen. Wegen des sachenrechtlichen bzw. dinglichen Minimalkonsenses ist das Verfügungsgeschäft aufgrund seiner Wertneutralität weniger fehleranfällig als das Kausalgeschäft[200], wodurch sich bei Ersterem Mängel kaum finden lassen. Ferner ist das Abstraktionsprinzip auch nicht wegen der Möglichkeit eines redlichen Erwerbs überflüssig.[201] So erfährt der Gutglaubenserwerb besonders deutlich im Anwendungsbereich des § 405 BGB für den redlichen Forderungserwerb eine Einschränkung.[202] Im Gegenteil: Abgesehen von der Abstraktionswirkung verhindert die Möglichkeit gutgläubigen Erwerbs, dass die dingliche Zuordnung im Wege der Vindikation rückabgewickelt wird.

## D. Ausnahmen und Bestätigung des Abstraktionsprinzips

Das Abstraktionsprinzip setzte sich ungeachtet der dargestellten Widerstände spätestens in den ersten Jahrzehnten nach Inkrafttreten des BGB allgemein durch. Gleichwohl wurden sowohl in der Rechtsprechung als auch in der Literatur Fallgruppen identifiziert, in denen das Abstraktionsprinzip »durchbrochen« oder nur »scheinbar durchbrochen« wird.

198 *Baur/Stürner*, § 5 Rn. 2, 5.

199 *Strack*, JURA 2011, 5 (8); *Stadler*, S. 353ff., 390 f.; *Flume* AT II, § 12 III 3; *Grigoleit*, AcP 199 (1999), 379 (384).

200 Vgl. *Lieder*, S. 276; allg. zu diesem Aspekt *Mugdan* Bd. 3, Protokolle, S. 53.

201 MüKoBGB/*Oechsler*, § 929 Rn. 11; *Grigoleit*, AcP 199 (1999), 379 (383), *Lieder*, S. 293 ff.; a. A. *Larenz* II/1, § 39 II d; *Westermann/Gursky/Eickmann*, § 3 Rn. 9; *Heck*, Das abstrakte dingliche Rechtsgeschäft (1937), S. 20ff. – kritisieren die Auswirkungen des Abstraktionsprinzips aus rechtspolitischer Sicht mit der Begründung, dass die Regeln des gutgläubigen Erwerbs einen ausreichenden Schutz des Verkehrs vor Mängeln beim Grundgeschäft gewährleisten.

202 *Lieder*, S. 489ff.; *Stadler*, S. 641ff.

Im Wesentlichen wurde dabei auf Beobachtungen der Rechtspraxis, insbesondere der obergerichtlichen Rechtsprechung, verwiesen. Außerdem liege eine ungerechtfertigte Bevorzugung des Erwerbers und seiner Gläubiger gegenüber dem Verfügenden und dessen Gläubigern vor.[203] Ansatzpunkt für derartige Überlegungen war dabei ein anderes tragendes Strukturprinzip des BGB, die Privatautonomie. Nach dieser sind die Parteien in der Gestaltung ihrer Rechtsverhältnisse grundsätzlich frei, sie können – vereinfacht gesagt – alles vereinbaren, sofern es nicht gesetzes- oder sittenwidrig ist.[204] Der übereinstimmende Wille der Vertragsparteien ist ausschlaggebend. Ihm kommt eine hervorgehobene Bedeutung zu.

Demnach können die Parteien auch gesetzliche Regeln durch individuelle Vereinbarungen ersetzen, allerdings nur, sofern es sich um dispositives Recht (Ius dispositivum) und nicht um zwingendes Recht (Ius cogens) handelt.[205] Entscheidend ist somit, welcher dieser beiden Kategorien das Abstraktionsprinzip zuzuordnen ist.

## I. Bedingungszusammenhang

Die aus der Privatautonomie abgeleitete Vertragsfreiheit ermöglicht es den Vertragsparteien, die Wirksamkeit des Verfügungsgeschäfts von der Wirksamkeit des Verpflichtungsgeschäfts abhängig zu machen.[206] Die Wirksamkeit des Verpflichtungsgeschäfts wird auf diese Weise zur Bedingung (§ 158 BGB) der Wirksamkeit des Verfügungsgeschäfts.

Dies ergibt sich grundsätzlich (und unbestritten) aus § 449 BGB, wonach die Vereinbarung eines Eigentumsvorbehalts zulässig ist.[207] In einem solchen Fall wird die vom BGB-Gesetzgeber vorausgesetzte Abstraktheit des Verfügungsgeschäfts beseitigt und eine kausale Verbindung zwischen beiden Rechtsgeschäften erreicht. Demnach liegt hier eine echte Durchbrechung des Abstraktionsprinzips vor.[208] Dabei beruhen sowohl das Abstraktionsprinzip als auch ein derart beschriebener Bedingungszusammenhang auf ein und demselben Grundgedanken: Es geht jeweils um den Schutz des Rechtsverkehrs. Es ist daher konsequent, wenn

---

203 *Stadler*, S. 82.

204 Zur Privatautonomie als tragendem Strukturprinzip: *Meder*, S. 68ff., 80ff., 233ff.

205 Zur Unterscheidung allgemein: *Kötz*, JuS 2013, 289 (289ff.).

206 *Meder/Czelk*, S. 10 Rn. 18.

207 *Jauernig*, JuS 1994, 721 (723) *Sieverts*, Die vorschnelle Ablehnung des dinglichen Konsenses: Abstraktions- und Trennungsprinzip im ZGB der DDR, S. 26; *Stadler*, S. 83f.; MüKoBGB/*Gaier*, Einl. SachenR Rn. 17; MüKoBGB/*Oechsler*, § 929 Rn. 38.

208 *Lindemann*, S. 42, 55.

aus ebendiesem Grund das Abstraktionsprinzip in dieser Situation durchbrochen wird.[209]

Das Reichsgericht hat daher bereits 1904 entschieden, dass eine Verknüpfung beider Geschäfte durch Parteiwillen möglich ist:[210]

> »Das dingliche Geschäft ist nicht dergestalt formal, daß es nicht kraft Parteiwillens in ein Abhängigkeitsverhältnis zum obligatorischen gesetzt werden kann«.

Der BGH folgte dieser Linie und stellte fest, das dingliche Erfüllungsgeschäft könne kraft Parteivereinbarung in seinem Bestand von der rechtlichen Wirksamkeit des Schuldgrunds abhängig gemacht werden, etwa durch Hinzufügen einer rechtsgeschäftlichen Bedingung.[211] Bei Gleichzeitigkeit der Geschäfte wurde den Parteien ein Abhängigkeitswille teilweise geradezu unterstellt.[212] Wird eine solche Kausalverknüpfung als zulässig angesehen, setzt dies jedoch denknotwendig den Zweifel zumindest einer Vertragspartei über den Bestand des Grundgeschäfts voraus.[213] Anderenfalls würde die Abhängigkeit der Verfügung vom Verpflichtungsgeschäft keinen Sinn ergeben.[214] Eine derartige Verknüpfung wird in aller Regel ausdrücklich erfolgen, also durch ausdrückliche Parteivereinbarung. Den Parteien dagegen grundsätzlich Zweifel an der Wirksamkeit des Grundgeschäfts zu unterstellen, wäre lebensfremd und würde den Abstraktionsgrundsatz letztlich unterlaufen.[215] Demnach ist eine konkludente Vereinbarung über eine Bedingungszusammenhang als unzulässig anzusehen. Weiter bestünde die Gefahr, dass das Abstraktionsprinzip vollständig ausgeschaltet wird, was der gesetzgeberischen Grundkonzeption zuwiderlaufen würde.[216]

## II. Geschäftseinheit

Eine weitere Durchbrechung des Abstraktionsprinzips liegt in den Fällen der sog. Geschäftseinheit vor. § 139 BGB wird entgegen seinem Wortlaut auf mehrere, voneinander vollkommen unabhängige Rechtsgeschäfte angewandt, sofern die Parteien diese aufgrund ihres gemeinsamen Willens zu einer Geschäftseinheit

209 *Sieverts*, S. 27.
210 RGZ 57, 95.
211 BGH JZ 1951, 702.
212 Ibd. sowie *Lindemann*, S. 58. Die heutige Rechtsprechung ist dagegen restriktiver, vgl. BGH NJW 1967, 1128.
213 *Lindemann*, S. 60; *Sieverts*, S. 27.
214 Vgl. aktuell MüKoBGB/*Westermann*, § 158 Rn. 10; Staudinger/*Heinze*, Einl. zum SachenR Rn. 133; *Medicus* BGB AT, Rn. 828.
215 *Medicus* BGB AT, Rn. 239; MüKoBGB/*Oechsler*, § 929 Rn. 39; *Lindemann*, S. 56f.; *Baur/Stürner*, § 5 Rn. 53, sprechen für diesen Fall von einer »Farce«.
216 *Stadler*, S. 83, 90ff.

zusammenfassen.[217] Bei einer solchen Konstellation wird das Abstraktionsprinzip als wesentliches Strukturelement des deutschen Privatrechts aufgehoben.[218]

In den Fällen der Geschäftseinheit stellt sich demnach die Frage nach dem Vorrang: Geht die Privatautonomie der Parteien und damit deren Wille oder die grundsätzliche Entscheidung des historischen Gesetzgebers für das Trennungs- und Abstraktionsprinzip vor?

Wird der Privatautonomie der Parteien wie beim Bedingungszusammenhang Vorrang eingeräumt,[219] müsste eine Geschäftseinheit aufgrund Parteiwillens zulässig sein. Hiervon kann vor allem bei Bargeschäften des täglichen Lebens, bei denen Verpflichtung und Verfügung zeitlich in einem Akt zusammenfallen oder eng beieinander liegen, ausgegangen werden.[220]

In diesen Fällen folge aus der Nichtigkeit des Verpflichtungsgeschäfts die Nichtigkeit des Verfügungsgeschäfts.[221]

Insbesondere von der älteren Rechtsprechung wurde diese daher für zulässig gehalten.[222] Dabei ist einschränkend zu beachten, dass eine solche Geschäftseinheit nur bei beweglichen Sachen für denkbar angenommen wurde, nicht hingegen im Immobiliarsachenrecht. Grundgeschäft und Auflassung können keine Einheit bilden. Die Auflassung ist zudem bedingungsfeindlich (§ 925 Abs. 2 BGB). Dementsprechend lehnte - und lehnt - die Rechtsprechung eine Geschäftseinheit bei Grundstücksgeschäften ab.[223]

Die (heutige) Literatur lehnt die Figur der Geschäftseinheit auch bei beweglichen Sachen überwiegend konsequent ab.[224] Nach dem Willen des Gesetzgebers stehe das Abstraktionsprinzip gerade nicht zur Disposition der Parteien. Die Parteien können daher nicht das Abstraktionsgrundsatz umgehen und das Verfügungs- und das Kausalgeschäft miteinander vermengen. Demnach soll unter Aufrechterhaltung des Abstraktionsprinzips dem Verkehrsschutz Vorrang eingeräumt werden.

217 Palandt/*Ellenberger,* § 139 Rn. 7; *Stadler,* S. 92; *Meder/Czelk,* S. 10 Rn. 18.

218 Palandt/*Ellenberger,* a. a. O.

219 NK-BGB/*Faust,* § 139 Rn. 17.

220 BGH NJW 1967, 1128 (1130): Der gleichzeitige Abschluss und/oder die Zusammenfassung in einer Urkunde haben nur Indizwirkung und reichen für die Feststellung der Einheitlichkeit nicht aus.

221 BGH NJW 1952, 69; BGH NJW 1967, 1128; BAG NJW 1967, 751; vgl. aus der älteren Literatur: *Heck* (1937), S. 37ff., m. w. N.; *Sieverts,* S. 28; *Stadler,* S. 93.

222 Vgl. nur RGZ 57, 95 (96); RGZ 78, 41 (44); RGZ 153, 352; BGHZ 38, 193 (obiter dictum); BGH NJW 1952, 60 (Geschäftseinheit abgelehnt); BGH NJW 1967, 1128 (1130); BGH NJW 1979, 1496; BGH NJW 1985, 3006 (3007); BGH NJW 1986, 2642.

223 *Eisenhardt,* JZ 1991, 271 (276).

224 Staudinger/*Roth,* § 139 Rn. 54; *Medicus* BGB AT, Rn. 241; Jauernig/*Mansel,* § 139 Rn. 3.

Hinter diesem haben die Parteiinteressen und die aus ihrer Achtung resultierende Privatautonomie zurückzutreten.[225] *Flume* z. B. meint, die Anwendung von § 139 BGB zu dem Zweck, das Abstraktionsprinzip zu beseitigen, verstoße evident gegen geltendes Recht, das Abstraktions- und das Trennungsprinzip setze der Privatautonomie Grenzen.[226] Nach *Mayer-Maly* dient das Abstraktionsprinzip dem Verkehrsschutz mit der Folge, dass noch nicht einmal ein *ausdrücklich* gebildeter Einheitlichkeitswille beachtlich sei.[227] Demgegenüber ist *Westermann* der Auffassung, dass, wenn es dem Willen der Parteien überlassen bleibe, die Abstraktion im Wege der Bedingung dem Ergebnis nach zu beseitigen, müsse es ihnen auch freistehen, dasselbe auf dem Wege der Zusammenfassung der Geschäfte zu tun, zumal der Veräußerer durch die Beschränkung der Willensmacht der Parteien benachteiligt werde.[228] Letztlich sei es inkonsequent, im Falle des § 158 BGB vom Vorrang des Parteiwillens auszugehen und eine Abdingbarkeit des Abstraktionsgrundsatzes zu bejahen, diese aber bei § 139 BGB als unzulässig zu verneinen.[229]

Die neuere Rechtsprechung rückt zwar nicht von der grundsätzlichen Anwendbarkeit von § 139 BGB ab, will hingegen eine Geschäftseinheit zwischen Kausalgeschäft und Erfüllung wegen des Abstraktionsprinzips auf ganz besondere Ausnahmefälle beschränken.[230] Praktisch wird die Thematik indes nur in den seltensten Fällen virulent.

Der BGH bejahte eine Geschäftseinheit lediglich in einer einzigen Entscheidung. Dieser lag ein ungewöhnlicher Sachverhalt zugrunde.[231] Der BGH stellte fest, dass der Formmangel eines Kaufvertrags über den Anteil eines Miterben am Nachlass durch ein formgerechtes Erfüllungsgeschäft nicht geheilt werde. Auszugehen war von einem schuldrechtlichen Vertrag, der selbst nicht das Grundgeschäft war, aber dieses und das Vollzugsgeschäft zu einem Geschäft im Sinne von § 139 BGB verband.[232]

Eine von zwei Miterbinnen wollte ihren Anteil an den zum Nachlass gehörenden Grundstücken an einen Landwirt verkaufen und übertragen. Der Nachlass und damit der Miterbenanteil bestand auch aus (im Wesentlichen wertloser) beweglicher Habe. Über die Unwirksamkeit eines solchen Vorgehens gem. § 2033

225 Ebd.; *Sieverts*, S. 28.

226 *Flume* AT II, § 12 III 4; ablehnend auch *Hübner*, Der Rechtsverlust im Mobiliarsachenrecht, Rn. 374; vgl. ausführlich dazu: *Eisenhardt*, JZ 1991, 271 (274).

227 MüKoBGB/*Mayer-Maly/Busche* (2001), § 139 Rn. 20ff.; anderer Meinung früher: *Heck*, Grundriss des Sachenrechts (1930), S. 121f.; *Süß*, JW 1934, 3125 (3125).

228 *Westermann/Gursky/Eickmann*, § 3 Rn. 13f.

229 *Lindemann*, S. 79.

230 BGH NJW 1989, 519; BGH NJW-RR 1992, 593 (594).

231 BGH, Urt. v. 02.02.1967, III ZR 193/64 = NJW 1967, 1128; vgl. auch *Eisenhardt*, JZ 1991, 271 (276).

232 BGH, a. a. O., 1130; vgl. auch *Eisenhardt*, a. a. O.

Abs. 2 BGB belehrt, schlossen sie darauf hin im Februar 1959 einen Kaufvertrag über den Miterbenanteil (Kaufpreis: 4.500,00 DM) und übertrugen diesen auf den Landwirt. Dieser gab kurz danach eine schriftliche Erklärung ab, in der es hieß, er gebe den erworbenen Miterbenanteil mit Ausnahme der in Erfüllung des Kaufvertrags erworbenen Grundstücke zurück. Die weitere Miterbin übte ihr gesetzliches Vorkaufsrecht aus. Der betreffende Erbanteil wurde im April 1959 auf die andere Miterbin übertragen und der Kaufpreis von 4.500,00 DM an den Landwirt zurückgezahlt. Im Mai 1959 ließ die nunmehrige Alleinerbin die Nachlassgrundstücke für 18.540,00 DM versteigern. Die Miterbin begehrte die Feststellung, dass die Rechtsakte vom Februar und April 1959 unwirksam seien, sie sei nach wie vor hälftige Miterbin. Der BGH führte aus, auch die Nebenabrede (betreffend Rückübertragung) hätte der Form des § 2371 BGB bedurft. Die Abreden hätten lediglich dazu gedient, auf einem Wege, den die Vertragspartner für rechtlich zulässig hielten, dasselbe Ergebnis zu erzielen, das sie ursprünglich durch Übertragung des Erbanteils an einzelnen Nachlassgegenständen erreichen wollten. Der Erbteilskauf sollte daher nach den Vorstellungen der Beteiligten von der mündlichen Abmachung unmittelbar beeinflusst und geprägt werden. Demnach sei auch der Kaufvertrag unwirksam;[233] ebenso die dingliche Anteilsübertragung.[234] Die Geschäftseinheit wurde dabei nicht auf die gleichzeitige Vornahme der Rechtsgeschäfte gestützt. Von entscheidender Bedeutung war für den BGH der Umstand, dass die Parteien der mündlichen Nebenabrede über die Rückübertragungsverpflichtung des Landwirts wesentliche Bedeutung für das Gesamtgeschäft beigemessen hatten.[235]

In anderen Entscheidungen war die Frage nach der Geschäftseinheit nicht entscheidungserheblich[236] oder die Ablehnung wurde auf § 925 Abs. 2 BGB gestützt,[237] oder aber § 139 BGB wurde nur beiläufig erwähnt.[238] Weitere Entscheidungen befassten sich nicht mit der Verknüpfung des Grund- und des Verfügungsgeschäfts, verwechselten Abstraktion und Akzessorietät oder aber sie betrafen die Verknüpfung der Pflicht zur Übertragung eines GmbH-Anteils mit der Übertragung eines Kommanditanteils.

Demzufolge lässt sich konstatieren, dass die ständige Anerkennung der Geschäftseinheit durch den BGH, um mit *Jauernig* zu sprechen, nur als ein »ständiges Lippenbekenntnis« einzustufen ist,[239] mithin in der Praxis eine nur untergeordnete Rolle spielt.

233 BGH, a. a. O., Tz. 28.
234 BGH, a. a. O., Tz. 35.
235 BGH, a. a. O., Tz. 37.
236 BGH NJW 1988, 2364; BGH NJW-RR 1989, 519.
237 BGH NJW 1979, 1495 (1495 f.); BGH NJW 1985, 3006 (3007).
238 BGH NJW 1952, 60 (61); BGHZ 31, 321 (323).
239 *Jauernig*, JuS 1994, 721 (724); *Eisenhardt*, JZ 1991, 271 (276).

## III. Fehleridentität

In den vorliegend (ausschließlich) interessierenden Fällen der Fehleridentität weist der gleiche Anfechtungs- bzw. Nichtigkeitsgrund, der das Verpflichtungsgeschäft anfechtbar oder unwirksam macht, isoliert auch tatbestandlich bei dem Verfügungsgeschäft erfüllt. Allein dies führt dazu, dass »auch« das Verfügungsgeschäft anfechtbar oder nichtig ist. Weder »erstreckt« sich der Mangel des Verpflichtungsgeschäfts auf das Verfügungsgeschäft, noch »schlägt« er auf dieses »durch«. Vielmehr leidet das Verfügungsgeschäft, welches stets gesondert geprüft werden muss,[240] jeweils an demselben Fehler wie das Verpflichtungsgeschäft.[241] Partiell wird daher auch von »Fehlerkongruenz« gesprochen.[242] Hier wird der Begriff *Fehleridentität* verwendet, weil er sich etabliert hat und in der zivilrechtlichen Wissenschaft allgemein gebräuchlich ist. Da der Nichtigkeitsgrund bei beiden Geschäften zu prüfen ist, wird in den Fällen der Fehleridentität gemeinhin von einer (echten oder unechten) »Durchbrechung«[243] oder »unechten Ausnahme«[244] des Abstraktionsprinzips gesprochen.

Wegen der Erforderlichkeit einer getrennten Prüfung ist es sogar gerechtfertigt, diese Fälle als dessen Bestätigung oder schlichte Folge einer konsequenten Durchführung des Abstraktionsprinzips zu bezeichnen.[245] Die Fälle der Fehleridentität werden ausführlich im 2. Kapitel der Arbeit behandelt.

240 *Aretz*, JA 1998, 242 (244).

241 *Leipold*, BGB I: Einführung und Allgemeiner Teil, § 8 Rn. 7.

242 MüKoBGB/*Oechsler*, § 929 Rn. 33; so schon MüKoBGB/*Quack* (2004), § 929 Rn. 56.

243 *Lindemann*, S. 42; Jauernig/*Berger*, vor § 854 Rn. 14; *Nolden*, S. 24 m. w. N.; *Jauernig*, JuS 1994, 721 (724f.); *Petersen*, JURA 2000, 98 (100); *Vieweg/Werner*, § 1 Rn. 10 (»keine echte Durchbrechung«, nur »faktische Einschränkung«); ebenso *Prütting*, Rn. 34.

244 *Brehm/Berger*, Sachenrecht, § 1 Rn. 31; *Neuner*, Allgemeiner Teil des Bürgerlichen Rechts, § 29 Rn. 70 ff.; *Wellenhofer*, Sachenrecht, § 3 Rn. 11 (»Mangel so schwerwiegend, dass er auch auf die andere Ebene durchschlägt«).

245 Ausdrücklich *Bork* BGB AT, Rn. 12; so auch *Lieder/Berneith*, JuS 2016, 673 (676) – nach deren Auffassung jedoch der Begriff Doppelmangel vorzugswürdig erscheint; *Jaensch*, Grundzüge des Bürgerlichen Rechts, Rn. 27; gegen den Begriff des Doppelmangels *Meier/Jocham*, JuS 2021, 494 (495f.), wonach der Ausdruck »Fehleridentität« jedenfalls dann nicht zu beanstanden ist, wenn klar ist, dass der identische Fehler auf beiden Ebenen Bedeutung entwickelt und es folglich nicht darum geht, dass die Nichtigkeit des einen Geschäfts zur Nichtigkeit des anderen führt.

## E. Kritik am Abstraktionsprinzip

### I. Otto von Gierke, Anton Menger und andere

Das Abstraktionsprinzip war Ende des 19. Jahrhunderts bereits dermaßen akzeptiert, dass die Verfasser des BGB es als selbstverständlich voraussetzten und eine gesonderte Erwähnung in den Normen des BGB für obsolet hielten.[246] Gegen das Abstraktionsprinzip wurde allerdings angeführt, dass Lebensvorgänge, die vom Publikum bzw. dem durchschnittlichen Rechtsgenossen als einheitlich empfunden werden, in verschiedene voneinander rechtlich unabhängige Einzelakte aufgespalten werden.[247] Auch in der Rechtswissenschaft wurde dies schon früh moniert. So beanstandete insbesondere *Otto von Gierke* Folgendes:

»Auch inhaltlich aber ist es doch eine doktrinäre Vergewaltigung des Lebens, wenn der Entwurf[248] durch lehrbuchartige Sätze uns zwingt, die einfachste Veräußerung einer beweglichen Sache in mindestens drei voneinander rechtlich ganz unabhängige juristische Vorgänge zu zerlegen. Wer in einen Laden geht und ein Paar Handschuhe kauft, die er sofort bezahlt und mitnimmt, muß fortan sich stets vor Augen halten, daß dreierlei geschehen ist: 1. es ist ein obligationenrechtlicher Vertrag geschlossen und das aus ihm entstandene Schuldverhältnis durch Erfüllung getilgt; 2. es ist ein von diesem Rechtsgrunde völlig losgelöster dinglicher Vertrag hinsichtlich der Übertragung des Eigentums geschlossen; 3. es ist außer diesen zwei Rechtsgeschäften eine Übergabe vorgenommen, die »zwar eine Rechtshandlung, aber kein Rechtsgeschäft« ist. Sind das nicht bare Fiktionen? Indem nun aber zwei gegeneinander selbständige Verträge erdichtet werden, wo es sich in Wahrheit nur um zwei verschiedene Betrachtungsformen eines einheitlichen Rechtsgeschäftes handelt, wird nicht nur der wirkliche Hergang auf den Kopf gestellt, sondern auch das materielle Recht durch Überspannung eines formalen Gedankens geschädigt«.[249]

Zum Teil wurde auch die Aufnahme eines neuen und vermeintlich unbewährten Rechtsinstituts kritisiert.[250] Dabei ist zu beachten, dass dieser Einwand vor allem darauf zurückzuführen ist, dass eine Begründung für die Einführung des Abstraktionsprinzips und die Vorzüge dieser Lösung kaum gegeben und

---

246 *Mugdan*, Die gesammten Materialien zum Bürgerlichen Gesetzbuch für das Deutsche Reich, Band II, S. 569.

247 Dieser Kritikpunkt bezieht sich vielmehr auf das Trennungsprinzip, siehe nur *Aretz*, JA 1998, 242 (246).

248 Scil: des BGB; der Verfasser.

249 *von Gierke*, S. 336; vgl. auch *Heck* (1937), S. 3f.; *Wieacker*, Friedrich Carl von Savigny; Zeitschrift der Savigny-Stiftung für Rechtsgeschichte, Romanistische Abteilung 72 (1955), 1 (31).

250 Vgl. dazu später auch *Heck* (1937), S. 28; *Brandt*, S. 116.

stattdessen vielfach lediglich auf die Bedeutung von Savignys Lehre verwiesen wurde,[251] die sich im Verlaufe des 19. Jahrhunderts durchgesetzt hatte.

Eine Auseinandersetzung mit den Gegenargumenten erfolgte nicht. Die Gegner des Abstraktionsprinzips waren partiell deutsch-rechtlich beeinflusst, wie *v. Gierke*, welcher das Prinzip als Ergebnis der Pandektenwissenschaft ablehnte, teilweise lehnten sie die zugrunde liegenden (politischen bzw. gesellschaftlichen) Vorstellungen ab.[252] Andere kritisierten, das Prinzip sei lebensfremd, weder die Trennung von Schuld- und Sachenrecht noch zwischen Grundgeschäft und Eigentumsübertragung entspreche der Wirklichkeit. *Schey* äußerte 1902, die Rechtspraxis werde Mittel und Wege finden, der Causa zu ihrem Recht zu verhelfen, damit die Anforderungen des Lebens nicht der juristischen Begriffsbildung geopfert würden.[253] Das Abstraktionsprinzip wurde von anderen – noch 1965 – lediglich als »rechtstechnisches Mittel zur formalen Stoffbeherrschung« bezeichnet.[254] Wiederum andere Autoren nahmen nicht an rechtstechnischen Aspekten Anstoß, sondern beanstandeten vielmehr die sozial- und gesellschaftspolitischen Bezüge: die Entscheidung für das Abstraktionsprinzip bezeichnete *Menger* als einen »Sieg des Handelsgeistes über die Eigentumsordnung«,[255] deren Sicherheit aber gerade auf dem Zusammenhang »mit dem Leben und Treiben des Volkes« beruhe.[256]

## II. Reformansätze in den 1930/40er-Jahren

Erneut massive Kritik am Abstraktionsprinzip wurde während des sog. Dritten Reichs geäußert.[257]

### 1. Kritikansätze

Dabei ist zu beachten, dass sich das BGB bzw. die ihm zugrunde liegende liberale Grundausrichtung mit der Ideologie des Nationalsozialismus nicht vertrugen. Im Vordergrund stehen im BGB die Privatautonomie des Einzelnen, seine individuelle Freiheit und die juristische Gleichheit aller bzw. die stark individualistisch

251 *Buchholz*, RabelsZ 50, 77 (97).
252 *Menger*, S. 197.
253 *Schey*, Österreichisches Centralblatt für die juristische Praxis 1902, S. 366.
254 *Boehmer*, Einführung in das Bürgerliche Recht, S. 299, 301.
255 *Menger*, S. 127.
256 *Menger*, S. 120.
257 Vgl. *Heck* (1937); *Brandt*, S. 130ff.; *Lange*, AcP 146 (1941), 28 (28ff.). Zu Ansätzen der NS-Rechtswissenschaft in Bezug auf das BGB allgemein: *Meder*, Rechtsgeschichte, S. 426ff.

geprägte Willenstheorie von *Savigny.*[258] Die NS-Ideologie dagegen stellte die Gemeinschaftsbezogenheit und den völkischen Gedanken in den Vordergrund. Demnach wurde nach dem Beginn der nationalsozialistischen Diktatur der Ruf nach einer grundlegenden Revision des gesamten Zivilrechts laut, die dahin ging, das BGB – und nach dem »Anschluss« Österreichs im Jahre 1938 auch das ABGB – abzuschaffen und durch eine neue Kodifikation, das »Volksgesetzbuch«, zu ersetzen, das die Rechte und Pflichten der »Volksgenossen« regeln sollte, wobei das Familien- und das Bodenrecht ausgelagert werden sollten. Im Vordergrund standen eine vollständige Überarbeitung des Rechts und eine Zurückdrängung der aus dem römischen Recht übernommenen Prinzipien. Besondere Bedeutung kam in diesem Zusammenhang der Abschaffung des Abstraktionsprinzips und dessen Begründung zu. Dies führte dazu, dass die Diskussion über Sinn und Zweck des Prinzips wieder Fahrt aufnahm. Zu beachten ist jedoch, dass zwischen der Diskussion über das Abstraktionsprinzip und der politischen Ideologie des sog. Dritten Reichs kein prinzipieller inhaltlicher Zusammenhang bestand,[259] obwohl, wie erwähnt, teilweise ein Gegensatz gesehen wurde.[260]

Das Abstraktionsprinzip war insoweit Gegenstand heftiger Angriffe, als nach *Lange* »mit der nationalsozialistischen Revolution im Ringen um ein neues Recht der Kampf gegen das alte einsetzte«.[261] Dieser Kampf habe das Abstraktionsprinzip »auf das Stärkste erschüttert«. Die juristischen Argumente waren ähnlich auch schon früher vorgetragen worden und finden sich ebenfalls in ausländischen Rechtsordnungen, welche das Abstraktionsprinzip entweder gar nicht oder nicht so wie im BGB kennen.[262] Die Argumente gegen das Abstraktionsprinzip sollten demnach nicht deshalb unbeachtet bleiben, weil sie in einer Zeit entwickelt wurden, die diesem Grundsatz aus politischen Gründen ablehnend gegenüberstand.[263]

## 2. Wesentliche Argumente gegen das Abstraktionsprinzip

Im Wesentlichen lassen sich drei Hauptargumente gegen das Abstraktionsprinzip anführen:[264]

258 *Picot,* S. 30.
259 *Eisenhardt,* FS Kroeschell (1997), 215 (232); *Rother,* AcP 169 (1969), 1 (2); *Stadler,* S. 76.
260 So z. B. *Lange,* AcP 146 (1941), 28 (28).
261 *Lange,* a. a. O.
262 *Peters,* JURA 1986, S. 449 (457).
263 *Eisenhardt,* JZ 1991, 271 (277).
264 *Michel,* Überschießende Rechtsmacht als Problem abstrakter und nichtakzessorischer Konstruktionen, S. 48.

*Lebensfremdheit:* Die Abstraktion entspreche »durchweg nicht irgendwelchen wirklichen Lebenstatbeständen«.[265] Dieses Argument war nicht neu und war bereits bei Beginn der Vorarbeiten für das BGB vorgebracht worden.

Der durch das Abstraktionsprinzip erstrebte Verkehrsschutz wird durch die Zulassung des gutgläubigen Erwerbs vom Nichtberechtigten funktionslos. Der Rechtsverkehr wird bereits durch die Vorschriften über den Schutz des gutgläubigen Erwerbs vom Nichtberechtigten (§ 932 BGB) hinreichend geschützt.[266] Geschützt werde ferner über den Schutz des Gutglaubenserwerbs hinaus in unzulässiger Weise auch ein Dritterwerber, der die Unwirksamkeit des zwischen seinem Geschäftspartner und dem Erstverfügenden abgeschlossenen Grundverhältnisses zwar positiv kenne, aber wegen der Wirksamkeit der abstrakten Erstverfügung dennoch vom Berechtigten erwerbe.[267]

Die Rechtsposition des Veräußerers bei der Rechtsgrundlosigkeit der Übereignung in der Zwangsvollstreckung und in der Insolvenz des Erwerbers ist ungünstig.[268] Eine kausale Ausgestaltung würde durch Gewährung von »Kausalschutz« den Interessen der Beteiligten, insbesondere des Veräußerers, besser gerecht.[269]

### 3. Von der Kritik abgeleitete Standpunkte

Von der vorgenannten Kritik abgeleitet, lassen sich folgende Standpunkte unterscheiden:[270]

*Heinrich Lange*[271] war der Meinung, das Abstraktionsprinzip trage zu einer Verschärfung des Interessenkonflikts zwischen den Tatbeständen der Wertbewegung und der Werterhaltung bei, die durch das Bereicherungsrecht nicht ausgeglichen werden könne.[272] Vorrangig waren für ihn der Schutz des Veräußerers gegenüber den Interessen des Erwerbers und des Rechtsverkehrs.[273] *Lange* favorisierte das Kausalprinzip. Er hielt jedoch an der im BGB zum Ausdruck kommenden Trennung von Schuld- und Sachenrecht und am Tatbestand von

265 *Krause*, AcP 145 (1939), 312 (315); *Heck* (1930), S. 171ff.; *Eisenhardt*, JZ 1991, 271 (271).
266 *Locher*, Die Neugestaltung des Liegenschaftsrechts, S. 65; *Schindler*, FS Kroeschell (1997), 1033 (1039f.).
267 *Heck* (1937), S. 24f.; *Lange*, AcP 148 (1943), 188 (226); *Locher*, S. 65f.; *Streier*, Eigentumsübertragung und Kausalgeschäft, S. 31; *Michel*, S. 48.
268 *Lange*, AcP 146 (1941), 28 (32); *Nolte*, Zur Reform der Eigentumsübertragung, S. 120.
269 *Michel*, S. 48.
270 Vgl. zum Nachfolgenden vor allem die Darstellung bei *Sieverts*, S. 14ff.
271 Heinrich Lange, 1900–1977, war Professor in Leipzig, Breslau, München und nach dem Zweiten Weltkrieg in Saarbrücken und Würzburg.
272 *Lange*, DR 1935, 485 (486).
273 *Lange*, AcP 146 (1941), 28 (28ff.).

Einigung und Übergabe fest.[274] Später war für ihn die »Volksnützlichkeit« und nicht die »Volkstümlichkeit« entscheidend.[275]

Ein anderer Kritiker war *Philipp Heck,* der ebenso, wie später *Brandt,* stark von dem Dänen *Vinding van Kruse* beeinflusst war, der das reine Vertragsprinzip favorisierte.[276]

*Heck* trat für die vollständige Abschaffung der Abstraktion und die Einführung des Kausalprinzips ein.[277] Er führte, wie zuvor schon *v. Gierke*, an, es handle sich bei der Regelung des BGB um eine lebensfremde Vergewaltigung des Parteiwillens.[278] Darüber hinaus stand bei ihm der Schutz des Veräußerers im Vordergrund.[279] Er bewertete die Schutzwürdigkeit der Kausalinteressen höher als die durch die Abstraktion erreichte Rechtsklarheit und war der Auffassung, dass das Verkehrsinteresse vom Abstraktionsprinzip ohnehin nicht tangiert werde.[280] Ziel der Rechtserneuerung sollte eine größere Volksnähe sein, wozu den Interessen der Beteiligten mehr Beachtung geschenkt werden sollte.[281]

*Eugen Locher* vertrat eine moderatere Lösung, indem er sich nur bei einem anfänglichen Kausalmangel für eine Abschaffung des Abstraktionsprinzips einsetzte.[282] Auch er war der Meinung, dass das Abstraktionsprinzip mit nationalen Traditionen der deutschsprachigen Länder nicht vereinbar sei.[283] Es handele sich um eine Fehlinterpretation des römischen Rechts.[284] Die strikte Differenzierung zwischen Schuld- und Sachenrecht sei verfehlt.[285]

*Hermann Nolte* sprach sich für die Beibehaltung des Traditionsprinzips aus[286] und forderte die Ersetzung der Abstraktion durch eine kausale Lösung.[287]

*Hermann Krause* wandte sich gegen das Trennungs- und somit gegen das Abstraktionsprinzip und die Existenz des dinglichen Geschäfts als solchen mit der Folge eines kompletten Wegfalls der dinglichen Einigung insgesamt.[288]

---

274 *Sieverts,* S. 15 m. w. N. spricht insoweit von einem »gemäßigten Kausalitätsprinzip«; *Lange,* AcP 147 (1942), 290 (299).
275 *Lange,* AcP 148 (1943), 188 (221ff.).
276 *Lindemann,* S. 18.
277 *Heck* (1937), S. 1.
278 *Heck* (1937), S. 4.
279 *Heck* (1937), S. 16ff.
280 *Heck* (1937), S. 67f.
281 *Heck* (1937), S. 9; *Sieverts,* S. 16.
282 *Locher,* S. 75.
283 Also mit der deutschen Rechtstradition, dem ABGB und dem schweizerischen ZGB.
284 *Locher,* S. 62.
285 *Locher,* S. 64; *Sieverts,* S. 17.
286 *Nolte,* S. 109.
287 *Nolte,* S. 124; *Sieverts,* S. 18.
288 *Krause,* AcP 145 (1939), 312 (312); *Lindemann,* S. 18.

Am radikalsten war der Ansatz, der von *Hans Brandt* vertreten wurde.[289] Er plädierte nicht nur für eine Abschaffung des Abstraktionsprinzips, sondern auch für die Beseitigung der Trennung zwischen Verpflichtungs- und Verfügungsgeschäft.[290] Er bezog sich dabei auf die Rechtsprechung des Reichsgerichts und war der Meinung, auch die Annahme eines kausalen dinglichen Vertrags sei verfehlt, weil sie der Rechtswirklichkeit widerspreche.[291] Des Weiteren beanstandete er die vielen Durchbrechungen des Abstraktionsprinzips.[292]

Dieses spiele in der Rechtswirklichkeit keine Rolle und eine Gesetzesänderung wirke sich nur in den Lehrbüchern aus.[293] *Brandt* sprach sich für eine vollständig neue Konzeption aus. Der Übergang des Eigentums sollte nicht mehr einheitlich durch Kaufpreiszahlung oder Übergabe erfolgen,[294] sondern unterschiedlich, wobei dies vom jeweiligen Geschäftstyp abhängen sollte. Dies führe nach seiner Meinung zu einer Vielzahl von Eigentumsübertragungsformen.[295] Die Reaktionen auf *Brandts* Vorschlag waren geteilt.

Während einerseits der grundlegende Systemwechsel begrüßt wurde,[296] zogen andere die Umsetzbarkeit und Praktikabilität des neuen Konzepts in Zweifel. Insbesondere *Heinrich Lange* kritisierte den neuen Ansatz massiv. Brandt habe sich ausschließlich mit rechtstechnischen Fragen befasst.[297] Im Übrigen wies er darauf hin, dass Brandt seine Ausführungen auf den Kauf und den damit im Zusammenhang stehenden Eigentumserwerb beschränke und sowohl den Eigentumsvorbehalt als auch die Sicherungsübereignung unberücksichtigt lasse. Das Verfügungsgeschäft sei nach der Auffassung von *Brandt* kein Rechtsgeschäft.[298] Mit der Übergabe und der Zahlung des Kaufpreises gehe Eigentum über. *Brandt* wollte auch die Trennung zwischen Schuld- und Sachenrecht überwinden. Sei der Mangel der Kaufsache äußerlich erkennbar, müsse der Käufer bei der Übergabe die Annahme verweigern und bei Versendung die Sache unverzüglich zur Verfügung stellen, sonst erwerbe er Eigentum. Sei der Mangel nicht erkennbar, erwerbe der Käufer Eigentum, ihm blieben aber Mängelrechte.[299] Damit erfolgte eine Annäherung der allgemeinen Regelung des BGB an das

289 *Sieverts*, S. 18–19.
290 *Brandt*, S. 4, 170ff.; *Freudenberg*, Die Entwicklung des rechtsgeschäftlichen Eigentumserwerbs in der DDR: Die Verabschiedung des Abstraktionsprinzips, S. 115.
291 *Brandt*, S. 156ff.; ähnlich wie Brandt forderte auch Hermann Krause die Abschaffung des dinglichen Vertrags, vgl. *Ders.*, AcP 145 (1939), 312 (312ff.).
292 *Brandt*, S. 147f.
293 *Esser*, Schmollers Jahrbuch für Gesetzgebung, S. 347–356; *Lindemann* a. a. O.
294 *Brandt*, S. 296f.
295 *Brandt*, S. 198f.
296 *Larenz*, DR 1940, 1264 (1264ff.).
297 *Lange*, AcP 148 (1943), 188 (188ff.).
298 *Lange*, AcP 148 (1943), 188 (191).
299 *Lange*, AcP 148 (1943), 188 (192).

Handelsrecht. *Brandt* wollte das gesamte Willenselement beim Kaufvertrag konzentrieren und lehnte eine besondere Einigung bei der Übergabe, Kaufpreiszahlung bzw. Buchung ab.[300] Insgesamt beanstandete *Lange*, dass Brandt nicht ein möglichst einfach zu handhabendes und sicheres System anstrebe, sondern Verfügung und Sachmängel miteinander verknüpfe und zudem neue Gruppen einführe, die er jeweils unterschiedlich behandeln wolle.[301] *Lange* gelangte schließlich zu dem Ergebnis, dass die *Brandt*'sche Konzeption nicht umsetzbar und daher zum Scheitern verurteilt sei. Letztlich werde dadurch die Qualität des von den Verfassern des BGB gewählten Ansatzes bestätigt.[302]

## III. Weitere Entwicklung nach 1945

### 1. In Deutschland

Nach dem Zweiten Weltkrieg wurde, zumindest in Westdeutschland, die vom BGB gewählte Konzeption mehrheitlich nicht mehr infrage gestellt. *May* dagegen wollte die kausale Gestaltung des Verfügungsgeschäfts bei beweglichen Sachen mithilfe einer sog. »Erfolgsvoraussetzung« erreichen, ohne eine Gesetzesänderung durchführen zu müssen.[303] Wenn ein Rechtsgeschäft kausal sei, bedeute das, dass die Rechtsordnung der Zuwendung den unmittelbaren rechtlichen Erfolg versage, wenn der mittelbare Erfolg (scil.: des Grundgeschäfts) aus irgendwelchen Gründen nicht realisierbar sei. Der Grund hierfür sei die aus der Zuwendung zu folgernde Voraussetzung des Zuwendenden, den unmittelbaren Erfolg nur dann zu »wollen«, wenn der mittelbare (der des Grundgeschäfts) erreicht wird.

Dieses subjektive Element, dem die Rechtsordnung beim Kausalgeschäft eine so entscheidende Bedeutung beimesse, bezeichnet *May* als Voraussetzung für die Erreichung des mittelbaren Erfolgs bzw. als »Erfolgsvoraussetzung«[304] und knüpfte damit an die auf *Windscheid*[305] zurückgehende Voraussetzungslehre

300 *Lange*, AcP 148 (1943), 188 (203).

301 *Lange*, AcP 148 (1943), 188 (226).

302 *Lange*, AcP 148 (1943), 188 (233).

303 *May*, Die Möglichkeit der Beseitigung des Abstraktionsprinzips bei den Verfügungsgeschäften, S. 56f.

304 *May*, S. 58.

305 Zu Windscheid als Person allgemein S. 32, Fn. 133. Windscheid sah in der Voraussetzung eine unterentwickelte Bedingung: »Wer einen Willen unter einer Voraussetzung erklärt, will ebenfalls wie derjenige, welcher eine bedingte Willenserklärung abgibt, dass die gewollte rechtliche Wirkung nur bei einem gewissen Zustand der Verhältnisse bestehen sollte; aber er macht nicht das Dasein der Wirkung von diesem Zustand abhängig. Die Folge davon ist, dass die gewollte rechtliche Wirkung besteht und fortbesteht, auch wenn die Voraussetzung ermangelt. Aber dem wahren, dem eigentlichen Willen des Urhebers der Willenserklärung

an.[306] Eine solche Erfolgsvoraussetzung liege jeder Verfügung zugrunde.[307] *May* geht daher über die von der h. M. vertretene Ansicht, die dingliche Einigung bei der Verfügung erschöpfe sich in dem (konkludenten) Willen »das hier von mir zu dir« etc., hinaus. Der Anerkennung der mit jeder Zuwendung und damit auch mit jeder Verfügung verbundenen Erfolgsvoraussetzung stünden keine unüberwindbaren Hindernisse entgegen, weshalb eine Gesetzesänderung nicht vonnöten sei.[308] Diese Auffassung kommt derjenigen von *Flume* nahe, der davon ausgeht, dass die Eigenschaften der Sache auch Inhalt der dinglichen Einigung seien.[309]

*Kegel*[310] sprach sich für eine kausale Ausgestaltung aus, auf das Abstraktionsprinzip könne verzichtet werden, was aber mit der geltenden Fassung des BGB nicht zu vereinbaren sei.[311] Andere wiederum lehnten den Grundsatz der Übergabe ab, der durch die §§ 929 S. 2, 930, 931, 854 Abs. 2 BGB ohnehin stark durchbrochen sei.[312] *Süß* hielt das Traditionsprinzip für einen »Atavismus« des Sachenrechts und forderte dessen Abschaffung. Er erstellte eine Liste von Fällen, in denen eine Eigentumsübertragung erfolgt oder dingliche Rechte wie Pfandrecht oder Nießbrauch entstehen, ohne dass eine reale Übergabe stattfindet. Dies zeige, dass die Übergabe nicht die zuverlässige publizistische Funktion erfülle, die ihr der Gesetzgeber beigemessen habe.[313] Dementsprechend sei die Übergabe als Realakt bei Mobilien unbrauchbar und überflüssig.[314]

*Weitnauer* sprach sich für eine inhaltlich kausale, aber äußerlich abstrakte Regelung aus.[315]

---

entspricht das nicht und deswegen ist das Bestehen der rechtlichen Wirkung, obgleich formell gerechtfertigt, doch materiell ohne rechtfertigenden Grund«. Vgl. *Windscheid*, Lehrbuch des Pandektenrechts in drei Bänden, Band 1, S. 276ff. sowie *Windscheid*, AcP 78 (1892), 161 (201f.). Die Voraussetzungslehre sollte die Grundlage abgeben für das Konditionensystem. Im vorliegenden Kontext entscheidend ist aber, dass Windscheid neben Bedingung und Befristung noch weiter beachtenswerte Elemente anerkannte, vgl. *May, a. a. O.* Das Reichsgericht lehnte diese Lehre ab, vgl. RGZ 24, 169 (170), weil sie weder dem römischen Recht bzw. Corpus Juris entspreche und weil sie eine »quellenmäßige Begründung« vermissen lasse. Die Voraussetzungslehre diente aber zusammen mit den Rechtsfiguren der »Clausula rebus sic stantibus« und der »Laesio enormis« als Grundlage für die von Windscheids Schwiegersohn Paul Oertmann entwickelte Lehre vom Wegfall der Geschäftsgrundlage, heute § 313 BGB.

306 Ibd.

307 *May*, S. 65.

308 *May*, S. 69.

309 *Flume*, Eigentumsirrtum und Kauf, S. 11ff., 83ff.

310 *Kegel*, FS Mann (1977), 56 (86).

311 *Eisenhardt*, JZ 191, 271 (272).

312 *Süß*, FS Wolff (1952), 141 (141); *Hübner*, Allgemeiner Teil des Bürgerlichen Gesetzbuchs, S. 56ff.

313 *Süß*, FS Wolff (1952), 141 (162).

314 *Süß*, FS Wolff (1952), 141 (164).

315 *Weitnauer*, FS Larenz (1973), 705 (709) m. w. N.

*Larenz* trat für das Einheitsprinzip mit Übergabegrundsatz ein.[316] Er hatte vor dem Zweiten Weltkrieg der sog. »Kieler Schule« angehört, die unter den gegebenen politischen Umständen eine Umgestaltung des deutschen Privatrechts anstrebte und, wie unter E. II. dargestellt, für eine Abschaffung des Abstraktionsprinzips und teilweise auch des Trennungsprinzips eingetreten war.

## 2. Andere Rechtsordnungen

Außerhalb des Anwendungsbereichs des BGB hat das Abstraktionsprinzip in anderen Rechtsordnungen nur ansatzweise Niederschlag gefunden. So entspricht zwar z. B. Art. 1034 des griechischen Zivilgesetzbuchs (Astikos Kodikas) für den Eigentumserwerb an beweglichen Sachen dem deutschen Vorbild (§ 929 S. 1 BGB). Darin liegt aber eher eine Übernahme des Trennungs-, nicht aber des Abstraktionsgedankens.[317]

Die dingliche Einigung über die Übertragung des Eigentums an einem Grundstück ist hingegen wie z. B. im österreichischen Recht als kausales Rechtsgeschäft ausgestaltet.[318] Im schottischen Recht wird die Frage der Geltung des Abstraktionsprinzips kontrovers diskutiert.

Eine eindeutige Stellungnahme des Gesetzgebers fehlt.[319] Der Titulus soll lediglich den Zweck haben, den tatsächlichen Übergabewillen der Parteien zu beweisen. Seine Ungültigkeit soll sich in der Regel nicht auf die Traditio auswirken, so dass die Verfügung - folgerichtig - abstrakt sein soll; lediglich ausnahmsweise führe die Nichtigkeit wegen Gesetzesverstoßes zur Unwirksamkeit der Traditio.[320] Außerhalb von Europa hat sich das Abstraktionsprinzip lediglich im Recht Südafrikas - gegenüber den Prinzipien des Common Law - durchgesetzt.[321] Das Verfügungsgeschäft bewahrt gegenüber dem Verpflichtungsgeschäft vollkommene Unabhängigkeit. Darin soll eine Auswirkung des Publizitätsprinzips liegen, zumal eine Unwirksamkeit des Kausalgeschäfts nicht bekannt gemacht wird und Dritte in ihrem Vertrauen auf das dingliche Geschäft geschützt werden.[322] Zwar hat der Prozess einer uneingeschränkten Anerkennung des Abstraktionsprinzips im südafrikanischen Recht längere Zeit in Anspruch genommen als in Deutschland. Es kann jedoch mit Recht gesagt werden, dass sich

316 *Larenz* II/1, § 39 II d.

317 *Stagl* (2005), S. 369 (371); *Schlechtriem*, Restitution und Bereichungsanspruch in Europa, S. 288; *Stagl*, RabelsZ 2015, 1 (6).

318 *Georgiades*, AcP 200 (2000), S. 493 (500).

319 *Stagl* (2005), a. a. O.; *Carey-Miller*, Corporeal Moveables in Scots Law, § 8.06 ff. m. w. N.; *Reid*, The Law of Property in Scotland, § 608; *Stagl*, RabelsZ 2015, 1 (7).

320 *Pietrek*, Konsens über Tradition?, S. 47 m. w. N.

321 *Stagl* (2005), a. a. O.; *Stagl*, RabelsZ 2015, a. a. O.

322 *Schmieke*, Der Unterschied zwischen dinglichen und persönlichen Rechten an Immobilien im südafrikanischen Recht, S. 32.

das Prinzip spätestens seit den 1960er-Jahren sowohl im Mobiliar- als auch im Immobiliarsachenrecht vollständig durchgesetzt hat.[323]

## F. Andere Konzeptionen im Rechtsvergleich

### I. Ehemalige DDR

In der DDR wurde das Abstraktionsprinzip unter Berufung auf die vermeintliche Praxisnähe und Einfachheit durch Einführung des ZGB mit Wirkung ab dem 1. Januar 1976 abgeschafft. Das Trennungsprinzip wurde durch das Einheitsprinzip ersetzt und damit der Abstraktion der dogmatische Boden entzogen.[324] In § 25 ZGB-DDR war folgende Regelung enthalten: »Das Eigentum an Sachen kann durch Kauf, Schenkung und anderen Vertrag … erworben werden«.

Für den Eigentumsübergang wurde jedoch aus Gründen der Rechtsklarheit ein Publizitätserfordernis beibehalten. Insofern wurde das Konsensualprinzip nicht in der gleichen Konsequenz verwirklicht wie im französischen Recht.[325] Als Kundgabeakt fungierte bei der Übereignung beweglicher Sachen die Übergabe, bei der Übereignung von Grundstücken die Eintragung im Grundbuch, §§ 26 Abs. 1, Abs. 2 ZGB-DDR.[326] In dem vom Ministerium der Justiz herausgegebenen Kommentar zum ZGB wurde gleichwohl ausdrücklich darauf hingewiesen, dass eine »besondere, zusätzliche eigentumsrechtliche Einigung zwischen Veräußerer und Erwerber, dass das Eigentum übergehen soll«, entbehrlich sei.[327] Damit war der Annahme eines abstrakten dinglichen Vertrags eindeutig der Boden entzogen.

### II. Französisches Recht und romanischer Rechtskreis

Ausländische Rechtsordnungen, insbesondere des romanischen Rechtskreises, kennen das Abstraktionsprinzip ebenfalls nicht. Dort geht das Eigentum bereits mit Kaufvertragsschluss über, ohne dass es noch eines besonderen Publizitätsakts bedarf. Das Konsensualprinzip in dieser konsequenten Durchführung ist

323 *Schmieke*, S. 34; *Carey-Miller*, Transfer of Ownership, S. 727 (734ff.); *Stagl*, RabelsZ 2015, a. a. O.
324 *Picot*, S. 31; *Eisenhardt*, FS Kroeschell (1997), 215 (228ff.); *Klinkert*, NJ 1975, 628 (630).
325 *Sonnenberger/Classen*, Rn. 109.
326 § 26 ZGB-DDR: »Der Übergang des Eigentums an einer Sache aufgrund eines Vertrags erfolgt mit der Übergabe der Sache …«.
327 *Eisenhardt*, a. a. O.; *Klinkert, a. a. O.;* vgl. allgemein *Freudenberg*.

kennzeichnend für das französische Recht.[328] Es unterliegt gewissen Beschränkungen, denn Gattungssachen und erst später entstehende (künftige) Sachen müssen erst noch individualisiert werden. Für die wirksame Vereinbarung eines Eigentumsvorbehalts muss der Eigentumsübergang wie in § 449 BGB durch aufschiebende Bedingung oder Befristung hinausgeschoben werden. Denkbar ist ebenfalls die Konstruktion, dass zwei Personen gemeinsam erwerben, insbesondere ein Grundstück, und bestimmt wird, dass eine Person sofort erwirbt, während die andere erst nach dem Tode der Ersterwerbenden Eigentümer werden soll, der Erwerb entsprechend dadurch aufschiebend bedingt ist.[329] Dies ändert aber nichts daran, dass ein gesonderter gar abstrakter dinglicher Vertrag nicht vorgesehen ist.[330]

Einschränkungen des Einheits- und Konsensualprinzips sieht das französische Recht in Art. 1141 C. C. vor.[331] Danach erwirbt bei einem Doppelverkauf derselben beweglichen Sache an mehrere Käufer derjenige gutgläubig Eigentum, dem die Sache zuerst übergeben wird. Beim gutgläubigen Erwerb beweglicher Sachen vom Nichtberechtigten sieht Art. 2279 S. 1 C. C. schließlich eine Abstraktion vor, indem es dort es heißt: »En fait des meubles, la possession vaut titre«[332] und somit ein wirksames Kausalgeschäft nicht gefordert wird. Erforderlich für den Eigentumserwerb ist dabei die Erlangung des unmittelbaren Sachbesitzes durch den Käufer, was wertungsmäßig § 933 BGB entspricht.[333] Die Beispiele zeigen, dass sowohl das Einheits- und das Konsensualprinzip wie auch das Abstraktionsprinzip in der Rechtspraxis nicht strikt durchgehalten werden können und Durchbrechungen erleiden.[334] Beide Prinzipien gelangen ungeachtet

328 *Sonnenberger/Classen*, Rn. 109; vgl. oben S. 17, S. 26.

329 Durch eine sog. »Clause tontine« bzw. »Clause d'accroissement«.

330 *Sonnenberger/Classen*, Rn. 109.

331 »Si la chose qu'on s'est obligé de donner ou de livrer à deux personnes successivement, est purement mobilière, celle des deux qui en a été mise en possession réelle est préférée et en demeure propriétaire, encore que son titre soit postérieur en date, pourvu toutefois que la possession soit de bonne foi.« Übersetzung des Verfassers: »Bei einer beweglichen Sache, zu deren Übergabe oder Lieferung man sich an zwei Personen nacheinander verpflichtet hat, wird der tatsächliche (= unmittelbare) gutgläubige Besitzer Eigentümer und bleibt es auch, selbst wenn er sein Recht erst nachträglich erworben hat«. Im Badischen Landrecht von 1810 lautete Art. 1141 wie folgt: »Auf ein Fahrniß-Stück, das man zu geben oder zu liefern zweyen Personen nach einander zusagt, hat derjenige den Vorzug und wird Eigenthümer, der in den wirklichen Besiz der Sache gesezt ist, wenn schon sein Titel jünger ist, vorausgesezt nur, daß er ein redlicher Besizer sey«.

332 Sinngemäße Übersetzung des Verfassers: »Bei beweglichen Sachen gilt der Besitz als Rechtstitel«. Dies entspricht der Vermutung des § 1006 Abs. 1 S. 1 BGB. Dazu wieder Art. 2279 S. 1 des Badischen Landrechts: »Bey Fahrnißstücken gilt der Besiz als Rechts-Urkunde«.

333 *Stadler*, S 357ff. m. w. N.

334 *Picot*, S. 49.

des entgegengesetzten dogmatischen Ausgangspunkts weitgehend zu ähnlichen Ergebnissen.[335]

Das italienische Recht folgt im Wesentlichen dem französischen Vorbild.[336] Das spanische Recht folgt hingegen der Lehre von »Titulo« und »Modo«, wobei wie im österreichischen Recht eine kausale Verknüpfung zwischen Verpflichtungs- und Verfügungsgeschäft besteht.

## III. Angloamerikanischer Rechtskreis

Im angloamerikanischen Rechtskreis ist, soweit es den vorliegenden Kontext betrifft, bei obligatorischen Verträgen von der sog. Consideration-Lehre auszugehen.[337] Der Begriff ist lediglich bedingt mit dem aus dem römischen Recht übernommenen Terminus der Causa zu vergleichen. Seine Funktion besteht darin, unverbindliche von verbindlichen Vertragsversprechen zu unterscheiden.[338] Ein in einem nicht förmlich geschlossenen Vertrag (»Simple contract«) abgegebenes Leistungsversprechen ist nur dann verbindlich und durchsetzbar, wenn es im Hinblick auf ein Gegenopfer des Versprechensempfängers, eine »Consideration«, abgegeben wird. Der Versprechensempfänger muss dem Versprechenden oder einem Dritten irgendein gegenwärtiges oder zukünftiges Recht, ein Interesse, einen Nutzen oder einen Vorteil einräumen. Nur dann ist der Vertrag wirksam, sofern er nicht »under seal« – also in gesiegelter Urkunde – abgeschlossen ist.[339] Üblicherweise wird der Begriff »Consideration« wie folgt definiert:

> »A valuable consideration, in the sense of the law, may consist either in some right, interest, profit or benefit accruing to the one party, or some forbearance, detriment, loss or responsibility given, suffered or undertaken by the other«.[340]

---

335 Ebd. sowie schon *Lange*, AcP 148 (1943), 188 (188ff.).

336 Ebd.

337 *Stadler*, S. 35ff.

338 *Zweigert/Kötz*, Einführung in die Rechtsvergleichung auf dem Gebiete des Privatrechts, Band 2, § 6 IV; *Stadler*, S. 36.

339 *Zweigert/Kötz*, Bd. 2, § 6 II; in den USA reicht die Aufbringung einer in jedem Drugstore erhältlichen Papiermarke auf der Urkunde aus bzw. am Ende des Vertragstexts die (gedruckten) Buchstaben L.S. (loco sigilli).

340 Entscheidung der Exchequer Division des englischen High Court of Justice in Sachen Currie vs. Misa aus dem Jahre 1875, L.R. 10 Ex. 153: »Entgeltliche *consideration* im rechtlichen Sinne kann entweder in einem Recht, Interesse, Gewinn oder Vorteil für eine Partei oder in einer Unterlassung, einem Nachteil, einem Schaden oder einer Pflicht bestehen, die die andere Partei gewährt, erleidet oder verpflichtet«.

Die Angemessenheit der Gegenleistung ist wegen des Grundsatzes der Vertragsfreiheit unbeachtlich.[341] Anders als die Causa des römischen Rechts umschreibt die Consideration nicht einen direkten oder den nächsten Zweck des Vertrags.

Vielmehr kann es sich auch um einen vollkommen untergeordneten Vorteil handeln; entscheidende Bedeutung kommt der Consideration lediglich als Seriositätsindiz für den vertraglichen Bindungswillen zu. Der Vorteil darf allerdings weder illegal noch unsittlich sein und muss im Vertrag selbst immer zum Ausdruck kommen.[342] Die Consideration vereint die Elemente der Entgeltlichkeit und die der Causa, ohne dass vollkommene Deckungsgleichheit zwischen den Begriffen besteht.[343]

Die Unterscheidung zwischen Verpflichtung und Verfügung ist im angloamerikanischen Rechtskreis stärker ausgeprägt als in den romanischen Rechten. Ein Abstraktionsprinzip wie im deutschen Recht kennen diese Rechtsordnungen allerdings nicht.[344]

Es wird differenziert zwischen Contract bzw. Agreement als Bezeichnung für die schuldvertragliche Seite und Conveyance, die in Erfüllung des Vertrags die Verfügung, d. h. die eigentliche Übertragung des Rechtstitels auf den Erwerber, bezeichnet. Diese Unterscheidung geht auf das Immobiliarsachenrecht bzw. die Übertragung von Grundeigentum zurück.[345] Mittlerweile unterscheidet das englische Recht auch bei beweglichen Sachen zwischen Verpflichtungsgeschäften und Verfügungen. Der Sale of Goods Act 1979 differenziert in Sec. 2 zwischen Kaufverträgen, die das Eigentum im Sinne des Konsensprinzips unmittelbar auf den Käufer übertragen (Sale) und solchen Verträgen, die zunächst nur obligatorische Wirkung entfalten, bei denen das Eigentum somit erst zu einem späteren Zeitpunkt übergehen soll (Agreement to sell).[346] Der US-amerikanische Uniform Commercial Code zeigt eine vergleichbare, wenn auch weniger präzise Unterscheidung. Nach dem Uniform Commercial Code wird zwischen einem Present sale, also einem Kaufvertrag, bei dem das Eigentum mit Vertragsschluss sofort auf den Käufer übergeht, und einem Future sale differenziert, bei dem der Eigentumsübergang erst später erfolgt, Begründung und Erfüllung der Übereig-

341 *Zweigert/Kötz* Bd. 2, § 6 II; *Stadler*, S. 36.

342 *Rheinstein* (1974), S. 76.

343 *Stadler*, a. a. O.; *Rheinstein* (1974), S. 100f.

344 *Stadler*, S. 37.

345 Ebd.

346 Ebd.: Sales of Goods Act (SGA) Sec. 2 (4): »Where under a contract of sale the property in the goods is transferred from the seller to the buyer the contract is called a sale« sowie Sales of Goods Act (SGA) Sec. 2 (5): »Where under a contract of sale the transfer of the property in the goods is to take place at a future time or subject to some condition later to be fulfilled the contract is called an agreement to sell«. Oberbegriff ist der Contract of sale.

nungsverpflichtung daher zeitlich auseinanderfallen.[347] Der Begriff der Conveyance, welcher der Übertragung des Rechtstitels und damit dem Verfügungsbegriff nach deutschem Rechtsverständnis nahekommt, ist insbesondere im Grundstücksrecht relevant und ist in seiner Ausformung als Conveyance by deed nach US-amerikanischem Recht mit der deutschen Auflassung nach § 925 BGB vergleichbar.[348]

Unter welchen Voraussetzungen der Eigentumsübergang bei beweglichen Sachen erfolgt, wird sowohl im englischen als auch im US-amerikanischen Recht nicht im Zusammenhang mit dem Sachenrecht, sondern vor allem im Kaufvertragsrecht behandelt. In beiden Rechtsordnungen kommt dabei der Parteivereinbarung entscheidende Bedeutung zu. Diese ist absolut vorrangig. Nur wenn eine eindeutige Bestimmung nicht möglich ist, greifen gesetzliche Auffangregeln ein. Nach dem Uniform Commercial Code (1972) wird danach unterschieden, ob die Kaufsache transportiert werden soll oder nicht.

Auch hier kommt es wiederum auf die Vereinbarung an. Verbleibt die Ware nach Vertragsschluss beim Verkäufer, soll der Käufer mit der Aushändigung von Title documents, mangels solcher beim Spezieskauf mit Abschluss des Kaufvertrags Eigentümer werden.[349]

Insgesamt trennt das angloamerikanische Recht Verpflichtung und Verfügung dogmatisch voneinander. Dabei wird die dingliche Übertragung, zumindest beim Eigentumserwerb von beweglichen Sachen, nicht als Vertrag angesehen und ist auch nicht inhaltlich in seinem Bestand vom Kausalgeschäft losgelöst. Insoweit liegt also keine Abstraktion im Sinne des deutschen Begriffsverständnisses vor. Das Mobiliarsachenrecht steht demzufolge zwischen dem deutschen Recht und dem französischen Konsensualprinzip.

Im US-amerikanischen Grundstücksrecht kann die *Conveyance by deed* dagegen als eigenständiger dinglicher Vertrag qualifiziert werden, der in seinen Rechtswirkungen und in seinem Bestand weitgehend vom Kausalgeschäft und seinen Mängeln abstrahiert ist.[350]

Im englischen Recht gibt es ebenfalls das Rechtsinstitut der *Conveyance*, das der Auflassung im deutschen Recht entspricht und mit der das Eigentum an Grundstücken auf den Erwerber übergeht.[351] Der Erwerber erlangt jedoch unmittelbar mit Anschluss des obligatorischen Vertrags eine Art »Recht zur Sache«, das ihn bösgläubigen Dritterwerbern gegenüber schützt. Bei Nichterfüllung des Vertrags kann die dingliche Rechtsänderung rückgängig gemacht werden. Dafür

347 *Stadler*, S. 38 m. w. N.
348 *Stadler*, S. 38ff., 44.
349 *Stadler*, S. 41.
350 *Stadler*, S. 45.
351 *Rheinstein*, Die Strukturen des vertraglichen Schuldverhältnisses im anglo-amerikanischen Recht (1932), S. 211.

wurde ein besonderes Verfahren geschaffen, eine Klage auf rechtsgestaltende Auflösung des Vertrags (sog. *Cancellation-Verfahren*).[352] Für bewegliche Sachen hingegen existiert kein diesem Verfahren ähnlicher Weg, den Eigentumsübergang durch gerichtliches Gestaltungsurteil wieder aufzuheben.[353] Die Rückgängigmachung der dinglichen Rechtsänderung ist bei beweglichen Sachen nur solange möglich, wie der Veräußerer sich im Besitz der Sache befindet, mit der Übergabe erlischt diese Möglichkeit.

Nur für die Dauer des Transports kann der Veräußerer aufgrund des Folgerechts die Ware anhalten und den Besitzübergang auf den Erwerber verhindern. Bei Grundstücken ist die Auflassung (»Conveyance«) der entscheidende Moment.[354]

## IV. Zusammenfassender Vergleich der unterschiedlichen Konzeptionen

Die unterschiedlichen Konzeptionen lassen sich zusammenfassend wie folgt vergleichen:

Tabelle: Denkbare Formen der Eigentumsübertragung

| | |
|---|---|
| Einheitsprinzip: Es wird nicht zwischen schuldrechtlichem und dinglichem Rechtsgeschöpft unterschieden (z. B. Frankreich, Belgien, Italien). | Trennungsprinzip: Es wird strikt zwischen dem Verpflichtungs- und dem Verfügungsgeschäft differenziert (z. B. Deutschland, Österreich, Schweiz). |
| Reines Konsensualprinzip: Bereits mit der Einigung zwischen den Parteien geht das Eigentum über, ohne dass es weiterer Akte bedarf (z. B. Frankreich, Belgien, Italien). | Kausalprinzip mit Übergabeerfordernis und Erfordernis der dinglichen Einigung: Die Wirksamkeit der Verfügung, welche neben dem Realakt der Übergabe bzw. der Grundbucheintragung einen dinglichen Vertrag erfordert, ist von der Wirksamkeit des Verpflichtungsgeschäfts abhängig [z. B. Griechenland (Immobilien), Österreich]. |
| Konsensualprinzip mit Übergabeerfordernis: Die Übergabe/Grundbucheintragung dient nur der Kundmachung (Publizitätserfordernis; z. B. ehemalige DDR, Spanien, im ALR). | Kausalprinzip mit Übergabeerfordernis ohne Erfordernis der dinglichen Einigung: Die Wirksamkeit der Verfügung ist von der Wirksamkeit des Verpflichtungsgeschäfts abhängig. Die Verfügung besteht ausschließlich aus dem bloßen Realakt der Übergabe bzw. der Grundbucheintragung (z. B. Niederlande, Schweiz). |

352 Ebd.
353 *Rheinstein* (1932), S. 213.
354 *Rheinstein* (1932), S. 216.

| | |
|---|---|
| | Abstraktionsprinzip mit Erfordernis der Übergabe: Die Wirksamkeit des Verfügungsgeschäfts ist von der Wirksamkeit des Verpflichtungsgeschäfts vollkommen unabhängig. Die dingliche Einigung hat Vertragscharakter. Zusätzlich ist der bloße Realakt der Übergabe bzw. die Grundbucheintragung erforderlich [z. B. Deutschland; Südafrika, Schottland (str.)]. |

Quelle: eigene Darstellung

## G. Resümee

Nachdem die unterschiedlichen Prinzipien, wie Eigentum an (beweglichen) Sachen übergehen kann, dargestellt worden sind, wird im Folgenden zur Kritik am Abstraktionsprinzip im Einzelnen Stellung genommen.

### I. Lebensfremdheit

Das Argument einer angeblichen Lebensfremdheit richtet sich nicht erst gegen den Abstraktionsgedanken selbst, sondern bereits gegen das ihm denknotwendig vorgelagerte Trennungsprinzip, also die Trennung zwischen Verpflichtungs- und Verfügungsgeschäft.[355]

Allerdings ist zu berücksichtigen, dass das primäre Ziel der Gesetzgebung nicht darin bestehen sollte, eine Regelung zu schaffen, die auch für juristische Laien ohne Weiteres und auf den ersten Blick verständlich ist. Im Vordergrund steht vielmehr eine ausgewogene Berücksichtigung der durch die Eigentumsübertragung tangierten Interessen der an diesem Vorgang Beteiligten. Die Qualität der gefundenen dogmatischen Lösung ist daher anhand ihrer Ergebnisse und nicht nach ihrer Verständlichkeit für Laien zu beurteilen. Dies ist ein Aspekt, der auch von dem entschiedenen Verfechter der Kausalprinzips *Heinrich Lange*, der allerdings zu einem anderen Ergebnis kam, als entscheidend hervorgehoben wurde, indem er auf die »Volksnützlichkeit« abstellte. Das reibungslose Funktionieren der gefundenen Lösung sei gegenüber ihrer – wie auch immer gearteten »Volkstümlichkeit« – auf jeden Fall vorzuziehen.[356] *Lange* formulierte dies zutreffend so:

355 *Picot*, S. 31.
356 *Stadler*, S. 78; MüKoBGB/*Oechsler*, § 929 Rn. 11; *Michel*, S. 50.

»Gelingt es aber der juristischen Technik, durch begriffliche Zusammenfassung und dogmatische Gliederung die Vielfalt der tatsächlichen Lebensvorgänge und ihrer Streitmöglichkeiten auf einen einfachen Nenner zu bringen, so entscheidet nicht die Volkstümlichkeit des Weges, sondern die Volksnützlichkeit des Ergebnisses«.[357]

Zuzugeben ist, dass bei einem Bar- und Handgeschäft des täglichen Lebens die Selbstständigkeit von schuldrechtlichem und dinglichem Rechtsgeschäft regelmäßig nicht den laienhaften Vorstellungen der Vertragsparteien entspricht. Anders ist die Situation aber bereits dann, wenn Verpflichtungs- und Erfüllungsgeschäft zeitlich auseinanderfallen, wenn die Kaufsache z. B. erst einige Wochen nach Abschluss des Kaufvertrags geliefert wird, oder beim Versendungskauf (§ 447 BGB). In derartigen Fällen entspricht die Annahme einer Selbstständigkeit zweier Geschäfte durchaus den Vorstellungen der Parteien, was teilweise auch von den Gegnern des Abstraktionsprinzips eingeräumt wird.[358] Das Abstraktionsprinzip soll dann sogar ausgesprochen »lebensnah« sein, wobei dies allerdings nur für das Trennungsprinzip angenommen werden kann, was *Michel* übersieht.[359] Wohl dürfte die Selbstständigkeit beider Eigentumsübertragungsmerkmale bzw. -geschäfte auch juristischen Laien einleuchten. Hingegen dürfte zweifelhaft sein, ob sie aber gleichzeitig annehmen, dass Eigentum auch bei Unwirksamkeit des Grundgeschäfts übergeht. Schließlich führt das Kausalprinzip nicht immer zu »lebensnahen« Ergebnissen. Bei Unwirksamkeit des Verpflichtungsgeschäfts kommt es zu einem Auseinanderfallen der tatsächlichen Besitzsituation und der dinglichen Rechtslage,[360] die einem Laien auch nicht unbedingt stets verständlich sein dürfte. Eine unjuristische, d. h. rechtlich »unverbildete« Betrachtungsweise, tendiert nämlich dazu, Besitz und Eigentum miteinander zu vermengen und beide Begriffe bedeutungsgleich zu verwenden.

Dessen ungeachtet lässt sich mit *Huber* konstatieren, dass das Trennungs- und Abstraktionsprinzip dem mutmaßlichen Willen beider Vertragsparteien dienen: Dem Verkäufer geht es darum, dass aus seiner schuldrechtlichen Verpflichtung nicht zwingend auf den Willen zur sofortigen Übereignung geschlossen werden kann und dass er noch die Möglichkeit haben muss, die Übereignung von der Kaufpreiszahlung oder von anderen Bedingungen abhängig zu machen. Das entspricht dem Trennungsprinzip.

Für den Käufer ist es wesentlich, dass er auf jeden Fall das, was er gegen Zahlung des Kaufpreises haben will, bekommt, nämlich das Eigentum; und zwar

357 *Lange*, AcP 148 (1943), 188 (221 f.).

358 *Lange*, AcP 146 (1941), 28 (31 f.); *Lange*, AcP 148 (1943), 188 (205 f.); ebenso *Larenz* II/1, § 39 II d; *Aretz*, JA 1998, 242 (246).

359 *Michel*, S. 50.

360 Ebd.; *Bucher*, Allgemeines Obligationenrecht, S. 49.

unabhängig davon, ob oder aus welchen Gründen ein Grundgeschäft fehlt oder fehlerhaft ist. Das entspricht dem Abstraktionsprinzip.[361]

## II. Funktionslosigkeit des Abstraktionsprinzips

Hier ist zunächst einschränkend darauf hinzuweisen, dass dieses Argument lediglich den Mobiliarerwerb betrifft. Mit Blick auf den Immobiliarerwerb heben auch Kritiker des Abstraktionsprinzips dessen »evidente Vorteile« hervor,[362] wobei hier auf das Grundbuchrecht und den dadurch bewirkten Verkehrsschutz im Liegenschaftsrecht verwiesen wird. Auch in Bezug auf den Erwerb beweglicher Sachen überzeugt das Argument der Funktionslosigkeit nicht. Denn das Abstraktionsprinzip gewährt dem Zweiterwerber unabhängig von seiner Gutgläubigkeit bei einer rechtgrundlosen, aber aufgrund guten Glaubens des Ersterwerbers wirksamen Erstverfügung zusätzlichen Schutz. Dementsprechend bleibt die Verfügung ebenfalls wirksam, wenn der Zweiterwerber – im Gegensatz zum gutgläubigen Erstwerber – den Mangel des Rechtsgrunds kennt. Durch dieses Mehr an Schutz kann das Abstraktionsprinzip im Vergleich mit dem Kausalprinzip und durch Zulassung des Gutglaubenserwerbs also gar nicht funktionslos sein, da dieser zusätzliche Schutz vom Gutglaubenserwerb gerade nicht abgedeckt ist.[363] Auch das Argument, der unredliche Dritte werde privilegiert, verfängt in der Regel nicht, da dieser wegen Sittenwidrigkeit und Nichtigkeit des Grundgeschäfts meist Bereicherungsansprüchen ausgesetzt ist.[364] Das gilt lediglich im Falle des § 817 S. 2 BGB nicht (»Condictio ob turpem vel in iniustam causam«).

Das Mehr an Verkehrsschutz wirkt sich daher nicht in einem ungebührlichen Schutz des Unredlichen aus, sondern vielmehr nur dahingehend, dass der Dritt- oder Zweiterwerber, wenn auch in den Grenzen der guten Sitten, davon freigestellt wird, sich um die schuldrechtlichen Verhältnisse seiner Vorgänger kümmern zu müssen. Demnach kommt dem Abstraktionsprinzip auch bei dem Mobiliarerwerb eine sinnvolle verkehrsschützende Funktion zu.

Es ist den Kritikern der Abstraktion zuzugeben, dass in vielen Fällen der Zweiterwerber, der sich auf die Rechtsinhaberschaft des Ersterwerbers verlässt, bereits durch die Bestimmungen über den gutgläubigen Erwerb vom Nichtberechtigten hinreichend geschützt ist. Diese Feststellung ist indes nicht ausnahmslos zutreffend:[365]

---

361 *Huber,* FS Canaris (2007), 471 (511).

362 MüKoBGB/*Kohler,* § 873 Rn. 50; *Michel,* S. 51.

363 *Flume* AT II, § 12 III 3.

364 Vgl. auch schon *Heck* (1937), S. 23.

365 *Picot,* S. 32.

Gilt das Kausalprinzip, ist der Zessionar ungeschützt, da ein gutgläubiger Forderungserwerb mangels Rechtsscheingrundlage nicht möglich ist.[366]

Ist das Kausalprinzip gültig, so ist der Zweiterwerber in den Fällen der §§ 930, 933 BGB sowie der §§ 931, 934 Alt. 2 BGB weniger geschützt, da hier zusätzlich die Übergabe gefordert wird. Gilt dagegen der Abstraktionsgedanke, erwirbt der Zweiterwerber unabhängig von seiner Gut- oder Bösgläubigkeit vom Berechtigten – der Schutz durch die Abstraktion reicht somit weiter als in den Gutglaubenstatbeständen.[367] So erwirbt der Sicherungsnehmer bei einer Sicherungsübereignung eines rechtsgrundlos erworbenen Verfügungsgegenstands de lege lata Eigentum vom Berechtigten. Bei Geltung des Kausalprinzips ist er auf den Gutglaubenserwerb angewiesen, der aber mangels Übergabe scheitert.[368]

Gilt das Kausalprinzip, ist zu beachten, dass der gute Glaube des Zweiterwerbers nach § 932 Abs. 2 BGB bereits bei grob fahrlässiger Unkenntnis von der fehlenden Berechtigung des rechtsgrundlosen Ersterwerbs zerstört wird.[369] Der Zweiterwerber wird daher mittelbar gezwungen, möglichen Zweifeln an der Wirksamkeit des Kausalgeschäfts zwischen Erstveräußerer und Ersterwerber nachzugehen – eine Konsequenz, die das Abstraktionsprinzip im Interesse des Verkehrsschutzes gerade vermeiden will.[370]

Trifft das Kausalprinzip zu, kommt den Vorschriften über den gutgläubigen Erwerb vom Nichtberechtigten und damit dem Besitzerfordernis größere Bedeutung zu.

Allerdings ist der Besitz als Rechtsscheintatbestand durch Sicherungsmittel wie den Eigentumsvorbehalt und die Sicherungsübereignung in der Praxis zunehmend entwertet worden. Dementsprechend eignen sich die Gutglaubensvorschriften zur Sicherung der Verkehrsinteressen nur noch bedingt.[371]

### III. Ungünstige Rechtsposition in Zwangsvollstreckung und Insolvenz

Der Behauptung, eine kausale Ausgestaltung der Rechtsbeziehungen werde den Interessen der Beteiligten, insbesondere des Veräußerers, eher gerecht, kann nicht gefolgt werden. Denn die ungünstige Position des Veräußerers lässt sich damit rechtfertigen, dass die Durchsetzung der Gläubigeransprüche bei kausaler Gestaltung von sämtlichen Unwägbarkeiten des Kausalgeschäfts des Erwerbs

366 Palandt/*Grüneberg*, § 405 Rn. 1; Prütting/Wegen/Weinreich/*Müller*, § 398 Rn. 10.
367 *Wieling*, ZEuP 2001, 301 (304).
368 *Picot*, S. 33.
369 *Nolte*, S. 123f.
370 *Stadler*, S. 729.
371 *Stadler*, S. 378; *Picot*, a. a. O.

abhängig wäre.[372] Das würde die rasche und möglichst reibungslose Durchführung des Insolvenzverfahrens erheblich gefährden. Die insoweit ungünstige Stellung des Erstverfügenden ist somit das Gegenstück zum Schutz Dritter, die an der jeweiligen Kausalbeziehung in keiner Weise beteiligt sind. Demnach steht hier wiederum der Verkehrsschutz im Vordergrund, der Schutz derjenigen, die an der fehlgeschlagenen Kausalbeziehung nicht beteiligt sind.[373] Das Abstraktionsprinzip trägt auf diese Weise dem Grundsatz der Relativität der Schuldverhältnisse Rechnung, dessen Kernaussage darin besteht, dass die Einzelheiten der obligatorischen Rechtsbeziehung zwischen Veräußerer und Ersterwerber nur diese beiden etwas angehen und Dritterwerbern nicht entgegengehalten werden können.[374]

Den Befürwortern einer kausal ausgestalteten Rechtsbeziehung ist Folgendes entgegenzuhalten:

Die Situation des Veräußerers mag bei Geltung des Abstraktionsprinzips im Falle der Käuferinsolvenz auf den ersten Blick ungünstig sein:

Für den Eigentumsverlust erhält er einen ggf. nur auf die Quote beschränkten Bereicherungsanspruch. Dies ist jedoch hinzunehmen, da sich auch der Käufer in einem solchen Fall in einer ungünstigen Situation befindet.

Es wird vertreten, dass der Käufer regelmäßig, sofern er bar bezahlt hat,[375] an seinem Geld gem. §§ 948, 947 Abs. 2 BGB durch Vermischung Eigentum verliert, weil das Geld in einem (wechselnden) Kassenbestand des Verkäufers vermengt ist.[376]

Zumindest erwirbt die Bank gutgläubig das Eigentum an den Banknoten (§§ 929, 932 BGB), wenn der Verkäufer die der Herausgabe unterliegenden Bargelder auf sein eigenes Konto einzahlt, also Bar- in Buchgeld umwandelt.[377]

---

372 *Peters*, JURA 1986, 449 (457f.); *Baur/Stürner*, § 51 Rn. 44; *Wieling*, Sachenrecht, § 1 III 1 d cc; *Breyhan*, Abstrakte Übereignung und Parteiwille in der Rechtsprechung, S. 125f.; *Flume* AT II, § 12 III 3; *Michel*, S. 51.

373 *Michel*, S. 52.

374 *Petersen*, JURA 2004, 98 (101); *Grigoleit*, AcP 199 (1999), 379 (383); *Peters*, JURA 1986, 449 (457); *Flume* AT II, a. a. O.; *Lorenz*, JuS 2009, 489 (490).

375 Das Erfüllungsgeschäft ist regelmäßig rechtlich komplexer, weil Geldzahlungen heutzutage fast ausschließlich unbar erfolgen. Hier werden dann keine einzelnen Münzen und Scheine nach §§ 929ff. BGB übereignet. Indes wird regelmäßig mit Buchgeld bezahlt, insbesondere mittels ec- oder Kreditkarten. Auf diese komplexen und vielgestaltigen Zahlungsformen wird hier nicht eingegangen. Siehe ausführlich: *Einsele*, Bank- und Kapitalmarktrecht, S. 309ff., 343ff.; Schimansky/Bunte/Lwowski/*Schmieder*, Bd. 1, S. 1112/§ 46 Rn. 3, 19f.; FA-BKR/*Strube*, Kap. 3 Rn. 1ff., 117ff.; FA-BKR/*Richter*, Kap. 3 Rn. 190ff.

376 Vgl. LG Köln NJW-RR 1991, 868 (868); OLG Frankfurt NJW-RR 1987, 310 (311) = WM 1987, 189 (190); andere Ansicht geht von Miteigentum am Geldbestand gem. §§ 948 Abs. 1, 947 Abs. 1 BGB und einer Abwicklung gem. §§ 947 Abs. 1, 741ff. BGB aus, *Baur/Stürner*, § 53 Rn. 11; *Westermann/Gursky/Eickmann*, § 52 Rn. 18.

377 BGH, Urt. v. 23.9.2010 – IX ZR 221/09 = NZI 2010, 897, 898; BGHZ 58, 257 (258) = NJW 1972, 872; BGHZ 36, 229 = NJW 1962, 587 (588).

Der Käufer wird dann auf bereicherungsrechtliche Ansprüche gem. § 951 Abs. 1 i. V. m. §§ 812ff. BGB (sog. Rechtsfortwirkungsanspruch) verwiesen.[378] In einer solchen Situation bemüht *Medicus* das »Symmetrieargument«: Wenn dem Käufer lediglich ein auf die Quote beschränkter Bereicherungsanspruch zusteht, dann ist es keinesfalls ungerecht, wenn der Verkäufer in gleicher Weise behandelt wird. Liefert der Verkäufer hingegen vor der Kaufpreiszahlung auf Kredit, wird er sich regelmäßig das Eigentum vorbehalten. Der Verkäufer ist nicht zur Vorleistung verpflichtet, § 320 BGB. In der Insolvenz des Käufers kann der Verkäufer seinen unter Eigentumsvorbehalt übertragenen Gegenstand aussondern (§ 47 InsO).[379]

## IV. Zusammenfassende Betrachtung

In der Gesamtschau lassen die Einwendungen gegen das Abstraktionsprinzip keine abweichende Bewertung zu. Entgegen der vorgebrachten Kritik ist das an den Beteiligteninteressen und damit am Verkehrsschutz[380] ausgerichtete Abstraktionsprinzip vorzuziehen.[381] Die klare Zuordnungspolitik trennt die Wirksamkeit des Zuordnungsgeschäfts von der Fehlerquelle des Grundgeschäfts und erhöht dadurch auch rechtsökonomisch die Verkehrssicherheit:

Der Dritt- oder Zweiterwerber (D) muss sich keine Gedanken über ein vorausgegangenes Grundgeschäft zwischen (A) und (B) machen. Ihn trifft insoweit kein Nachforschungsaufwand vor Abschluss eines Geschäfts mit dem Verfügenden (C), ob der Geschäftsgegenstand kondiktionsfest ist oder nicht. Er ist berechtigt, über den Gegenstand weiter zu verfügen. Die ursprüngliche oder nachträgliche Nichtigkeit des Grundgeschäfts wirkt sich beim Verfügenden (B) ausschließlich über das Kondiktionsrecht (§§ 812ff. BGB) aus. Wegen seiner Abschöpfungsfunktion (§§ 812 Abs. 1 S. 1, 1. Alt.; 818 Abs. 2, Abs. 3 BGB) kann der Verfügende (B) davon ausgehen, dass er aufgrund seiner Verfügung an (C) schließlich wirtschaftlich nicht schlechter gestellt ist als vor dem vorausgegangenen Geschäft zwischen (A) und (B).

Ähnlich rechtfertigt auch *Huber* unter Berufung auf RGZ 75, 68 (Ansbacher Bordellkauf)[382] die Existenz des Abstraktionsprinzips, der von einer »unent-

378 *Medicus*, JuS 1983, 897 (899f.); ausführlich zu den unterschiedlichen Ansichten: *Gehrlein*, NJW 2010, 3543 (3544); MüKoBGB/*Füller*, § 948 Rn. 7f.; weiter zum Symmetrieargument unter Berücksichtigung insolvenzrechtlichen Besonderheiten in Kapitel 3.

379 *Medicus/Petersen*, Allgemeiner Teil des BGB, Rn. 227, 230.

380 *Lorenz*, JuS 2009, 489 (490).

381 *Huber*, FS Canaris (2007), 471 (511f.).

382 RG, 17.12.1910 – V 62/10; abgekürzt: A versuchte, unter Berufung auf den kausal ausgestalteten Eigentumserwerb nach preußischem Recht und daher die Nichtigkeit der Über-

behrlichen Ergänzung des Schutzes des gutgläubigen Erwerbs« und von »bizarren Folgen bei einer konsequenten Durchführung des entgegengesetzten Kausalitätsprinzips« spricht.[383] Das Reichsgericht wies letztlich die Klage ab und entschied, dass das Abstraktionsprinzip auch im Anwendungsbereich des ALR gültig sei.[384]

Folglich seien lediglich die Kaufverträge, nicht aber die zur Erfüllung vollzogenen Verfügungsgeschäfte sittenwidrig. Damit blieb C Eigentümer des Bordells, A und B konnten das empfangene Geld behalten.[385]

Das Zuordnungsrecht sichert zwar auch konsequent das Wert-/Bestandsinteresse des Eigentümers, in dem jener niemals willenlos sein Recht verliert, und niemand mehr Rechte auf einen anderen übertragen kann, als jener selbst hat (»Nemo plus juris transferre potest quam ipse habet«).[386] Letztlich tritt dieses Interesse jedoch hinter das durch den Verkehrsschutz bewirkte Vertrauen in die Privatautonomie zurück.[387] Das Abstraktionsprinzip erweitert zudem die Gestaltungsfreiheit der Parteien. Es eröffnet ein höheres Maß an Dispositionsmöglichkeiten, indem schuldrechtliche und dingliche Einigung unterschiedlichen Regelungsregimen, d. h. den Bestimmungen des Schuldrechts und denjenigen des Sachenrechts, unterworfen werden. Der Abschluss eines Vertrags über Gegenstände, die dem Veräußerer (noch) nicht gehören, bereitet im deutschen Recht keine konstruktiven Schwierigkeiten.[388] Im französischen Recht dagegen muss mangels Trennung die Verfügungsbefugnis bereits für das Kausalgeschäft gefordert werden. Rechtsprechung und Lehre mussten daher Einschränkungen bei der Nichtigkeit des Verkaufs fremder Ware (Art. 1599 C. C.) entwickeln.[389]

Auch aus verfassungsrechtlicher Sicht spricht Art. 14 Abs. 3 S. 1 GG für einen Vorrang von Verkehrsschutz, wonach zum Wohle der Allgemeinheit eine Enteignung zulässig ist.[390] Ebenso *Kant*, für den dieses ökonomische Argument für den Verkehrsschutz auf der überindividuellen Ebene zu finden ist.[391] Der Verkehrsschutz fördert die Umlauffähigkeit eines Rechtsgegenstands und schützt

---

eignung wegen Sittenwidrigkeit des Kaufs, das Grundstück, auf dem das Bordell betrieben wurde, vom Zweiterwerber C zurückzuverlangen und zugleich den vom Ersterwerber B dafür empfangenen Kaufpreis zu behalten; *Huber*, FS Canaris (2007), 471 (504f.).

383 *Huber*, FS Canaris (2007), 471 (504).

384 RGZ 75, 68 (72ff.).

385 RGZ 75, 68 (73ff.).

386 *Karner*, Gutgläubiger Mobiliarerwerb, S. 2, 55f.; dieser Rechtsgrundsatz geht auf Ulpian zurück und wurde in den Corpus Juris Civilis aufgenommen, vgl. Digesten 50, 17, 54; Übersetzung des Verfassers: »Niemand kann mehr Rechte übertragen als ihm zustehen«.

387 Weiterführend *Karner*, S. 57ff.

388 *Stadler*, S. 732.

389 Ebd.

390 Vgl. *Peters*, Der Entzug des Eigentums an beweglichen Sachen durch gutgläubigen Erwerb (Jus Privatum), S. 11f.

391 *Karner*, S. 64ff.

auf diese Weise nicht nur die Interessen der Allgemeinheit und des Erwerbers, sondern auch die des Eigentümers.[392]

Dies dient der Leichtigkeit des Warenumsatzes und der Sicherheit des Rechtsverkehrs[393] sowie der klaren und eindeutigen Zuordnung der Rechtsinhaberschaft.

Insbesondere das herkömmliche Argument, dass die Sicherheit im Rechtsverkehr, dessen Schutz durch das Abstraktionsprinzip bewirkt werden soll, durch die Bestimmungen über den Gutglaubenswerb gewährleistet sei, ist indifferent. Voraussetzung für den gutgläubigen Erwerb ist die Redlichkeit des Erwerbs und die Möglichkeit des gutgläubigen Erwerbs. Letzteres ist bei einer Veräußerung nach § 933 BGB oder § 934 BGB signifikant eingeschränkt.[394]

Endlich erfährt der Gutglaubenserwerb im Anwendungsbereich des § 405 BGB für den redlichen Forderungserwerb eine Einschränkung.

Überdies ist es richtig zu sagen, dass sich das Abstraktionsprinzip vom Kausalitätsprinzip darin unterscheidet, dass die Rückabwicklung entweder kondiktions- oder vindikationsrechtlicher Natur ist. Wie im österreichischen Recht sieht das BGB gerade keine Anspruchskonkurrenz bei rechtsgrundlosen, aber wirksamen Verfügungen vor.[395]

Aus den genannten Gründen ist das Abstraktionsprinzip zwingend.

## H. Exkurs: Europäische Harmonisierungsbestrebungen im Bereich des Sachenrechts

Nachfolgend wird erörtert, ob sich die Frage nach der Zulässigkeit der Anfechtung gem. § 119 Abs. 2 BGB im Falle der Fehleridentität auch zukünftig stellen oder der Problematik aufgrund eines möglichen Wegfalls des Abstraktionsprinzips de lege ferenda das theoretische Fundament genommen, sie sich also ggf. gar nicht mehr stellen wird. Dazu werden die bisherigen Rechtsharmonisierungsversuche in der Europäischen Union eingegangen. Wird das Abstraktionsprinzip »überleben«, wird die im Mittelpunkt der Betrachtung stehende Problematik nicht obsolet.

392 *Karner*, S. 64.

393 *Strack*, JURA 2011, 5 (8); *Stadler*, S. 353 ff., 390 f.; *Flume* AT II, § 12 III 3; *Grigoleit*, AcP 199 (1999), 379 (384).

394 *Wieling*, ZEuP 2001, 301 (304).

395 OGH 29.9.1984 – 2 Ob 510/84, SZ 57/44; *Stagl*, RabelsZ 79 (2015), 1 (25f.) m. w. N.; *Stadler*, S. 236f.

## I. Bisherige Harmonisierungsversuche

Die Europäische Union wirkt, insbesondere durch Richtlinien, zunehmend auf das Privatrecht der einzelnen Mitgliedstaaten ein. Geregelt ist diese Rechtsmaterie im Europarecht nur marginal. Die nationalen Privatrechtsnormen gelten nach wie vor jeweils weiter. Eine übergreifende Methodik ist nicht erkennbar. Demnach erweist sich das Recht der Mitgliedstaaten als eine Art »Flickenteppich« bzw. »Kompositum« mit sich teilweise gegenseitig überlappenden Regeln des nationalen Rechts und des europäischen Rechts.

Allerdings hatte es sich das Europäische Parlament bereits vor über 30 Jahren auf die Fahne geschrieben, die notwendigen Schritte zur Ausarbeitung eines einheitlichen Europäischen Zivilgesetzbuchs einzuleiten.[396]

Dabei stellte sich zunächst die Frage, ob eine Vollharmonisierung möglich und sinnvoll ist, die Anpassung bzw. Angleichung also sämtliche Bereiche des Zivilrechts erfassen soll und welche Regelungen sich letztlich durchsetzen sollten.[397]

Um es vorweg zu nehmen: Mittlerweile hat sich bei vielen die Erkenntnis durchgesetzt, dass trotz der umfassenden wirtschaftlichen Verflechtungen im EU-Binnenmarkt und der in anderen Rechtsbereichen weitgehend vollzogenen Rechtsharmonisierung eine Komplettangleichung der nationalen Zivilrechtsordnungen bzw. die Schaffung von etwas gänzlich Neuem, eines Europäischen Zivilgesetzbuchs, weder möglich noch erstrebenswert ist.[398] Bis dahin war es ein langer Weg:

### 1. Principles of European Contract Law

Als erste Maßnahme nahm, initiiert durch den dänischen Professor *Ole Lando*, im Jahre 1982 eine Kommission für Europäisches Vertragsrecht (*Commission on European Contract Law*), sog. Lando-Kommission, ihre Arbeit auf. Die Kommission war besetzt mit Juristen aus allen Ländern der Europäischen Wirtschaftsgemeinschaft. Sie versuchte aus dem Wesensgehalt der nationalen Vertragsrechte ein funktionstüchtiges System von Grundregeln für ein gemeineuropäisches Vertragsrecht zu destillieren.[399] Die Resultate dieser Kommission wurden in den *Principles of European Contract Law* (PECL) zusammengefasst.[400]

---

396 Vgl. Entschließung des Europäischen Parlaments vom 26. Mai 1989 »on action to bring into line the private law of the Member States« (ABl. C 158/89, 400), abgedruckt in RabelsZ 56 (1992), 320 (320ff.). Dazu auch *Tilmann*, ZEuP 1993, 613 (613).

397 Einen rechtsvergleichenden Überblick und eine Darstellung der europäischen und weltweiten Harmonisierungsbestrebungen bieten *Baur/Stürner*, § 64.

398 *Stadler*, S. 740.

399 Dazu ausführlich *Zimmermann*, HWB EuP 2009, 1117 (1117).

Die PECL sind weder geltendes Recht noch beziehen sie sich auf spätere in Kraft getretene EU-Richtlinien, insbesondere im Bereich des Verbraucherschutzes.

Im Kern helfen die PECL dem Gesetzgeber, den Gerichten und der Rechtswissenschaft bei der Rechtsfortbildung, -ergänzung und -auslegung der nationalen Vertragsregelungen ausrichtend am europäischen Gedanken einer Rechtseinheit.[401]

## 2. Draft Common Frame of Reference

Im Jahr 2003 initiierte die EU-Kommission die Ausarbeitung eines »Gemeinsamen Referenzrahmens« (*Common Frame of Reference*), um ein gemeinsames Europäischen Vertragsrecht vorzubereiten. Dieser Referenzrahmen sollte nicht nur den acquis communautaire, sondern auch den acquis commun berücksichtigen, d. h. die Regeln der gemeinsamen nationalen Vertragsrechtsordnungen und insbesondere die des PECL waren in den Blick zu nehmen.

Beteiligt an der Ausarbeitung dieses »Gemeinsamen Referenzrahmens« war wieder eine Gemeinschaft von Wissenschaftlern. Unter diesen befanden sich teilweise Mitglieder der *Commission on European Contract Law*, die sich schon dem acquis communautaire gewidmet hatte, teilweise aber auch Wissenschaftler der *Study Group on a European Civil Code* (SGECC).[402] Die Gruppe war damit befasst, an die PECL anschließend sowohl Prinzipien des Europäischen Vertragsrechts als auch des gesamten Obligationenrechts sowie vereinzelter Gebiete des Sachenrechts zu entwickeln.

Die vorgenannten Arbeiten führten im Jahr 2009 zu dem *Draft Common Frame of Reference* (DCFR),[403] dem Entwurf eines europäischen Zivilgesetz-

400 *Lando/Beale*, Principles of European Contract Law I and II; *Lando/Clive/Prüm/Zimmermann*, Principles of European Contract Law III.

401 Beispielhaft *Basedow*, Europäische Vertragsrechtsvereinheitlichung und deutsches Recht; *Prieto*, Regards croisés sur les Principes du Droit Européen du Contrat et sur le droit français; *Busch/Hondius/van Kooten/ Schelhaas/Schrama*, The PECL and Dutch Law: A Commentary I and II; *Busch*, ZEuP 2008, 549; *Antoniolli/Veneziano*, The PECL and Italian Law; *Vendrell Cervantes*, ZEuP 2008, 534; vgl. ferner *Hartkamp u. a.*, Towards a European Civil Code: Auch die in diesem Sammelband abgedruckten Aufsätze beurteilen, soweit sie das Vertragsrecht betreffen, durchweg die PECL als Inspirationsquelle, die von Gesetzgebung, Rechtsprechung und Rechtswissenschaft im Zuge der Europäisierung der nationalen Rechte berücksichtigt werden sollten.

402 Vgl. ausführlich *M. Schmidt-Kessel*, HWB EuP 2009, 1453 (1453ff.).

403 *Zimmermann*, HWB EuP 2009, http://hwb-eup2009.mpipriv.de/index.php/Common_Frame_of_Reference (01.02.2018); es haben an diesem Entwurf mehr als 150 Wissenschaftler mitgearbeitet; vgl. Palandt/Grüneberg, Einl. Rn. 33 m. w. N.; Doralt, AcP 211 (2011), 1 (1ff.); *Eidenmüller/Faust/Grigoleit/Wagner/Zimmermann*, JZ 2008, 529 (529ff.); *Zimmermann/Jansen*, NJW 2009, 3401 (3401ff.).

buchs. Jener regelt neben dem Kauf auch die Übertragung des Eigentums. Ungeachtet des enormen Anspruchs, der dem DCFR zugrunde liegt, zeigte sich die EU-Kommission distanziert. Seitdem ist es offensichtlich, dass ein Europäisches Zivilgesetzbuch weiter nicht auf der Agenda in Brüssel steht. Der DCFR fungiert bei der Schaffung weiterer EU-Vorschriften lediglich als »Impulsgeber«.

### 3. Common European Sales Law

Auf der Grundlage dieser Vorarbeiten wurde dann die Entwicklung eines einheitlichen Europäischen Kaufrechts für grenzüberschreitende Verträge in Angriff genommen.[404] Die EU-Kommission legte 2012 einen Vorschlag für die Schaffung des Gemeinsamen Europäischen Kaufrechts (= GEK bzw. CESL = Common European Sales Law) vor.[405] Geregelt werden grenzüberschreitende Verträge, welche den Warenkauf, die Bereitstellung digitaler Inhalte und die zusammenhängenden Dienstleistungen zum Gegenstand haben. Es muss sich nach dem Entwurf um einen grenzüberschreitenden Kaufvertrag zwischen einem Unternehmen und einem Verbraucher (B2C) oder zwischen zwei Unternehmen handeln (B2B), von denen eines ein kleines oder mittleres Unternehmen (KMU)[406] ist, also z. B. Unternehmen mit einem Jahresumsatz von bis zum 50 Mio. EUR. Dadurch sollten allerdings nicht die einzelstaatlichen Normen der EU-Mitgliedstaaten ersetzt werden. Vielmehr wird den Vertragsparteien eine weitere (fakultative) Vertragsregelung zur Verfügung gestellt, die sie wählen können. Bei Abschluss eines grenzüberschreitenden Vertrags sind zunächst die Regeln des Internationalen Privatrechts (IPR) anwendbar, in den Mitgliedstaaten mithin die der Rom I-VO[407]. Der Entwurf des CESL enthält Bestimmungen über den Vertragsschluss, über Einigungsmängel (Anfechtung wegen Irrtums, arglistiger Täuschung oder »unfairer Ausnutzung«), die Vertragsauslegung sowie die Verjährung.

Soweit Rechtsmaterien im CESL nicht geregelt sind, gilt das Recht der jeweiligen EU-Mitgliedstaaten anwendbar. Es greifen dann die Bestimmungen des IPR bzw. der Rom I-VO ein.

---

404 *Leipold*, § 4 Rn. 24.

405 EU-Kommission, Vorschlag für eine Verordnung des Europäischen Parlaments und des Rates über ein Gemeinsames Europäisches Kaufrecht v. 11.10.2011, KOM (2011) 635 endg.; vgl. dazu *Staudenmayer*, NJW 2011, 3491 (3491).

406 KMU = Kleines und mittleres Unternehmen, vgl. dazu EU-Kommission: Empfehlung der Kommission vom 06.05.2003 betreffend die Definition der Kleinstunternehmen sowie der kleinen und mittleren Unternehmen. ABl. EG 2003/361/EG, Art. 2 des Anhangs, S. 36–41, EUR-Lex (31.01.2018).

407 Verordnung (EG) Nr. 593/2008 des Europäischen Parlaments und des Rates über das auf vertragliche Schuldverhältnisse anzuwendende Recht (Rom I) v. 17.06.2008, Abl. EU Nr. L 177, S. 6, bereinigt 2009 Nr. L 309, S. 87.

### 4. Status quo

Der Vorschlag löste eine lebhafte und äußerst kontrovers geführte Diskussion aus.[408] Die Bestrebungen, eine vollständig einheitliche Kodifikation, d. h. ein Europäisches Zivilgesetzbuch, zu schaffen,[409] erfuhren dadurch, insbesondere für das Vertragsrecht, in den letzten Jahren einen erheblichen Dämpfer[410] und scheiterten am Widerstand vieler Mitgliedstaaten.[411] Jedoch wurden in den Folgejahren Richtlinien erlassen, wie im Dezember 2015 zwei weitestgehend vollharmonisierende Richtlinienentwürfe, welche beide am 22. Mai 2019 veröffentlicht wurden.

Zum einen die Richtlinie über den Fernabsatz-Warenverkauf[412] mit Regeln ausschließlich für Verträge zwischen Unternehmern und Verbrauchern, im Wesentlichen eine Aktualisierung der bisher in der Verbrauchsgüterkauf-Richtlinie (1999) enthaltenden Rechtsfolgen bei Sach- und Rechtsmängeln. Die Richtlinie zu Verträgen über digitale Inhalte[413] regelt zum anderen Verträge zwischen Unternehmern und Verbrauchern über die entgeltliche Bereitstellung digitaler Inhalte, wie die Rechte beim Herunterladen von Musik, Apps und Spielen, im Kern wiederum die Rechtsfolgen vertragswidriger Leistungen.[414]

Für die Schaffung eines einheitlichen Zivilgesetzbuchs unter Einbeziehung des Familien- und Erbrechts fehlt der EU darüber hinaus dagegen die Gesetzge-

408 Vgl. dazu u. a. *Eidenmüller/Jansen/Kieninger/Wagner/Zimmermann*, JZ 2012, 269 (269).

409 Dafür hat sich vor allem das Europäische Parlament ausgesprochen, vgl. *Zimmermann*, HWB EuP 2009, http://hwb-eup2009.mpipriv.de/index.php/Common_Frame_of_Reference (01.02.2018); *Leible*, NJW 2008, 2558 (2558f.).

410 *Leipold*, § 4 Rn. 23.

411 *Leipold*, § 4 Rn. 25.

412 Directive (EU) 2019/771 of the European Parliament and of the Council of 20 May 2019 on certain aspects concerning contracts for the sale of goods, amending Regulation (EU) 2017/2394 and Directive 2009/22/EC, and repealing Directive 1999/44/EC, Abl. 2019 L 136/28. Zu beiden Richtlinien auch *Bach*, NJW 2019, 1705. Die Warenkaufrichtlinie musste bis zum 1. Juli 2021 in nationales Recht umgesetzt werden und ist auf Verträge, die ab dem 1. Januar 2022 geschlossen werden, anzuwenden. Siehe Gesetz zur Regelung des Verkaufs von Sachen mit digitalen Elementen und anderer Aspekte des Kaufvertrags vom 25.06.2021, BGBl. I Nr. 37/2021 S. 2133ff.

413 Directive (EU) 2019/770 of the European Parliament and of the Council of 20 May 2019 on certain aspects concerning contracts for the supply of digital content and digital services, Abl. 2019 136/1. Die Digitale-Inhalte-Richtlinie soll Verbrauchern zahlreiche Verbesserungen beim Kauf von Software, Apps oder E-Books sowie beim Einkauf auf den bekannten Online-Marktplätzen bringen, musste bis zum 1. Juli 2021 in nationales Recht umgesetzt werden und ist auf Verbraucherverträge, die ab dem 1. Januar 2022 geschlossen werden, anzuwenden. Siehe Gesetz zur Umsetzung der Richtlinie über bestimmte vertragsrechtliche Aspekte der Bereitstellung digitaler Inhalte und digitaler Dienstleistungen vom 25.06.2021, BGBl. I Nr. 37/2021 S. 2123ff.

414 *Leipold*, § 4 Rn. 25.

bungskompetenz.[415] Ein solches Vorhaben wäre mit dem Subsidiaritätsprinzip nicht zu vereinbaren, ein Bedarf besteht infolgedessen nicht.[416] Abgesehen davon dürfte es (auch) hierfür ohnehin an einem konsequenten politischen Durchsetzungswillen mangeln.[417] Summa summarum lässt sich aufgrund der bisherigen Entwicklung die Erkenntnis gewinnen, dass die Verabschiedung einer alle Bereiche des Privatrechts erfassenden Einheitskodifikation zumindest in absehbarer Zukunft nicht zustande kommen wird, Rechtsharmonisierungsversuche sich daher weiterhin auf ausgewählte besonders praxisrelevante Teilmaterien beschränken sollten.

## II. Aufbau und Inhalt des DCFR

Der DCFR besteht aus mehreren Büchern. Ein dem Allgemeinen Teil des BGB ähnlicher Teil ist in Buch I zu finden. Die Bücher II und III enthalten die Materien, die nach deutschem Verständnis als Rechtsgeschäftslehre und/oder Allgemeines Schuldrecht bezeichnet werden.[418] Das Buch II enthält insbesondere Bestimmungen über den Vertragsschluss, die Stellvertretung, die Gültigkeit von Verträgen, insbesondere zum Dissens, zur Gesetzes- und Sittenwidrigkeit sowie zur Auslegung und zu Inhalt und Wirkungen von Verträgen. Das Buch III regelt die Erfüllung (einschließlich Erfüllungssurrogate), Rechtsbehelfe bei Nichterfüllung, Regeln zu Schuldner- und Gläubigermehrheiten, zu Abtretung, Schuld- und Vertragsübernahme sowie zu Aufrechnung und Verjährung. Beide Bücher enthalten zunächst einen Allgemeinen Teil mit Definitionen und allgemeinen Prinzipien wie das Prinzip der Vertragsfreiheit, der Formfreiheit und Treu und Glauben.

Die Bücher IV bis VII umfassen, ähnlich dem BGB, die als besonderes Schuldrecht zu bezeichnenden Normen nebst dem Delikts- und Bereicherungsrecht in den Büchern VI und VII.

Das Buch IV enthält insbesondere detaillierte Regelungen zu den einzelnen Vertragstypen wie Kauf, Miete beweglicher Sachen, Schenkung, Bürgschaft etc. Buch VIII behandelt Eigentumsverlust und -erwerb an beweglichen Sachen, die Bücher IX und X Kreditsicherheiten und Treuhand.

Das gesamte Immobiliarsachenrecht wurde nicht geregelt. Mithin finden sich keine Regelungen zum Inhalt des Eigentums im Sinne der §§ 905 bis 924 BGB.[419]

415 *Ernst,* AcP 208 (2008), 248 (259).
416 *Leible,* NJW 2008, 2558 (2562).
417 Palandt/*Grüneberg,* Einl. Rn. 33.
418 So auch *Eidenmüller/Faust/Grigoleit/Wagner,* JZ 2008, 529 (531).
419 Vgl. *Stadler,* JZ 2010, 380 (381).

Art. VIII.-1:202 des DCFR definiert lediglich den Begriff »Eigentum« inhaltlich angelehnt an § 903 BGB.[420]

### III. Europäische Anerkennung des dinglichen Vertrags am Beispiel des DCFR

Eine Trennung zwischen schuldrechtlichem (Verpflichtungs-)Geschäft und dinglichem (Verfügungs-)Geschäft ist auf europäischer Ebene nicht unbekannt, wenn nicht sogar anerkannt. Nach der äußeren Systematik des DCFR spricht vieles für den dinglichen Vertrag.[421]

Der DCFR bestimmt in Art. IV.A.-1:202[422] für den Kaufvertrag, dass sich der Verkäufer durch den Kaufvertrag (nur) zur Übertragung des Eigentums an der Kaufsache verpflichtet und mit Abschluss des Kaufvertrags ein Eigentumserwerb eben noch nicht stattfindet. Eine solche Verpflichtung wäre sinnlos, wenn allein der Kaufvertrag einen eigentumsübertragenden Effekt haben würde. Denn in einem solchen Fall würde allein durch Abschluss des Kaufvertrags das Eigentum vom Verkäufer auf den Käufer übertragen, entsprechend dem französischen Recht. Auch der oben geschilderte Aufbau und das System des DCFR lässt erkennen, dass es eine Trennung zwischen Rechtsbeziehungen zwischen Personen untereinander[423] und Rechtsbeziehungen zwischen Personen und Sachen[424] gibt und legt damit eine Anerkennung des dinglichen Vertrags und so zugleich die Anerkennung des Trennungsprinzips zwischen dinglichen und schuldrechtlichen Verträgen nahe.

Überdies regelt Art. IV.A.-5:102(1)[425] DCFR, dass die Gefahr des zufälligen Untergangs oder der Verschlechterung der Sache erst dann auf den neuen Eigentümer übergeht, wenn diesem die Sache übergeben wurde. Wenn aber die

420 So auch *Stadler*, JZ 2010, 380 (381). »*›Ownership‹ ist he most comprehensive right a person, the ›owner‹, can have over property, including the exclusive right, so far as consistent with applicable or rights granted by the owner, to use, enjoy, modify, destroy, dispose of and recover the property.*« (Book VIII: Acquisition and loss of ownership of goods, Chapter 1: General provisions, Section 2: Definitions, VIII.-1:202: Ownership).

421 *Stagl*, RabelsZ 79 (2015), 1 (19).

422 »*A contract for the ›sale‹ of goods is a contract under which one party, the seller, undertakes to another par ty, the buyer, to transfer the ownership of the goods to the buyer, or to a third person, either immediately on conclusion of the contract or at some future time, and the buyer undertakes to pay the price.*« (Book IV: Specific contracts and the rights and obligations arising from them, Chapter 1: Scope and definitions, Section 2: Definitions, IV.A.-I:202: Contract for sale).

423 DCFR Bücher II bis VII.

424 DCFR Bücher VIII und IX.

425 »*The risk passes when the buyer takes over the goods or the documents representing them*« (Book IV: Specific contracts and the rights and obligations arising from them, Chapter 5: Passing of risk, Section 1: General provisions, IV.A.-5:102: Time when risk passes).

Gefahr erst bei Übergabe übergeht, so muss auch erst in diesem Zeitpunkt der Erwerber Eigentümer werden.

Es wäre sinnfrei, wenn entsprechend dem französischen Kausalitätsprinzip der Erwerber bereits mit Abschluss des Vertrags aber vor Übergabe die Gefahr der Verschlechterung oder des Untergangs zu tragen hätte. Zudem findet ein angemessener Interessensausgleich erst dann statt, wenn derjenige, dem die Vorteile einer Sache gebühren, auch die Gefahr der Verschlechterung und des Untergangs zu tragen hat. Somit knüpft der DCFR den Gefahrübergang an die Übergabe einer Sache und damit an die Übereignung. Folgerichtig bedarf es für die Eigentumsübertragung eigenständiger Regeln, und der Eigentumserwerb kann nicht bloße Folge des schuldrechtlichen Geschäfts sein.[426]

Die Eigentumsübertragung beim Kauf wird im DCFR in Art. VIII.-2:101(1)(e)[427] geregelt. Eigentum wird danach übertragen, sofern zwischen den Parteien eine Willensübereinkunft besteht oder dann, wenn der Erwerber die Sache vom Veräußerer übergeben bekommt. Mithin ist neben dem schuldrechtlichen Vertrag ein gesonderter (zweiter) Akt erforderlich. Dabei wird getrennt vom schuldrechtlichen Vertrag für den dinglichen Vertrag die Übergabe als Surrogat der dinglichen Einigung gesehen. Die Eigentumsübertragung allein kraft Kaufvertrags (sog. Kausalitätsprinzip) wird durch Art. VIII.-2:101 DCFR ausdrücklich ausgeschlossen.

Damit erkennt der DCFR einen dinglichen Vertrag an, anderenfalls wäre eine Bestimmung des Eigentumsübergangs schlicht unmöglich und die Parteien in ihrer Freiheit, über den Zeitpunkt des Eigentumsübergangs frei zu entscheiden, beschnitten.

Art. VIII.-2:104(1)[428] knüpft zudem die Besitzübertragung an den »Übertragungswillen«. Kommt ein Käufer in den Besitz einer Sache ohne die Zustimmung des Verkäufers, erlangt der Käufer mangels korrespondierenden Willens des Verkäufers kein Eigentum. Die Sache wurde nicht »übergeben« und der Besitzer ist nicht Eigentümer der Sache geworden.[429]

426 *Stagl*, RabelsZ 79 (2015), 1 (16f.).

427 »*There is an agreement as to the time ownership is to pass and the conditions of this agreement are met, or, in the absence of such agreement, delivery or an equivalent to delivery.*« (Book VIII: Acquisition and loss of ownership of goods, Chapter 2: Transfer of ownership based on the transferor's right or authority, Section 1: Requirements for transfer under this chapter, VIII. – 2:101: Requirements for the transfer of ownership in general).

428 »*For the purposes of this Book, delivery of the goods takes place when the transferor gives up and the transferee obtains possession of the goods …*« (Book VIII: Acquisition and loss of ownership of goods, Chapter 2: Transfer of ownership based on the transferor's right or authority, Section 1: Requirements for transfer under this chapter, VIII. – 2:104: Delivery).

429 *Stagl*, RabelsZ 79 (2015), 1 (30f.).

## IV. Keine generelle Präjudizierung des Abstraktionsprinzips

Die Befürchtung einiger deutscher Juristen, durch eine Harmonisierung des Rechts auf europäischer Ebene könnte das Abstraktionsprinzip untergehen,[430] dürften unbegründet sein.

Im Sachenrecht gelten weiterhin die nationalen Rechtsordnungen. Ungeachtet europäischer Harmonisierungsbestrebungen bestimmt sich die Frage, ob eine Sache, die aufgrund eines nichtigen Vertrags übereignet wurde, wirksam in das Eigentum des Empfängers gelangt ist, ausschließlich nach dem (internen) nationalen Recht, d. h. nach dem Sachenrecht des BGB einschließlich des darin enthaltenen Abstraktionsprinzips[431] bzw. nach einer gem. Art. 43 EGBGB[432] anzuwendenden (anderen nationalen) (Sachen-) Rechtsordnung.[433] Im Bereich des Sachenrechts hingegen gelten weiterhin uneingeschränkt – und ohne, dass dies infrage gestellt wird – die jeweiligen nationalen Rechtsordnungen.

Weiter kennt insbesondere auch die EuInsVO[434] die Trennung zwischen schuldrechtlichen und dinglichen Verträgen. Art. 11 Abs. 1, Alt. 1 EuInsVO betrifft Verträge, die zum Erwerb eines unbeweglichen Gegenstands berechtigen. Es ist ausdrücklich nicht die Rede von Verträgen, die den Rechtserwerb (unmittelbar) bewirken. Damit könnte mit dem Wortlaut von Art. 11 Abs. 1 EuInsVO argumentiert werden, die Vorschrift erfasse nicht den dinglichen Vertrag, sondern ausschließlich die Verpflichtungsebene.

Diese Sichtweise wird allerdings in rechtssystemischer, historischer und rechtsvergleichender Hinsicht relativiert.[435] Aus der amtlichen Überschrift von Art. 11 Abs. 1 EuInsVO, die allgemein mit »*Vertrag über einen unbeweglichen Gegenstand*« übersetzt wird, lässt sich ein Rückschluss nur auf das Verpflichtungsgeschäft nicht herleiten. Das Gegenteil ist der Fall: Der Verordnungsgeber hätte eine derartige Begrenzung des Anwendungsbereichs entsprechend der amtlichen Überschrift von Art. 8 EuInsVO, welche sich auf »*Dingliche Rechte Dritter*« kapriziert, explizit regeln können. Ferner ist zu beachten, dass dem Großteil der anderen Zivilrechtsordnungen in den Mitgliedstaaten Abstraktions-

430 *Huber*, FS Canaris (2007), 471 (511).

431 EuGH, 14.12.1983, Société de vente de ciments ./. Kerpen & Kerpen, Slg. 1983, 4173 = NJW 1984, 555, Rn. 11 zu Art. 81 Abs. 2 EGV = Art. 101 Abs. 2 AEUV.

432 Nach den international-privatrechtlichen Normen finden insoweit die Bestimmungen der lex rei sitae Anwendung. Dies führt dazu, dass jeweils das Recht des Staats Anwendung findet, in dem die Sache belegen ist.

433 Langenbucher/*Riehm*, S. 207 Rn. 7.

434 Verordnung (EU) 2015/848 des Europäischen Parlaments und des Rats vom 20. Mai 2015 über Insolvenzverfahren, zuletzt geändert durch Art. 1 ÄndVO (EU) 2018/946 vom 4.7.2018 (ABl. Nr. L 171 S. 1).

435 Siehe auch Braun/*Josko de Marx*, EuInsVO, Art. 11, Rn. 11f.

sowie Trennungsprinzip fremd sind[436] und das Einheitsprinzip gilt, wonach bereits z. B. mit Abschluss des Kaufvertrags der Rechtserwerb vollzogen wird.

Auch der Vergleich zum IPR steht dem vorgefundenen Ergebnis nicht entgegen. Art. 4 Abs. 1 lit. c Rom I-VO[437] knüpft an das Verpflichtungsgeschäft an, das eine der Parteien zur Übertragung/Verschaffung des Eigentums verpflichtet. Dies verhindert nicht die gedankliche Trennung zwischen Verpflichtungs- und Verfügungsgeschäft oder gar eine Präjudizierung der Sichtweise trennender und abstrahierender Rechtsordnungen. Auf nationaler Ebene ist den Verfechtern des Einheitsprinzips im Ergebnis die Trennung somit geläufig.[438]

Weiter ist nach Art. 11 Abs. 1 EuInsVO und nach Art. 4 Abs. 1 lit. c Rom I-VO das Recht des (Mitglieds-)Staats maßgebend, in dessen Gebiet der betreffende Gegenstand belegen ist. Die lex fori concursus wird demnach durch die lex rei sitae verdrängt. Danach richtet sich das auf Verträge über dingliche Rechte an unbeweglichen Sachen anwendbare Recht nach dem Belegenheitsort der Sache. Im Falle von beweglichen Sachen findet das Recht des Staats Anwendung, in dem der Verkäufer im Zeitpunkt des Vertragsschlusses[439] seinen gewöhnlichen Aufenthalt hat, Art. 4 Abs. 1 lit. a Rom I-VO.[440]

Auf europäischer Ebene ist damit sowohl in der EuInsVO als auch im DCFR die Trennung zwischen schuldrechtlichem und dinglichem Vertrag anerkannt. Zudem schließt der DCFR das Abstraktionsprinzip, anders als das Kausalitätsprinzip[441], nicht ausdrücklich aus.[442] Eine Präjudizierung nationaler Rechtsordnungen und damit des Abstraktionsprinzips durch europäische Bestrebungen einer Rechtsvereinheitlichung ist mithin nicht feststellbar und auch nicht angezeigt.

Abgesehen davon würde eine Abkehr vom Abstraktionsprinzip ohne eine gleichzeitige Überarbeitung des gesamten BGB die Gefahr von Systembrüchen mit sich bringen und eine vollständig neue Konzeption von Schuld- und Sachenrecht erforderlich machen.[443] Bei isolierter Beseitigung des Abstraktionsprinzips und Einführung des Kausalprinzips würde, wie *Peters* zutreffend ausgeführt hat, »in konstruktiver Hinsicht ein Erdbeben durch das BGB (gehen), dessen Auswirkungen sich gar nicht abschätzen lassen«.[444]

436 *Krimphove*, Das Europäische Sachenrecht, S. 82f.
437 Rom-I VO; VO (EG) 593/2008.
438 Mankowski/Müller/Schmidt/*Mankowski*, EuInsVO 2015, Art. 11 Rn. 16.
439 Bamberger/Roth/*Spickhoff*, VO (EG) 593/2008, Art. 4 Rn. 90.
440 Stets unter dem Vorbehalt, dass die Parteien keine Rechtswahl getroffen haben.
441 Art. VIII. -2:101 DCFR.
442 Anders wohl *Prütting*, Rn. 31 m. w. M.
443 *Strack*, JURA 2011, 5 (5) m. w. N.
444 *Peters*, JURA 1986, 449 (458).

## V. Stellungnahme

Dem DCFR, der EuInsVO und der Rom-I-VO lassen sich Anhaltspunkte dafür entnehmen, dass das Abstraktionsprinzip von seinen Verfassern nicht generell abgelehnt wird, und Trennungs- und Abstraktionsprinzip neben dem Einheitsprinzip auf nationaler Ebene weiterhin gelten können. Die Befürchtung, der deutsche Gesetzgeber müsse im Bereich des Schuld- und Sachenrechts konzeptionell vollkommen neue Wege gehen, kann daher als überholt bezeichnet werden. Das Europäische Zivilgesetzbuch kann wohl vorerst als »Geschichte« bezeichnet werden. Dass das Abstraktionsprinzip daher weiter fortbestehen kann, ist auch diesem Umstand zu verdanken. Eine »Vollharmonisierung« im Sachenrecht ist somit obsolet.

# 2. Kapitel: Fehleridentität bei der Anfechtung nach § 119 Abs. 2 BGB

## A. Rechtsnatur, Grundlagen und Voraussetzungen des § 119 Abs. 2 BGB

Die Vorschrift des § 119 Abs. 2 BGB wird seit jeher aufgrund der normativen Tatbestandsmerkmale der *Eigenschaft* und der *Verkehrswesentlichkeit* kontrovers diskutiert. Ihr anhaltend umstrittener Anwendungsbereich wurzelt in der Entstehungsgeschichte. Die heutige Rechtsprechung versucht sich mit einer umfangreichen Kasuistik. Die Literatur weicht hiervon in Teilen nicht unerheblich ab.

### I. Historische Ansätze

Aus den Entwürfen zum BGB lassen sich keine verlässlichen Schlüsse auf den Normcharakter herleiten.[445] Der Eigenschaftsirrtum galt grundsätzlich als unbeachtlicher Motivirrtum. Im Gegensatz zum 1. Entwurf von 1867 stufte die 2. Kommission den Irrtum über die verkehrswesentlichen Eigenschaften der Person oder Sache als beachtlich ein. Sie begründete die Beachtlichkeit mit den »Bedürfnissen des Verkehres, der Billigkeit und dem Zuge der modernen Rechtsentwicklung«.[446] Sie ließ jedoch viele Einzelfragen offen, die nach wie vor umstritten sind, insbesondere ob der Eigenschaftsirrtum als Erklärungs- oder Motivirrtum einzuordnen ist,[447] wie der Motivirrtum grundsätzlich zu behandeln ist[448] und welches die abgrenzbaren Kriterien zwischen beachtlichem und unbeachtlichem Eigenschaftsirrtum sind.[449]

445 Einen Überblick zur Entwicklung des Irrtumsrechts gibt *Zimmermann*, The Law of Obligations, S. 583ff.

446 Vgl. *Mugdan* Bd. I, Protokolle, S. 720.

447 Vgl. *Schubert*, AcP 175 (1975), 426 (448f.).

448 Vgl. *Mugdan* Bd. I, Protokolle, S. 721.

449 *Raape*, AcP 150 (1949), 481 (501) spricht von einer »Fahrt ins Blaue« des Gesetzgebers.

## II. Regelungscharakter

Gem. § 119 Abs. 2 BGB gilt über den Inhalt der Erklärung auch der Irrtum über solche Eigenschaften der Person oder Sache, die im Verkehr als wesentlich angesehen werden.

Der Erklärende irrt über eine außerhalb der Erklärung liegende Tatsache, m. a. W. macht sich der Erklärende eine falsche Vorstellung von der Eigenschaft einer Person oder einer Sache. Infolgedessen berechtigt nach h. M. ein Motivirrtum ebenfalls zur Anfechtung.[450]

Nach einer anderen Ansicht, der Lehre vom Erklärungsirrtum, regelt § 119 Abs. 2 BGB den besonderen Fall eines Erklärungsirrtums in der Form des Inhaltsirrtums (§ 119 Abs. 1, 1. Alt. BGB).[451] Danach gehören Eigenschaften einer Person oder Sache auch dann zum gewollten Inhalt der Willenserklärung, wenn der Erklärende einen besonderen Hinweis auf bestimmte Eigenschaften unterlässt, weil er glaubt, diese in seiner Erklärung zu bezeichnen. Die Vorschrift des § 119 Abs. 2 BGB sei daher eine Auslegungsregel zu § 119 Abs. 1 BGB.[452]

Nach Ansicht von *Flume* ist § 119 Abs. 2 BGB lediglich dann anwendbar bzw. einschlägig, wenn das Bestehen einer bestimmten Eigenschaft entweder ausdrücklich oder zumindest konkludent Gegenstand einer Parteivereinbarung geworden ist.[453]

## III. Anfechtungsvoraussetzungen

Nachfolgend werden die Voraussetzungen für die Anfechtung gem. § 119 Abs. 2 BGB bei Vorliegen eines sachbezogenen Eigenschaftsirrtums dargestellt. Die dogmatische Einordnung des § 119 Abs. 2 BGB hat praktische Relevanz, insbesondere dafür, wie der Begriff der »verkehrswesentlichen Eigenschaft« aufzufassen ist. In der Praxis scheint die Lehre von *Flume* mit der bislang herrschenden Theorie vom ausnahmsweise unbeachtlichen Motivirrtum kombiniert zu werden.

450 Erman/*Arnold*, § 119 Rn. 34; Palandt/*Ellenberger*, § 119 Rn. 23 m. w. N.; *Lieder/Berneith*, JuS 2016, 773 (678); vgl. die ausführliche Darstellung des Diskussionsstands in MüKoBGB/*Armbrüster*, § 119 Rn. 105ff.; Staudinger/*Singer*, § 119 Rn. 79.

451 *Schmidt-Rimpler*, FS Lehmann (1956), 213 (213ff.); Soergel/*Hefermehl*, § 119 Rn. 32 m. w. N.

452 Soergel/*Hefermehl*, a. a. O.

453 *Flume* AT II, § 24 2 b.

### 1. Eigenschaften von Sachen

Zu den Sachen gehören im Kontext von § 119 Abs. 2 BGB, anders als nach § 90 BGB, auch nichtkörperliche Gegenstände.

Der Begriff ist daher als »Geschäftsgegenstand« bzw. Objekt des Rechtsverkehrs auszulegen.[454] Insoweit enthält die gesetzliche Formulierung eine terminologische Ungenauigkeit. Es ist nicht einsehbar, warum bei nichtkörperlichen Gegenständen, vor allem bei Rechten, keine Anfechtung wegen Eigenschaftsirrtums möglich sein soll. Demzufolge kommt ebenfalls eine Anfechtung beim Forderungskauf in Betracht, wenn sich der Käufer z. B. über die Fälligkeit der Forderung irrt.[455] Eigenschaften sind nach der Rechtsprechung nicht nur unmittelbar der Sache anhaftende körperliche Merkmale, sondern auch sowohl die natürliche (physische) Beschaffenheit[456] als auch die tatsächlichen, rechtlichen und wirtschaftlichen Beziehungen einer Sache zur Umwelt, die aufgrund ihrer Beschaffenheit und Dauer die Brauchbarkeit und den Wert der Sache beeinflussen,[457] also die wertbildenden Faktoren.[458]

Eingegrenzt wird die weite Eigenschaftsdefinition durch das Erfordernis, dass die jeweiligen Umstände den Gegenstand selbst kennzeichnen müssen und sich nicht bloß mittelbar auf die Bewertung auswirken.[459] Maßgeblich ist, dass die tatsächlichen und rechtlichen Beziehungen in der Sache selbst ihren Grund haben, von ihr ausgehen oder sie unmittelbar kennzeichnen.[460]

### 2. Verkehrswesentlichkeit

#### *a) Definition*

Ob ein Irrtum über die Eigenschaft einer Sache zur Anfechtung berechtigt, hängt von den besonderen Einzelfallumständen ab. Maßgeblich ist, ob es sich bei der jeweiligen Eigenschaft um eine »verkehrswesentliche« Eigenschaft handelt. § 119 Abs. 2 BGB setzt voraus, dass sich der Irrtum auf eine Eigenschaft der Person oder Sache bezieht, die verkehrswesentlich ist. Das Tatbestandsmerkmal »verkehrswesentlich« ist in Rechtsprechung und Lehre umstritten, was wiederum mit der dogmatischen Einordnung von § 119 Abs. 2 BGB zusammenhängt.

---

454 RGZ 149, 235, 238; BGH WM 1963, 252 (253); *Leipold*, § 18 Rn. 34; Staudinger/*Singer*, § 119 Rn. 95.
455 Ebd.
456 BGH NJW 2001, 226 (227).
457 BGHZ 34, 32 (41); BGH NJW 1976, 1888.
458 *Leipold*, § 18 Rn. 35.
459 RGZ 149, 235 (238).
460 BGHZ 16, 54 (57); BGHZ 70, 47; Palandt/*Ellenberger*, § 119 Rn. 24.

Die von *Flume* begründete Lehre vom geschäftlichen Eigenschaftsirrtum verlangt für die Beachtlichkeit des Eigenschaftsirrtums, dass die Eigenschaft im konkreten Fall als verkehrswesentlich vereinbart worden ist.[461] In diesem Zusammenhang seien jedoch ebenfalls stillschweigende Vereinbarungen möglich. Nach diesem subjektiven Ansatz liegt ein Fall des Irrtums über eine nach dem Rechtsgeschäft vorausgesetzte Sollbeschaffenheit des Leistungsgegenstands vor.[462] Demnach ist nur verkehrswesentlich, was »vertragswesentlich« oder allgemeiner gesagt »geschäftswesentlich« ist, was also für das Rechtsgeschäft als wesentlich anzusehen ist. Es lässt sich somit konstatieren, dass nach der Lehre von *Flume* der »Irrtum« an sich nicht willensgeleitet ist.[463] Der Irrtum stört die subjektive Äquivalenz, indem die Ist-Beschaffenheit von der vereinbarten Soll-Beschaffenheit abweicht.[464]

Dogmatisch betrachtet, sind für *Flume* (Geschäfts-)Wille, Rechtsgeschäft und Realität beachtlich. Irrtümer bei der Willensbildung werden tatbestandlich bewusst ignoriert.[465]

Demgegenüber beurteilte die traditionelle Rechtsprechung das Merkmal der Verkehrswesentlichkeit rein objektiv nach der allgemeinen Verkehrsanschauung, mithin losgelöst von der Parteivereinbarung.

Eine im Vordringen befindliche Ansicht kombiniert den subjektiven Ansatz von *Flume* und den objektiven Ansatz der traditionellen Rechtsprechung miteinander. Auszugehen sei zunächst von der Vereinbarung der Parteien bzw. dem konkreten Rechtsgeschäft. Ergäben sich hieraus keine Anhaltspunkte für oder gegen die Verkehrswesentlichkeit einer Eigenschaft, sei auf die Verkehrsanschauung abzustellen.[466]

Die Rechtsprechung ist inzwischen von ihrem traditionellen objektiven Ansatz abgerückt bzw. hat diesen Ansatz stark relativiert. Um zu verhindern, dass der Anwendungsbereich der Norm zu sehr ausufert und »eine unerträgliche Rechtsunsicherheit hervorruft«, dürften »als verkehrswesentlich nur solche Eigenschaften berücksichtigt werden, die von dem Erklärenden in irgendeiner Weise erkennbar dem Vertrag zu Grunde gelegt worden sind«.[467] Die Verkehrswesentlichkeit der Eigenschaft sei nicht abstrakt nach der Art der Sache, sondern

---

461 *Flume*, S. 69ff., 83ff.; *Flume* AT II, § 24 2 b.; ähnlich *Raape*, AcP 150 (1949), 481 (501); vgl. Soergel/*Hefermehl* § 119 Rn. 36; abl. Staudinger/*Singer*, § 119 Rn. 81.

462 *Flume*, S. 11ff., 83ff.; *Flume* AT II, § 24 2 b.

463 *Schollmeyer*, Selbstverantwortung und Geschäftsgrundlage, S. 119.

464 *Flume*, S. 83; *Flume* AT II, § 24 2 b.

465 *Lorenz*, Schutz vor dem unerwünschten Vertrag, S. 300; *Schmidt-Rimpler*, FS Lehmann (1956), 213 (217); *Singer*, Selbstbestimmung und Verkehrsschutz im Recht der Willenserklärungen, S. 215.

466 Soergel/*Hefermehl*, § 119 Rn. 34, 37; Palandt/*Ellenberger*, § 119 Rn. 25ff.

467 BGHZ 88, 240 (246); so auch schon BGHZ 16, 54 (57).

auch nach der »Art des infrage stehenden Rechtsgeschäfts zu bestimmen«.[468] Nicht erforderlich sei hingegen, dass der Erklärende die Verkehrswesentlichkeit »geradezu zum Inhalt seiner Erklärung gemacht haben muss«.[469] Damit kommt die gegenwärtige Rechtsprechung in Kombination subjektiver und objektiver Kriterien regelmäßig zu den gleichen Ergebnissen wie die Lehre von *Flume.*

### b) *Verkehrswesentliche Eigenschaften von Sachen*

Nach der Rechtsprechung sind verkehrswesentliche Eigenschaften einer Sache etwa:

- Stoff, Bestand und Größe[470] sowie Herkunft, insbesondere bei Kunstwerken, deren Echtheit und Urheberschaft[471] bzw. die Existenz eines Gutachtens, das die Echtheit des Kunstwerks bejaht,[472]
- Mitverkauf von Notenheften von Wolfgang Amadeus Mozart auf dem Flohmarkt für DM 10,00;[473] Herstellungsjahr,[474] Fahrleistung eines Kraftfahrzeugs,[475]
- Lage und Bebaubarkeit eines Grundstücks,[476] die Nichtexistenz von Baubeschränkungen,[477] der Umsatz eines Erwerbsgeschäfts,[478]
- alle wertbildenden Faktoren, soweit sie die Sache unmittelbar kennzeichnen,[479]
- die Höhe eines Erbanteils,[480] die Größe des Nachlasses,[481] die Existenz einer wesentlichen Nachlassverbindlichkeit bzw. Nachlassforderung sowie das Be-

468 BAG, Urt. v. 21.02.1991 – 2 AZR 449/90 – juris Rn. 43 – NJW 1991, 2723ff.; BAG v. 06.02. 1992–2 AZR 408/91 – juris Rn. 34 – NJW 1992, 2173ff.
469 BGHZ 88, 240 (246); vgl. auch LG Hannover, Urt. v. 20.07.2010 – 2 S 74/09.
470 RGZ 101, 68.
471 BGH NJW 1988, 2597.
472 BGH NJW 1972, 165.
473 Palandt/*Ellenberger,* § 119 Rn. 27; a. A. AG Coburg NJW 1993, 938: Der hier behandelte Sachverhalt ist mit dem *Duveneck/Leibl-Fall* insoweit vergleichbar, weil der Verkäufer anficht, nachdem in der Presse von dem sensationellen Fund der Originalnoten von Mozart berichtet wurde. Der Preis bzw. Wert der Sache ist keine verkehrswesentliche Eigenschaft, vgl. auch Fn. 467. Das AG Coburg lehnte daher die Anfechtung gem. § 119 Abs. 2 BGB ab. Allerdings ist die Urheberschaft verkehrswesentlich, weshalb die Entscheidung im Ergebnis nicht überzeugt. Vgl. dazu auch: *Zander,* Irrtumsanfechtung und Sachmängelgewährleistung beim Kauf von Kunstwerken, S. 124f.
474 BGHZ 78, 216 (221); BGH NJW 1979, 160.
475 OLG München DB 1974, 1059.
476 RGZ 61, 86; OLG Köln MDR 1965, 292.
477 RG JW 1912, 851.
478 Palandt/*Ellenberger,* § 119 Rn. 27 m. w. N.; a. A. BGH NJW 1970, 654.
479 BGHZ 34, 32 (41f.).
480 OLG Hamm 1966, 1080.
481 KG OLGZ 1993, 1.

stehen oder Nichtbestehen einer Nachlassüberschuldung,[482] die Berufung einer Miterbin,[483]
- der Betrag einer gekauften Forderung,[484] das Bestehen eines Lizenzvertrags bei einem Patentrecht.[485]

Nicht als verkehrswesentliche Eigenschaften kommen in Betracht:
- Der Wert oder Marktpreis einer Sache[486] sind keine Eigenschaften, sondern das Ergebnis von wertbildenden Faktoren; ebenso wenig das Eigentum an einer Sache[487],
- die wirtschaftliche Verwertungsmöglichkeit beim Kauf einer Sache,[488] die Kaufkraft des Geldes,[489] die subjektive Verträglichkeit des Klimas beim Grundstückskauf,[490] der nachträgliche Wegfall der Überschuldung des Nachlasses wegen Verjährung der Schulden.[491]

Beim Grundpfandrecht kommt es nur auf seine Eigenschaften (z. B. Rang, Fälligkeit, Verzinsung etc.) an, nicht auf die des belasteten Grundstücks.[492]

### 3. Kausalität

Endlich muss der Irrtum über eine verkehrswesentliche Eigenschaft ursächlich geworden sein für die Abgabe der Willenserklärung. Mithin muss feststehen, dass der Erklärende bei Kenntnis der Sachlage und bei verständiger Würdigung des Falls, d. h. »frei von Eigensinn, subjektiven Launen und törichten Anschauungen«, seine Willenserklärung nicht abgegeben hätte.[493]

482 BGHZ 106, 359; OLG Hamm NJW-RR 2009, 1664.
483 BGH WM 1997, 272.
484 *Dunz*, NJW 1964, 1214 (1214); a. A. BGH LM § 779 Nr. 2.
485 BPatG GRUR 1.
486 BGH WM 1963, 252 (253).
487 BGHZ 16, 54 (57); BGHZ 34, 32 (41 f.).
488 BGHZ 16, 54.
489 RGZ 111, 259.
490 BGH DB 1972, 479 (481).
491 LG Berlin NJW 1975, 2104.
492 RGZ 149, 238.
493 BGH NJW 1988, 2597 (2599); BAG NJW 1991, 2723 (2726); MüKoBGB/*Armbrüster*, § 119 Rn. 146.

## IV. Stellungnahme

Welcher der dargestellten Erklärungsansätze zur Verkehrswesentlichkeit vorzugswürdig ist, soll hier nicht entschieden werden. Ganz gleich, ob einer objektiven oder subjektiven Betrachtungsweise der Vorzug gegeben wird, sämtliche Auffassungen führen zum gleichen Ergebnis.

Im *Duveneck/Leibl*-Fall stellt der Irrtum über die Urheberschaft eines Gemäldes sowohl nach objektiven als auch nach subjektiven Kriterien einen Irrtum über eine verkehrswesentliche Eigenschaft dar. Die Urheberschaft eines Kunstwerks zählt zu den entscheidenden wertbildenden Faktoren, die einem Gemälde dauerhaft anhaften. Der Maler eines Gemäldes zählt zu den Eigenschaften, welche nach der Verkehrsanschauung und nach der Art des infrage stehenden Rechtsgeschäfts vertrags- bzw. geschäftswesentlich sind.

Werden die Hauptargumente, die für die unterschiedlichen Ansichten angeführt werden, in den Blick genommen, wird offensichtlich, dass es – losgelöst von der dogmatischen Einordnung des § 119 Abs. 2 BGB – im Kern darum geht, ob aus Gründen des Verkehrsschutzes der Anwendungsbereich des Eigenschaftsirrtums einzuschränken ist oder nicht. Bis auf den rein objektiven Ansatz und die Lehre vom Erklärungsirrtum[494] berücksichtigen die anderen Ansichten dieses Postulat. Sie vermeiden grundsätzlich die Anfechtung eines Rechtsgeschäfts, gestützt auf unausgesprochene Vorstellungen der Anfechtungsparteien, die für den Empfänger einer Willenserklärung gar nicht erkennbar sind. Dem Prinzip der Privatautonomie wird dabei dadurch Rechnung getragen, dass für die Anfechtung lediglich Umstände maßgebend sind, die die Vertragsparteien selbst für vertragswesentlich erachtet haben.

Dieser Argumentation, insbesondere dem rein subjektiven Ansatz, kann jedoch entgegengehalten werden, dass der Wortlaut des § 119 Abs. 2 BGB von »Verkehrswesentlichkeit« spricht und damit unabhängig vom Parteiwillen auf objektive Umstände abzustellen sei.

Der Vertrauensschutz wird bei einer eher objektiven Auslegung von § 119 Abs. 2 BGB in § 122 BGB berücksichtigt, der den Vertrauensschaden ersetzt.

Ferner dürfte die Einordnung von § 119 Abs. 2 BGB als Irrtum über die Sollbeschaffenheit – nach der Lehre von *Flume* – wegen der regelmäßig vorrangigen Gewährleistungsregeln des Besonderen Teils des BGB diese Bestimmung entgegen der Intention des Gesetzgebers nahezu gegenstandslos werden lassen. Schließlich kann gegen die Lehre vom geschäftlichen Eigenschaftsirrtum angeführt werden, dass sie dogmatisch und gesetzessystematisch bzw. geset-

494 Die Lehre vom Erklärungsirrtum geht zu weit, weil nach ihr jeder Eigenschaftsirrtum automatisch in einen Erklärungsirrtum umgedeutet wird, was wiederum den § 119 Abs. 2 BGB obsolet machen würde.

zeskonzeptionell nicht überzeugen dürfte: § 119 Abs. 2 BGB regelt einen Irrtum und beseitigt damit eine Störung beim Vertragsschluss. Die Norm fällt systematisch unter das Recht der Willensmängel.[495] Das Auseinanderfallen von Rechtsgeschäft, Willenserklärung und Realität wäre demnach im Sinne der Lehre von *Flume* dem Leistungsstörungsrecht zuzuordnen. *Schollmeyer* meint daher zu Recht: »*Wenn Flume den teleologischen Angriffspunkt der Vorschrift auf die Äquivalenzstörung als den Reflex des Irrtums verlagern will, verkehrt er die gesetzgeberische Konzeption in ihr Gegenteil*«.[496]

Zur Anfechtung wegen Eigenschaftsirrtums liegt eine äußerst ausdifferenzierte und eine Vielzahl denkbarer Fallgestaltungen erfassende Rechtsprechung vor. Diese ist in ihren Grundaussagen gefestigt und gibt verlässliche Auskunft darüber, unter welchen Voraussetzungen die Anfechtung eines Rechtsgeschäfts möglich ist. Dies gilt ohne Weiteres für das schuldrechtliche Grundgeschäft. Bevor aber auf die Frage eingegangen wird, ob auch eine nach dem Abstraktionsprinzip zusätzlich und getrennt zu prüfende Anfechtbarkeit des Verfügungsgeschäfts möglich ist, muss in der Einzelfallprüfung stets untersucht werden, ob eine Anfechtung nicht durch andere Rechtsbehelfe präkludiert bzw. verdrängt wird. Dazu nachfolgend in Abschnitt B.

## B. Konkurrenzverhältnis zu anderen Anspruchsnormen

Bei der Frage nach dem Bestehen eines Anfechtungsrechts nach § 119 Abs. 2 BGB ist stets das Verhältnis zu anderen Anspruchsnormen bzw. Rechtsinstituten zu beachten. Im Folgenden wird dieses Konkurrenzverhältnis dargestellt und erläutert. Dies dient dazu, die praktische Bedeutung der Anfechtung zu verdeutlichen. Scheidet eine Anfechtung wegen Eigenschaftsirrtums nach § 119 Abs. 2 BGB wegen Eigenschaftsirrtum aus, stellt sich für den (vergeblich) Anfechtenden stets die Frage, welche anderen Möglichkeiten er hat, seinen Rechtsanspruch durchzusetzen.

495 Vgl. Soergel/*Hefermehl*, § 119 Rn. 34; *Drexelius*, Irrtum und Risiko, S. 104f.; kritisch auch *Bork* BGB AT, Rn. 861ff.; Staudinger/*Singer*, § 119 Rn. 81f.; *Larenz/Wolf* BGB AT, § 36 Rn. 35; *Schmidt-Rimpler*, FS Lehmann (1956), 213 (217).

496 *Schollmeyer*, S. 120.

## I. Sachmängelgewährleistung (§§ 437ff. BGB)

### 1. Ausschluss der Anfechtung nach § 119 Abs. 2 BGB

Nach altem und neuem Recht gehen die Bestimmungen über die Sachmängelhaftung nach §§ 437ff. BGB als abschließende Sonderregelungen grundsätzlich vor.[497]

Die h. M. begründet dies mit den besonderen Regelungen des Kaufrechts, die nicht durch eine Anfechtung nach § 119 Abs. 2 BGB umgangen werden dürften. So beträgt insbesondere die kaufrechtliche Verjährungsfrist nach § 438 Abs. 1 Nr. 3, Abs. 2 BGB grundsätzlich zwei Jahre, wohingegen eine Anfechtung aufgrund eines Irrtums über eine verkehrswesentliche Eigenschaft gemäß § 121 BGB unter Umständen auch noch innerhalb von zehn Jahren erklärt werden kann. Eine solche längere Frist würde jedoch die vom Gesetz in der Regel gewollte raschere Abwicklung von Kaufverträgen vereiteln.[498] Dieser Beachtung des Normzwecks entspricht es, dass die Verletzung der Rügeobliegenheit beim beiderseitigen Handelskauf (§ 377 HGB) dem Käufer nicht nur die Rechte aus §§ 434ff. BGB nimmt, sondern auch die Möglichkeit der Irrtumsanfechtung nach § 119 Abs. 2 BGB, sofern sich der Irrtum auf den zu rügenden Mangel bezieht. Des Weiteren wird angeführt, dass eine Anfechtung nach § 119 Abs. 2 BGB nicht dazu führen dürfe, dass die Regelung des § 442 Abs. 1 S. 2 BGB leerlaufe, welche die Rechte des Käufers wegen eines Mangels ausschließt, wenn diesem der Mangel aufgrund grober Fahrlässigkeit bei Vertragsschluss unbekannt geblieben ist.[499]

Weiter dürfe dem Käufer nicht gestattet werden, dem Verkäufer die durch Vorrang der Nacherfüllung eingeräumte Möglichkeit zur zweiten Andienung aus §§ 437 Nr. 2, 439 BGB durch eine Anfechtung zu vereiteln.[500]

Indes ist diese Auffassung nicht unumstritten. Eine Gegenansicht meint, dass eine Anfechtung nach § 119 Abs. 2 BGB auch im Verhältnis zur Sachmängelgewährleistung nach §§ 437ff. BGB durchaus Anwendung finde. Begründet wird dies damit, dass die Anfechtung nach § 119 Abs. 2 BGB zu einer Schadensersatzpflicht nach § 122 BGB führe und dem Käufer damit nicht die gleiche Rechtsstellung wie die kaufrechtlichen Vorschriften sichere. Da der Käufer durch

497 MüKoBGB/*Kramer* (2001), § 119 Rn. 33 m. w. N.; Soergel/*Hefermehl*, § 119 Rn. 78 m. w. N; Palandt/*Ellenberger*, § 119 Rn. 28; Erman/*Arnold*, § 119 Rn. 9; Erman/*Grunewald*, vor § 437 Rn. 3; Bamberger/Roth/*Wendtland*, § 119 Rn. 8; BT-Drs. 14/6040, S. 210; zum alten Recht BGHZ 60, 319 (320).

498 *Köster*, JURA 2005, 145 (146); Bamberger/Roth/*Wendtland*, a. a. O.; BGH NJW 1961, 772.

499 MüKoBGB/*Armbrüster*, § 119 Rn. 32.

500 MüKoBGB/*Westermann*, § 437 Rn. 54; *Huber*, FS Hadding (2004), 105 (116); zust. insoweit *Schur*, AcP 204 (2004), 883 (901ff.); Staudinger/*Matusche-Beckmann*, § 437 Rn. 28; Erman/*Grunewald*, vor § 437 Rn. 23; gegen die Verdrängung der Irrtumsanfechtung: Bamberger/Roth/*Faust*, § 437 Rn. 185ff.

die Anfechtung jedoch freiwillig auf die Vorteile der Sachmängelgewährleistung nach §§ 437ff. BGB verzichten würde, bedürfe es keines besonderen Schutzes des Käufers in diesem Fall.[501] Des Weiteren wird vorgebracht, dass die schützenswerten Interessen des Anfechtungsgegners durch die den Anfechtenden gemäß § 122 BGB treffende Schadensersatzpflicht hinreichend gewahrt würden, so dass es aus dessen Sicht nicht unbillig erscheine, eine Anfechtung grundsätzlich zuzulassen.[502] Die Wahl des einen Rechtsbehelfs, verbunden mit allen positiven und negativen Rechtsfolgen, stelle keine Umgehung des anderen dar.[503] Der Vorrang der Nacherfüllung werde beachtet, denn nach den allgemeinen Grundsätzen des Anfechtungsrechts gebe die Anfechtung kein Reuerecht und sei präkludiert, wenn der Vertragspartner den Vertrag mit dem irrtümlich angenommenen Inhalt gelten lasse.[504]

Dieser Argumentation ist jedoch in letzter Konsequenz nicht zu folgen. Während etwa das Gewährleistungsrecht in Fällen grob fahrlässiger Unkenntnis des Mangels bei Vertragsschluss den Status quo aufrechterhalten und eine Rückabwicklung des Schuldverhältnisses durch Ausschluss der Gewährleistungsrechte vermeiden will, würde eine Anfechtung zu einer Rückabwicklung über § 812 Abs. 1 S. 1 Alt. 1 BGB führen.

Gerade dies will das Gesetz aber mit dem Ausschluss der Gewährleistung im Sinne einer raschen und eindeutigen Entscheidung über die Vertragsbeziehung vermeiden.

Schließlich wird teilweise angeführt, dass die Anfechtung wegen eines Erklärungs- und Inhaltsirrtums zuzulassen sei, da tatbestandsmäßige Überschneidungen zwischen der Lieferung einer Sache, die von der vereinbarten Beschaffenheit abweicht, und einem Irrtum bei der Beschaffenheitsvereinbarung nicht bestünden.[505] Diesen Grundsatz könne man wiederum auch auf Irrtümer über eine verkehrswesentliche Eigenschaft anwenden, so dass auch eine Anfechtung nach § 119 Abs. 2 BGB vorgenommen werden könne.

## 2. Zeitpunkt des Ausschlusses

Unter den Vertretern der Ansicht, die eine Anfechtung nach § 119 Abs. 2 BGB neben der Sachmängelgewährleistung nach §§ 437ff. BGB ausschließt, ist weiterhin umstritten, ob der Ausschluss des Anfechtungsrechts erst ab Gefahr-

501 MüKoBGB/*Westermann*, § 437 Rn. 54f.
502 BGH, Urt. v. 09.10.1980 – VII ZR 332/79, BGHZ 78, 216 (216ff.).
503 Bamberger/Roth/*Faust*, § 437 Rn. 190.
504 Palandt/*Ellenberger*, § 119 Rn. 2; Soergel/*Hefermehl*, § 119 Rn. 76.
505 Zur parallelen Anwendbarkeit bei § 119 Abs. 1 BGB siehe MüKoBGB/*Westermann*, § 437 Rn. 56.

übergang besteht oder aber schon vor diesem Zeitpunkt, insbesondere schon bei Vertragsschluss.

Es spricht vieles dafür, den Ausschluss nur insoweit zuzulassen, als die §§ 434, 435, 437 BGB anwendbar sind, also nur für die Zeit nach dem Gefahrübergang (§ 446 BGB).[506] So entstehen die Gewährleistungsrechte grundsätzlich erst ab diesem Zeitpunkt, so dass auch erst von diesem Moment an eine Ausschlusswirkung entfaltet werden könne.[507] Wenn dem Käufer hingegen aufgrund des Grundsatzes von Treu und Glauben bei der Unbehebbarkeit eines Mangels, eine Befugnis, die Gewährleistungsansprüche ausnahmsweise schon vor dem Gefahrübergang geltend zu machen, erteilt wird, so spricht sich die Rechtsprechung mit gewichtigen Argumenten gegen einen Ausschluss der Anfechtung wegen Eigenschaftsirrtums aus.[508] Die ausnahmsweise vor Gefahrübergang greifenden Gewährleistungsrechte stellen eine Begünstigung des Käufers dar. Wenn jedoch der Käufer mit der ihm eingeräumten Befugnis zur früheren Geltendmachung der Gewährleistungsansprüche entsprechend früher auch das Anfechtungsrecht nach § 119 Abs. 2 BGB verlieren würde, dann könne von einer solchen Vergünstigung nicht mehr gesprochen werden. Der Vorteil, welcher dem Kläger nach dem Grundsatz von Treu und Glauben gewährt werde, wäre so wieder relativiert.

In vielen Fällen wird der Käufer auch kein Interesse an einer Geltendmachung der Gewährleistungsrechte vor Gefahrübergang haben, da eine Wahl und Sinnhaftigkeitsprüfung zwischen einzelnen Gewährleistungsrechten lediglich möglich sind, sofern der Gefahrübergang stattgefunden und der Käufer eine hinreichende Sachnähe zum Kaufgegenstand erlangt hat. Im Übrigen wären neue Ebenen der Rechtsunsicherheit zwischen den Vertragsparteien eröffnet, da mit unklarem Vorliegen eines unbehebbaren Mangels auch der Zeitpunkt des Anfechtungsausschlusses im Unklaren bliebe. Auch das Interesse des Verkäufers, über die mögliche, mit der Nichtigkeit des Vertrags verbundene Geltendmachung der Anfechtung statt eines Gewährleistungsrechts nicht im Unklaren zu bleiben, wird lediglich gering beeinträchtigt. Sofern der Käufer von seinem Anfechtungsrecht bis zum Gefahrübergang keinen Gebrauch gemacht hat, hat er es für die Zukunft verloren.

Nach der Gegenmeinung soll die Anfechtung nach § 119 Abs. 2 BGB bereits ab Vertragsschluss ausgeschlossen sein. Der Zeitpunkt des Gefahrübergangs sei generell unerheblich, da der Käufer ansonsten mittels der Anfechtung die Regelung des § 442 Abs. 1 S. 2 BGB umgehen könne, nach welcher sich der Käufer bei grob fahrlässiger Unkenntnis von der Mangelhaftigkeit der Sache bei Vertragsschluss gerade nicht im Wege der Gewährleistung vom Vertrag lösen dür-

506 Palandt/*Weidenkaff*, § 437 Rn. 53.
507 Staudinger/*Matusche-Beckmann*, § 437 Rn. 29.
508 Hierzu ausführlich BGH, Urt. v. 14. 12. 1960 – V ZR 40/60 = NJW 1961, 772.

fe.[509] Die Rechte des Käufers vor der Übergabe könnten jedoch nicht weitergehen als danach.[510] Überdies würde dem Verkäufer durch die Anfechtung die nach § 439 Abs. 1 BGB vorgesehene Möglichkeit einer Nacherfüllung genommen.[511] Somit finden sich an dieser Stelle die gleichen Erwägungen wie bereits bei der Ansicht, die eine Anfechtung wegen Eigenschaftsirrtums im Verhältnis zur Sachmängelgewährleistung nach §§ 437ff. BGB grundsätzlich ausschließt. Auch eine Korrektur, wie sie der BGH im Fall eines unbehebbaren Mangels vornimmt, sei dann nicht erforderlich und zeige, dass es auf den Gefahrübergang nicht ankomme.

Einem Komplettausschluss der Irrtumsanfechtung bereits bei Vertragsschluss[512] ist entgegenzuhalten, dass den Parteien eine sofortige Loslösung vom Kaufvertrag auch vor der Übergabe der Kaufsache, sobald sie ihren Irrtum entdeckt haben, möglich sein muss. Es wäre dogmatisch vertretbar, jedoch wirtschaftlich unsinnig, wenn der Käufer ungeachtet vorheriger Aufdeckung seines Irrtums die jeweilige Kaufsache erst noch entgegennehmen müsste, um anschließend Mängelrechte aus §§ 437ff. BGB geltend machen zu müssen.[513]

Unter ökonomischen Aspekten ist daher eher einer »vermittelnden« Ansicht zu folgen, die die kaufrechtlichen Mängelrechte auch vor Gefahrübergang bei Behebbarkeit des Mangels für vorrangig und ausschließlich hält,[514] die Anfechtung aber daneben zulässt, wenn feststeht, dass nicht nachgebessert werden kann oder der Verkäufer sich weigert.[515]

### 3. Vertraglicher Gewährleistungsausschluss

Mit dem grundsätzlichen Vorrang der Gewährleistungsrechte im Blick bleibt noch zu beachten, was passiert, wenn die Parteien die Gewährleistungsrechte im Kaufvertrag wirksam ausgeschlossen haben. Insbesondere ist hier zu fragen, ob der Ausschluss zu einem Wiederaufleben der Anfechtungsmöglichkeit nach § 119 Abs. 2 BGB führt. Diesbezüglich herrscht weitestgehend Einigkeit darüber, dass ein Ausschluss nicht zu einem Wiederaufleben führen kann, da der Ausschluss der Anfechtung nicht auf dem Gewährleistungsausschluss selbst beruht,

509 BGHZ 16, 54 = NJW 1955, 340; BGHZ 34, 32 = NJW 1961, 1183 (1185); BGHZ 60, 319 = NJW 1973, 1234; BGH WM 1977, 118; BGHZ 78, 216 (218) = NJW 1981, 224; OLG Stuttgart NJW-RR 1998, 2547.

510 *Flume* AT II, § 24 3 a; *Flume,* S. 134f.; *Hönn,* JuS 1989, 293 (297); Staudinger/*Matusche-Beckmann,* § 437 Rn. 25ff.

511 jurisPK-BGB/*D. Baetge,* § 119 Rn. 86ff.

512 *Medicus* BGB AT, Rn. 775; NK-BGB/*Feuerborn,* § 119 Rn. 16.

513 BGH NJW 1961, 772.

514 Staudinger/*Matusche-Beckmann,* § 437 Rn. 31.

515 MüKoBGB/*Westermann,* § 437 Rn. 54.

sondern dieser kraft Gesetzes aufgrund der in §§ 437ff. BGB getroffenen Sonderregelungen ausgeschlossen ist.[516]

Wenn die Gewährleistungsansprüche in wirksamer Weise vertraglich ausgeschlossen sind, wird diese Regelung zudem gewöhnlich auch die Reaktion auf einen Eigenschaftsirrtum des Käufers erfassen.

Denn der verjährungsbedingte Ausschluss des Gewährleistungsrechts ist wegen der sachlichen Nähe von Sachmangel und verkehrswesentlicher Eigenschaft so zu verstehen, dass auch die Anfechtung jedenfalls nach Gefahrübergang ausgeschlossen sein soll.[517]

### 4. Anfechtung durch den Verkäufer

Kein Konkurrenzverhältnis zwischen Sachmängelgewährleistung und Anfechtung gem. § 119 Abs. 2 BGB besteht auf Verkäuferseite, da diesem grundsätzlich keine Gewährleistungsrechte zustehen.[518] Zwar soll für den Verkäufer eine Anfechtung ausgeschlossen sein, sofern er dadurch die Ansprüche und Rechte des Käufers wegen des Sachmangels vereiteln würde.[519] Allerdings soll der Verkäufer anfechten können, wenn der Käufer Mängelrechte nicht geltend macht[520] und wenn die verkaufte Sache wegen wertbildender Faktoren, wie z. B. Original statt Kopie, wertvoller ist als eine Sache mit der vereinbarten Beschaffenheit.[521] Letzteres ist gerade beim höherwertigen Aliud der Fall.[522] Der Verkäufer hat regelmäßig ein schützenswertes Interesse daran dieses zu behalten, während der Kaufvertrag, insbesondere im Hinblick auf eine Beschaffenheitsvereinbarung zwischen den Vertragsparteien, in diesen Fällen nur eine beschränkte Schutzwürdigkeit des Käufers erkennen lässt.[523]

Dementsprechend wurde die Anfechtung durch den Verkäufer im *Duveneck/Leibl*-Fall zugelassen, da in casu keine Gefahr bestand, dass durch die Anfechtung die Gewährleistungsansprüche des Käufers unterlaufen würden, weil dieser gar nicht anfechten wollte.

---

516 Staudinger/*Matusche-Beckmann,* § 437 Rn. 30.

517 MüKoBGB/*Westermann,* § 437 Rn. 55; so früher BGH BB 1967, 96; s. auch BGHZ 34, 32 = NJW 1961, 722; OLG Düsseldorf MDR 1989, 159; im Ergebnis auch BGHZ 63, 369 (376f.); für Ausschluss auch der Anfechtung *Müller,* FS Huber (2006), S. 449 (469); wie hier aber BGHZ 63, 369 = NJW 1975, 970 für den Verkauf in einer Kunstversteigerung; BGHZ 63, 369 (376f.) = NJW 1975, 970 (972); BGH BB 1967 96; BeckOGK/*Höpfner,* § 437 Rn. 16; a. A. BGHZ 72, 252 = NJW 1979, 160 (161) OLG Stuttgart NJW 1989, 2547.

518 Bamberger/Roth/*Wendtland,* § 119 Rn. 8.

519 LG Bonn BeckRS 2012, 14820; OLG Oldenburg NJW 2005, 2556; *Neuner* BGB AT, § 41 Rn. 69.

520 Vgl. RGZ 135, 339 »Ruisdael« und BGH NJW 1988, 2597 (2598).

521 MüKoBGB/*Armbrüster,* § 119 Rn. 31 mit Verweis auf *Wieser,* FS Küchenhoff (1972), 1. Halbbd., 409 (409).

522 BGH NJW, 1988, 2597 (2599).

523 Bamberger/Roth/*Faust,* § 437 Rn. 210.1.

### 5. Ausschluss der Anfechtung nach § 119 Abs. 2 BGB bei Nichtvorliegen eines Mangels gem. § 434 BGB

Unklar ist zudem, wie das Verhältnis zwischen der Anfechtung nach § 119 Abs. 2 BGB und der Sachmängelgewährleistung zu beurteilen ist, wenn sich der Irrtum auf Merkmale der Kaufsache bezieht, die keinen Sachmangel i. S. d. § 434 BGB begründen.

Nach überwiegender Ansicht ergebe sich zunächst kein Konkurrenzverhältnis. Die Anfechtung sei grundsätzlich möglich, da es denkbar sei, dass ein Nacherfüllungsanspruch aus tatsächlichen Gründen ausscheidet, gescheitert ist oder nicht ernsthaft betrieben wurde, so dass dem Käufer eine Anfechtung nicht verwehrt sein sollte.[524] Indes dürfte die Anfechtung jedoch meist an dem Tatbestandsmerkmal »verkehrswesentliche Eigenschaft« scheitern.

Die Gegenansicht, die wiederum einen Ausschluss der Anfechtung annimmt, führt an, es sei widersprüchlich, einem Käufer, der zusammen mit dem Verkäufer die betreffende Eigenschaft zum Inhalt einer Beschaffenheitsvereinbarung im Sinne von § 434 Abs. 1 S. 1 BGB gemacht und damit eine verkehrswesentliche Eigenschaft begründet habe, das Anfechtungsrecht nach § 119 Abs. 2 BGB abzusprechen, während einem Käufer, der eine entsprechende Absicherung versäumt oder unterlassen hat, das Anfechtungsrecht zustehe.[525]

Dies erscheint insbesondere mit Blick auf eine Gleichbehandlung gerechter und damit vorzugswürdig. Gerade beim einseitigen Eigenschaftsirrtum des Käufers bilden die §§ 434ff. BGB ein abschließendes Regelungsregime für den Fall, dass die Sache nicht den Erwartungen des Käufers genügt.[526]

Bereits ein Blick auf § 434 Abs. 1 S. 3 BGB zeigt, dass das Gewährleistungsrecht ein etwaiges schutzwürdiges Vertrauen des Käufers auf die Beschaffenheit einer Sache berücksichtigt, aber auch abschließend regelt.

Nicht anders ist deswegen auch der maßgebliche Zeitpunkt des Ausschlusses einer Anfechtung nach § 119 Abs. 2 BGB zu beurteilen, sofern derjenigen Ansicht gefolgt wird, die einen Ausschluss annimmt. Auch hier kann es aus Gründen der Gerechtigkeit und Gleichbehandlung nur darauf ankommen, wie der Käufer gestellt werden würde, wenn sich der Irrtum auf ein Merkmal der Kaufsache beziehen würde, die einen Mangel im Sinne der §§ 434, 435 BGB darstellt.

---

524 MüKoBGB/*Westermann*, § 437 Rn. 54; *Schur*, AcP 204 (2004), 883 (903f.). Die frühere Rspr. war nicht ganz eindeutig: für Anfechtungsmöglichkeit; BGHZ 78, 216 (218) = NJW 1981, 224; OLG Stuttgart NJW-RR 1989, 2547; zust. *Oetker/Maultzsch*, Vertragliche Schuldverhältnisse, § 2 Rn. 349; Erman/*Grunewald*, vor § 437 Rn. 24.

525 *Reinicke/Tiedtke*, Kaufrecht, Rn. 802.

526 Staudinger/*Singer*, § 119 Rn. 85.

Auch bezüglich der Frage eines Wiederauflebens der Anfechtungsmöglichkeit im Falle eines vertraglichen Gewährleistungsschlusses wird an dieser Stelle auf die obigen Ausführungen unter 3. verwiesen.

## II. Culpa in contrahendo (§§ 280 Abs. 1, 241 Abs. 2, 311 Abs. 2 BGB)

Nach ständiger Rechtsprechung des BGH und nach Ansicht der h. L. sind die Regeln über die culpa in contrahendo (c. i. c.) neben dem Anfechtungsrecht anwendbar.[527] Begründet wird dies mit den unterschiedlichen Schutzrichtungen beider Rechtsinstitute: mit dem Schutz der freien Willensbildung durch die Anfechtungsregelungen einerseits und dem Schutz des Vermögens durch die §§ 280 Abs. 1, 241 Abs. 2, 311 Abs. 2 BGB andererseits.

Diese Differenzierung zeige sich besonders in den jeweiligen Voraussetzungen, da, anders als die Bestimmungen über die c. i. c., die Anfechtungsregeln den Eintritt eines Vermögensschadens nicht erfordern.[528]

## III. Beiderseitiger Irrtum

Liegt bei den Vertragsparteien ein beiderseitiger Irrtum vor, stellt sich die Frage, ob in diesen Fällen ebenfalls § 119 BGB anwendbar ist.

Beispiel: Der Verkäufer V bietet dem Käufer K ein altes Gemälde zum Kauf an. Er sagt, es handle sich um das Werk eines ortsansässigen Malers. Tatsächlich handelt es sich aber um das Werk eines alten holländischen Meisters. Der beiderseitige Eigenschaftsirrtums führt dazu, dass die Parteien einen Kaufpreis von 100,00 Euro vereinbaren, obwohl der tatsächliche Wert des Gemäldes 20.000,00 Euro beträgt.

Die herrschende Meinung wendet hier nicht die Anfechtungsregeln wegen Eigenschaftsirrtums, sondern die Bestimmungen über die Störung der Geschäftsgrundlage gem. § 313 BGB an. Abgestellt wird darauf, dass § 119 Abs. 2 BGB lediglich einen einseitigen Eigenschaftsirrtum regele. Ferner sei es unbillig, den-

527 BGH NJW 206, 845 (847); BGH NJW 2013, 1591; Palandt/*Grüneberg*, § 311 Rn. 13; Palandt/*Ellenberger*, § 122 Rn. 6.

528 BGH NJW 1998, 3002; BGH NJW 2006, 845 (457); BGH NZM 2008, 379; OLG Celle NJR-RR 2006, 1283; Palandt/*Grüneberg*, § 311 Rn. 13; der 11. Senat des BGH lässt jedoch bereits den Eingriff in die persönliche Entscheidungsfreiheit für das Entstehen eines c.i.c.-Anspruchs ausreichen. § 241 Abs. 2 BGB erfordere lediglich eine Verletzung von »Interessen«, um einen Anspruch zu begründen, vgl. BGH NJW 2005, 1579; Staudinger/*Feldmann*, § 311 Rn. 178; Erman/*Kindl*, § 311 Rn. 18, 23; NK-BGB/*Krebs*, § 311 Rn. 53; BT-Drs. 14/6040, S. 126; das ist aber deshalb nicht überzeugend, weil § 280 Abs. 1 BGB die Entstehung eines Vermögensschadens, also einen finanziellen Nachteil, voraussetzt.

jenigen, der zufällig als erster seine Willenserklärung anficht, mit der Ersatzpflicht aus § 122 BGB zu belasten. Darüber hinaus sei eine Anwendung des § 313 BGB flexibler als eine Anfechtung.[529]

Eine andere Ansicht wendet in einem solchen Fall dagegen die Anfechtungsvorschriften der §§ 142, 119ff. BGB an. Dies wird damit begründet, dass beim Doppelirrtum immer nur derjenige anfechten werde, für den das Geschäft nachteilig sei. Dies rechtfertige es, dass der Anfechtende für den Vorteil, dass er sich vom Vertrag lösen kann, auch »bezahlt«.[530] Demnach hinge es auch nicht vom Zufall ab, welche Partei anfechten werde.[531]

Irren sich beide Vertragspartner, ist kein Platz für den Vertrauensschutz einer Partei. Denn beide gehen von einem unrichtigen Motiv aus, so dass für eine Bindung an das Erklärte kein Grund gegeben ist.

Demzufolge ist die Auffassung vorzuziehen, die § 313 Abs. 1 und 2 BGB anwendet,[532] und zwar auch dann, wenn beiden ein Anfechtungsrecht nach § 119 Abs. 2 BGB zusteht.[533] Denn letztlich ist es nicht interessengerecht, bei einem beiderseitigen Irrtum einer der beiden Parteien über den Schadensersatzanspruch nach § 122 BGB die finanziellen Folgen des Irrtums einseitig aufzuerlegen.[534] Demnach finden die Bestimmungen über die Störung der Geschäftsgrundlage nach § 313 Abs. 1 und 2 BGB Anwendung.[535] Voraussetzung ist mithin, dass die Parteien sich in einem gemeinschaftlichen Irrtum über einen für die Willensbildung wesentlichen Umstand befinden oder zumindest eine Partei erkennbar eine fehlerhafte Vorstellung hat, die andere Partei ihr nicht widerspricht und diese Vorstellung in den dem Vertrag zugrunde liegenden gemeinschaftlichen Willen aufgenommen worden ist. Dabei werden auch die Fälle des gemeinsamen Motivirrtums erfasst.[536] Der Rechts- steht dem Tatsachenirrtum gleich.[537]

Stets zu beachten ist, dass eine Berufung auf § 313 BGB ausscheidet, wenn die Sachmängelhaftung greift,[538] die Störung der Motivation ausschließlich in die Risikosphäre einer Partei fällt oder wenn die Erfüllung des Vertrags trotz des

529 Vgl. dazu BGH NJW 2002, 2312 (2313); BGHZ 139, 177 (181f.); BGHZ 25, 390 (392f.); Palandt/*Grüneberg*, § 313 Rn. 38.

530 Vgl. Erman/*Arnold*, vor § 116 Rn. 21; vgl. auch BT-Drs. 14/6040, S. 17.

531 Ebd.

532 Ebd.

533 Erman/*Arnold*, a. a. O.; Palandt/*Ellenberger*, § 119 Rn. 30.

534 Erman/*Arnold*, a. a. O.; andere meinen, die §§ 119 und 313 Abs. 2 BGB seien kumulativ anwendbar, vgl. MüKoBGB/*Finkenauer*, § 313 Rn. 150; NK-BGB/*Krebs/Jung*, § 313 Rn. 23; *Medicus* geht von einem Vorrang von § 119 BGB aus, vgl. *Medicus/Petersen*, BGB AT, Rn. 162.

535 Palandt/*Grüneberg*, § 313 Rn. 38f.

536 BGH NJW 2002, 292.

537 BGHZ 25, 393.

538 Die den §§ 437ff. BGB zugrunde liegende Risikoverteilung würde anderenfalls verändert. Vgl. BGH, Urt. v. 21.02.2008 – III ZR 200/07, MDR 2008, 615 (616).

Irrtums zumutbar ist.[539] Das (anfängliche) Fehlen der Geschäftsgrundlage wird genauso behandelt wie deren nachträglicher Wegfall.[540]

Der BGH hat die entscheidenden Gesichtspunkte u. a. in seinem Urteil vom 05.02.1986 klargestellt.[541] Im Streitfall hatte der Kläger gegen den Beklagten Vollstreckungsgegenklage wegen mehrerer titulierter Ansprüche erhoben. Vor dem Landgericht hatten die Parteien »zur Abgeltung der titulierten Ansprüche« einen Vergleich abgeschlossen, über dessen Wirksamkeit sie in der Revisionsinstanz stritten. Der BGH führte dazu aus:

»Die Vorinstanz hat mit Recht angenommen, daß auch die Irrtumsanfechtung des Klägers (§ 119 Abs. 2 BGB) nicht durchgreift. Die Parteien sind demselben Irrtum unterlegen. Dessen Beurteilung richtet sich nach den Regeln über das Fehlen der Geschäftsgrundlage (§ 242 BGB; vgl. BGH, Urteil vom 13. November 1975 – III ZR 106/72, LM § 242 Bb Nr. 80 = NJW 1976, 565 unter II. 1; Palandt/Heinrichs, BGB, 45. Aufl., § 242 Anm. 6 C d aa). Infolgedessen kann offenbleiben, ob der Kläger sich bei der Annahme, die Zinsansprüche seien verjährt, im Sinn von § 119 BGB über eine verkehrswesentliche Eigenschaft dieser Forderungen geirrt hat (vgl. allgemein BGH, Urteil vom 21. Februar 1952 a. a. O. unter II. 4).«[542]

Und weiter:[543]

»Das Berufungsgericht hat auch geprüft, ob die Regeln über das Fehlen der Geschäftsgrundlage eingreifen, aber verneint, daß das Festhalten an dem Vergleich durch den Beklagten in Widerspruch zu Treu und Glauben stehe (§ 242 BGB). Diese Beurteilung in der Sache war ihm bei dem Streit darüber, ob der Prozeß durch den Vergleich erledigt ist, verwehrt. Der gemeinsame Irrtum der Parteien kann unter dem Gesichtspunkt des Fehlens der Geschäftsgrundlage nur zu einer Anpassung des Vergleichs führen (vgl. BGH, Urteil vom 19. Januar 1967 – II ZR 27/65, WM 1967, 315 unter II. 1; Urteil vom 13. November 1975 a. a. O.), die seinen rechtlichen Bestand und seine prozeßbeendende Wirkung grundsätzlich nicht berührt.

Der Bundesgerichtshof hat für den Wegfall der Geschäftsgrundlage des Vergleichs (wegen veränderter Verhältnisse) ausgesprochen, daß diese Frage nicht durch Fortsetzung des durch den Vergleich erledigten Rechtsstreits zu entscheiden sei (BGH, Urteil vom 6. Juni 1966 – II ZR 4/64, LM § 794 Abs. 1 Ziff. 1 ZPO Nr. 15 = WM 1966, 793; z. Gegenstand des fortgesetzten Verfahrens s. auch BGH, Urteil vom 15. Januar 1985 – X ZR 16/83, WM 1985, 673 unter I. 1, 2). Für das Fehlen der Geschäftsgrundlage kann nichts anderes gelten. Es führt zu denselben Rechtsfolgen wie der Wegfall der Geschäftsgrundlage, nämlich zu einer Anpassung des Vergleichs, und berührt nicht – wie etwa die Unwirksamkeit gemäß § 779 BGB oder die Nichtigkeit nach § 142 BGB – seine rechtliche Existenz«.[544]

539 Palandt/*Grüneberg*, § 313 Rn. 38; OLG Hamm NJR 1992, 1416 Tz. 24.

540 BGHZ 25, 393; BGH NJW 1976, 566.

541 BGH, Urt. v. 05.02.1986 – VIII ZR 72/85 = MDR 1986, 749 = NJW 1986, 1349.

542 BGH, a. a. O., Tz. 15.

543 BGH, a. a. O., Tz. 18.

544 BGH, a. a. O., Tz. 18.

## C. Anfechtbarkeit des Verfügungsgeschäfts

### I. Meinungsstand in Rechtsprechung und Literatur

Das Abstraktionsprinzip fordert für die Fälle der Fehleridentität jeweils eine gesonderte Prüfung, ob Anfechtungsgründe im Sinne der §§ 119ff. BGB auch beim Verfügungsgeschäft vorliegen.[545]

#### 1. Unstreitige Fallgruppen

##### *a) Überblick*

Als unstreitige Anwendungsfälle sind zunächst die Fälle zu nennen, in denen das Verfügungsgeschäft selbst einen eigenständigen Anfechtungsgrund aufweist. Dies ist z. B. der Fall, wenn sich der Verfügende bei einem fehlerfreien Kaufvertrag erst bei der Übereignung vergreift und die falsche Sache dem Erwerber übereignet (§ 119 Abs. 1 BGB), erst bei der Übereignung der Empfänger verwechselt wird oder der Erwerber den Verfügenden in der Weise bei der Übereignung täuscht, dass dieser statt der geschuldeten Kopie das Originalgemälde übereignet (§ 123 Abs. 1 BGB).

Unstreitig und dementsprechend unproblematisch sind darüber hinaus Konstellationen, in denen das Grundgeschäft und die Verfügung jeweils unterschiedliche Anfechtungsgründe aufweisen, also z. B. das Grundgeschäft wegen arglistiger Täuschung und das Verfügungsgeschäft wegen Erklärungsirrtums anfechtbar sind.[546]

Aber auch eine bereits das Verpflichtungsgeschäft beeinflussende Täuschung oder Drohung im Sinne des § 123 Abs. 1 BGB führt grundsätzlich nach Rechtsprechung und Literatur zur Anfechtung (auch) des Verfügungsgeschäfts.[547]

Probleme mit dem Abstraktionsgrundsatz ergeben sich dabei nur bei der Vorstellung, dass Willensmängel, die dem Grundgeschäft anhängen, quasi im Verfügungsgeschäft »fortwirken« bzw. sich auf dieses »erstrecken«.

Das Abstraktionsprinzip darf jedoch richtigerweise nicht durch den »automatischen Übergriff des Fehlers im Kausalgeschäft auf das Verfügungsgeschäft« unterlaufen werden.[548]

---

545 *Stadler*, S. 174.

546 *Stadler*, S. 175.

547 RGZ 69, 13 (16); 70, 55 (57f.); OGH BB 1949, 672; BGHZ 58, 257 (258); BGH DB 1966, 818; OLG Hamm VersR 1975, 814, 815; MüKoBGB/*Oechsler*, § 929 Rn. 34; Staudinger/*Heinze*, § 929 Rn. 20; *Grigoleit*, AcP (199) 1999, 379 (404ff.); *Stadler*, S. 181ff.; differenzierend *Meier/Jocham*, JuS 2021, 494 (495f.).

548 *Stadler*, a. a. O. m. w. N.

### b) Erklärungs- und Inhaltsirrtum (§ 119 Abs. 1 BGB)

Diese Konstellationen spielen in der Praxis mit Blick auf eine mögliche »Durchbrechung« des Abstraktionsprinzips eine untergeordnete Rolle. Liegt in Bezug auf den Preis oder andere Kauf- bzw. Vertragsmodalitäten eine Fehlvorstellung vor, so kann nur das Verpflichtungsgeschäft angefochten werden, da Inhalt des Verfügungsgeschäfts bzw. der sachenrechtlichen Einigung im Sinne des § 929 S. 1 BGB ausschließlich Verfügungsgegenstand, -wirkungen und die Frage sind, welche Parteien beteiligt sind. Dingliche Übertragungen sind überdies wertneutral. Speziell die Festlegung der jeweiligen Gegenleistung ist nicht Inhalt des Verfügungsgeschäfts.[549]

Es können unter § 119 Abs. 1 BGB mithin nur Fälle subsumiert werden, bei denen der Irrtum entweder durch eine Anfechtbarkeit allein des Verfügungsgeschäfts, m. a. W. das Verpflichtungsgeschäft irrtumsfrei zustande gekommen ist, oder bei denen der Irrtum die Grundlage sowohl für den Kaufvertragsabschluss als auch die Warenlieferung bildet.

Beim Vergreifen im Rahmen der Übergabe handelt es sich um einen Erklärungsirrtum, der ausschließlich beim Verfügungsgeschäft vorliegt.[550] Bei einem Erklärungsirrtum, der z. B. dazu führt, dass der Kaufgegenstand falsch bezeichnet wird, erfasst dieser Irrtum lediglich dann beide Geschäfte, wenn beide Rechtsgeschäfte räumlich und zeitlich in einem Akt zusammentreffen. *Flume* geht dabei für bewegliche Sachen davon aus, dass dies immer der Fall sein soll,[551] was aber nicht zwingend und eine Frage der Auslegung ist.

Beim Inhaltsirrtum gem. § 119 Abs. 1 Alt. 1 BGB in Form eines *error in obiecto* oder *error in persona* liegt die Fehlvorstellung über die Identität des Geschäftsgegenstands oder des Vertragspartners regelmäßig sowohl dem Vertragsschluss als auch der Übereignung zugrunde.[552] Beide Formen des Inhaltsirrtums berechtigten zur Anfechtung beider Rechtsgeschäfte.[553] Damit ist das Abstraktionsprinzip insgesamt aber nicht durchbrochen. Zu klären ist jeweils, ob ein

549 Siehe hierzu sogleich C.II.

550 *Grigoleit*, AcP (199) 1999, 379 (394).

551 *Flume* AT II, § 12 III 5.

552 So ähnlich *Stadler*, S. 176; OLG Hamm, Urt. v. 04.04.2019 – I-5 U 40/18 = NJW 2019, 3387 (sog. Pferdetausch-Fall): das OLG prüfte einen Herausgabeanspruch gem. § 985 BGB und bejahte diesen sowohl wegen Inhaltsirrtum in der Spielart des Identitätsirrtums und wegen Eigenschaftsirrtum. Die präzise Abgrenzung beider Irrtümer wurde dahingestellt gelassen, da ein Anfechtungsgrund gegeben war. Die übrigen Prüfungspunkte bereiteten keine Schwierigkeiten, da der Kaufvertrag kein Recht zum Besitz der übereigneten Stute vermitteln konnte. Es lag ersichtlich kein Fall der Fehleridentität vor, da das Verpflichtungsgeschäft irrtumsfrei zustande gekommen war. Siehe auch *Forschner*, J§E 2019, 108f.

553 MüKoBGB/*Armbrüster*, § 119 Rn. 76; *v. Olshausen*, JuS 1979, 725f.; *Lopau*, JuS 1980, 217f.

Irrtum in der Erklärung beim Grundgeschäft ebenfalls bei der dinglichen Einigungserklärung vorliegt.[554]

*c) Arglistige Täuschung und/oder widerrechtliche Drohung (§ 123 Abs. 1 BGB)*

Mit einer solchen Konstellation hatte sich der BGH in einer Entscheidung aus dem Jahre 1972 zu befassen.[555] Ein Kaufmann hatte 1966 einen Vertrag über die Lieferung eines Präparats zur Beseitigung von Löchern in Autoreifen abgeschlossen, der Erwerber eine Baranzahlung geleistet und anschließend den Vertrag wegen arglistiger Täuschung angefochten, weil der Kaufmann ihm wider besseres Wissen vorgespiegelt hatte, das Präparat sei neuwertig, einmalig auf dem Markt und binnen kurzer Zeit mit gutem Gewinn absetzbar.[556] Der Erwerber und Kläger hatte im Nachlasskonkursverfahren gem. § 43 KO – vergeblich – die Aussonderung beansprucht, zumal sich ein solches Recht stets nur auf individuell bestimmte Gegenstände, nicht aber auf eine Geldsumme als solche oder einen Wertbetrag erstreckt.[557]

Der BGH erklärte mit Blick auf die vorliegend zu behandelnde Problematik nur kurz und bündig:

> »Daß damit[558] auch die in Erfüllung des Vertrages vorgenommene Übereignung der Geldscheine als angefochten galt und der Kläger mithin gem. § 142 Abs. 1 BGB von Anfang an deren Eigentümer geblieben war, entspricht gefestigter Auffassung in Rechtsprechung und Schrifttum …«.[559] Grundsätzlich wird in diesen Fällen stets betont, dass die Anfechtungsgründe gem. § 123 BGB »regelmäßig« auch das dingliche Rechtsgeschäft erfasse. Anders als bei der Irrtumsanfechtung nach § 119 BGB soll die Frage eines zeitlichen Zusammen- oder Auseinanderfallens von Grund- und Verfügungsgeschäft ohne Bedeutung sein. So führt der BGH in seiner Entscheidung vom 22. 12. 1965 ausdrücklich wie folgt aus: »Im vorliegenden Fall genügt dazu, daß die – unterstellte – arglistige Täuschung auch für die Auflassungserklärung des Klägers bestimmend war (§ 123 Abs. 1 BGB). Auf eine »Unmittelbarkeit« eines solchen Ursachenzusammenhangs kommt es ebenso wenig an wie darauf, ob für die Auflassungserklärung des Klägers noch andere Ursachen ebenfalls mitbestimmend waren. (…) Einer Heranziehung des § 139 BGB bedarf es hierzu nicht«.[560]

554 *Stadler*, S. 177; a. A. *Grigoleit*, AcP (199) 1999, 379 (395), der vom Fortwirken des ursprünglichen Irrtums in der später abgegebenen – dinglichen – Willenserklärung spricht.

555 BGH, Urt. v. 08.03.1972 – VIII ZR 40/71, BGH 58, 257 (258).

556 BGH, a. a. O., Tz. 1, 2.

557 BGH, a. a. O., Tz. 6.

558 Scil.: durch die Anfechtung des Kaufvertrags.

559 Ebd.; vgl. dazu auch BGH, Urt. v. 22. 12. 1965 – V ZR 107/63, DB 1966, 818; OLG Hamm VersR 1975, 814 (Anfechtung eines Gebrauchtwagenkaufvertrags, guter Glaube des Zweiterwerbers).

560 Vgl. ebenso RGZ 69, 13 (16); BGH WM 1969, 958; anders dagegen noch: HansOLG Hamburg, Recht 1908, Beil. S. 45 Nr. 428; RG, Urt. v. 24.11.1908 – Rep. VII. 30/08. = RGZ 70, 55: Die

Warum aber die Kausalität trotz des Abstraktionsgrundsatzes auch dann beachtlich sein soll, wenn sich die Täuschung auf Eigenschaften der Person oder der Sache oder den Kaufpreis bezieht, die meist nicht Inhaltsbestandteil der Verfügung sind, ist grundsätzlich nicht unproblematisch, stützt sich letztlich jedoch auf teleologische Erwägungen. In den Fällen des § 123 Abs. 1 BGB ist eine sachgemäße Abwägung zwischen den Interessen des Anfechtungsberechtigten und Verkehrs-/Drittinteressen, die auch für das Abstraktionsprinzip maßgeblich sind, entscheidend. Das Interesse des Anfechtungsberechtigten wird im Falle von § 123 Abs. 1 BGB privilegiert, bei einer Kausalität zwischen unlauterer Beeinflussung und dinglicher Willenserklärung das Eigentum durch Anfechtung zurückzuerlangen. Im Gegensatz zur Irrtumsanfechtung gem. § 119 BGB wird der Willensmangel durch einen von außen kommenden und schwerwiegenden, in der Regel auch strafbewehrten Verstoß des Anfechtungsgegners gegen die Rechtsordnung hervorgerufen.[561]

Bei § 123 Abs. 1 BGB ist der Anfechtungsberechtigte besonders schutzbedürftig,[562] da der Willensmangel durch die jeweils andere Vertragspartei oder Dritte hervorgerufen worden ist und grundsätzlich rechtsethisch zu missbilligen ist. Der Mangel an Selbstverantwortlichkeit ist in diesen Fällen stark ausgeprägt, was wiederum ein Mindestmaß an Schutz des redlichen Verkehrs erfordert.[563]

### 2. Streitige Fallgruppen

Sehr umstritten hingegen ist die Fallgruppe des Eigenschaftsirrtums. Das Reichsgericht war der Meinung, dass auch bei einem Eigenschaftsirrtum Kausalgeschäft und dingliches Übereignungsgeschäft gemeinsam angefochten werden können, »wenn beide Geschäfte in einem einheitlichen Willensakt zusammenfallen, und dieser an dem Anfechtungsgrund des Irrtums leidet«.[564]

Zu beachten ist allerdings, dass in der zitierten Entscheidung eine Anfechtbarkeit wegen Eigenschaftsirrtums zwar behandelt wurde, das Gericht aber gleichzeitig darauf verwies, es habe in casu näher gelegen, die Anfechtung auf

---

Nichtigkeit des vom Verkäufer erfolgreich wegen Betrugs angefochtenen Kreditkaufs ergreift auch das dingliche Erfüllungsgeschäft.

561 *Baur/Stürner*, § 5 Rn. 6ff.; *Stadler*, S. 182, m. w. N.

562 *Grundmann*, JA 1985, 80, 83.

563 Hierfür RGZ 70, 55 (57ff.).

564 RGZ 66, 385 (390); RGZ 69, 13 (16); vgl. auch BGH DB 1966, 818; Prütting/Wegen/Weinreich/*Ahrens*, § 123 Rn. 41; vgl. auch BGHZ 58, 257 (258): Fortbestehen des Irrtums bei Verfügung, anders dagegen, wenn Rechtslage des Getäuschten durch Handlung nicht mehr betroffen ist, BGH NJW 2000, 2894; OLG Frankfurt am Main NJW-RR 1986, 1206; so auch Teile der Literatur: *Westermann/Gursky/Eickmann*, § 3 Rn. 11; Palandt/*Ellenberger*, vor § 104 Rn. 23; Erman/*Arnold*, § 142 Rn. 5; MüKoBGB/*Busche*, § 142 Rn. 15.

§ 123 BGB zu stützen.[565] Entscheidend ist, dass das Reichsgericht eine Fehleridentität zumindest bei Koinzidenz von Kausalgeschäft und dinglichem Übereignungsgeschäft annahm, auch wenn sich das Reichsgericht von insolvenzrechtlichen Erwägungen leiten ließ: Bei einer Anfechtung des schuldrechtlichen Geschäfts gewähre der Bereicherungsanspruch kein Aussonderungsrecht, ein solches Recht setze die Anfechtbarkeit des dinglichen Geschäfts voraus.[566]

Eine andere reichsgerichtliche Entscheidung zeigt, dass eine Anfechtung des Verfügungsgeschäfts nach § 119 Abs. 2 BGB auch bei einem Auseinanderfallen der Geschäfte möglich sein soll.[567] Der BGH hat an die Rechtsprechung des Reichsgerichts angeknüpft und diese fortgeführt.[568] In der Literatur werden die verschiedensten Standpunkte vertreten:

Eine Ansicht lehnt eine Anfechtung des Verfügungsgeschäfts nach § 119 Abs. 2 BGB generell und somit auch bei einem zeitlichen Zusammenfallen der Erklärungen ab.[569] Eine andere Ansicht, begründet von *Flume*, bejaht eine »Erstreckung« des Eigenschaftsirrtums auf das Verfügungsgeschäft auch bei fehlender Koinzidenz.[570] Eine weitere Auffassung lässt die Anfechtung des Verfügungsgeschäfts nach § 119 Abs. 2 BGB nur dann zu, wenn von den Wirkungen der Anfechtung gutgläubige Dritte nicht tangiert sind.[571] Eine vierte Meinung fordert zu Recht in einer das Abstraktionsprinzip stützenden Weise die Kausalität des Anfechtungsgrunds für das Verfügungsgeschäft.[572] Bei der Behandlung der Thematik ist wie folgt zu entscheiden:

Ausschlaggebend für die Frage der Anfechtbarkeit nach § 119 Abs. 2 BGB ist die verfügungsspezifische Bestimmung der Verkehrswesentlichkeit,[573] m. a. W. muss ein irrtumsspezifischer Bezug zur Willenserklärung feststellbar sein. Dies ist nach der Meinung von *Flume* anzunehmen, wonach der Geschäftsinhalt die Wesentlichkeit eines Eigenschaftsirrtums bedingt.[574]

565 RGZ 66, 385 (387).

566 RGZ 66, 385 (389f.).

567 RG Warn. 5/1912, S. 1, 3f.; vgl. zum Nachfolgenden insgesamt *Grigoleit*, AcP (199) 1999, 379 (396).

568 Vgl. z. B. BGH NJW 1952, 1169 (1170) (Schuldübernahme).

569 *Stadler*, S. 178; *Pawlowski*, Allgemeiner Teil des BGB, Rn. 592; Soergel/*Hefermehl*, § 142 Rn. 5; *Grigoleit*, AcP 199 (1999), 379 (396ff.).

570 *Flume*, S. 11 ff, 83ff.; *Flume* AT II, § 24 2 b und § 24 4; in diesem Sinne *Enneccerus/Nipperdey* BGB AT I/2, § 169 II; *Singer*, S. 50.

571 Vgl. nur: *Lindemann*, S. 48ff.

572 MüKoBGB/*Busche*, § 142 Rn. 15; Erman/*Arnold*, § 142 Rn. 5; BeckOGK/*Rehberg*, § 119 Rn. 147; NK-BGB/*Feuerborn*, § 142 Rn. 14; in die Richtung auch *Meier/Jocham*, JuS 2021, 494 (497): »Nur falls der Irrtum zugleich den Entschluss zur Übereignung tangiert, ist eine Anfechtung der hierauf gerichteten Willenserklärung möglich«.

573 *Grigoleit*, AcP (199) 1999, 379 (397f.).

574 So die Lehre vom geschäftlichen Eigenschaftsirrtum, vgl. *Flume*, S. 11ff., 83ff.

Die dingliche Einigung des Verfügungsgeschäfts beschränkt sich nach dem Abstraktionsprinzip auf drei Punkte: die Herbeiführung der Verfügungswirkungen (Eigentumsübertragung oder -belastung), die Bestimmung des Verfügungsgegenstands und die Bestimmung der beteiligten Parteien. Die dingliche Willenserklärung, welche der Verkäufer im *Duveneck/Leibl*-Fall abgibt, beinhaltet nur folgende Aussage: *»Ich möchte Dir dieses vor mir stehende Bild übereignen«*. Ein weitergehender Inhalt kommt dem Verfügungsgeschäft nach der ablehnenden Auffassung nicht zu,[575] insbesondere ist die Eigenschaft des zu übereignenden Gegenstands nicht gleichsam Inhalt der dinglichen Willenserklärung. Mangels weitergehender Bezugnahme auf Eigenschaften des Verfügungsgegenstands scheidet die Anfechtung nach § 119 Abs. 2 BGB aus.[576]

Abzulehnen ist auch die Ansicht, die über § 142 Abs. 2 BGB versucht, die Anfechtung beim Verfügungsgeschäft zuzulassen, sofern der Dritte dolos ist. Dieser Versuch führt zu willkürlichen Ergebnissen.[577] Nicht die Person des Dritten bedingt das Anfechtungsrecht, sondern ausschließlich der Anfechtungsberechtigte.[578]

Auch ein zeitliches Kriterium bzw. ein »einheitlicher Willensakt« muss unberücksichtigt bleiben und führt wiederum zu willkürlichen Ergebnissen. *Grigoleit* und *Stadler* kritisieren daher zu Recht, dass der zeitliche Zusammenhang keine Aussage darüber treffe, ob beide Geschäfte irrtumsbehaftet sind und deswegen kein Anlass dafür sei, einen Irrtum für beide Rechtsgeschäfte anzunehmen.[579] In diesem Zusammenhang ist jedoch auch der Versuch abzulehnen, den Irrtum über eine verkehrswesentliche Eigenschaft bei der Abgabe der Willenserklärung bei der Übereignung fortdauern zulassen.[580] Der Irrtum ist für den Einigungs- und Übertragungswillen rechtlich unbedeutend. Damit entfiele die »innere Abstraktion«.[581] Für *Haferkamp* ist richtigerweise dem Abstraktionsprinzip immanent, dass bei zeitlicher Koinzidenz beider Geschäfte der Willensinhalt hinsichtlich der Verpflichtung und der Verfügung ein anderer sein kann, so dass jeder dieser Willensinhalte autonom angefochten wird.[582]

*Grigoleit* verteidigt seine Ablehnungshaltung mit teleologischen Erwägungen (zusammengefasst): Die besondere (rechtspraktische) Bedeutung der Anfechtbarkeit des Verfügungsgeschäfts liege in ihrer »abstraktionswidrigen« Wirkung

575 *Grigoleit*, AcP (199) 1999, 379 (398); denkbar bei einer ausdrücklichen Bedingung oder Individualisierung des Verfügungsgegenstands, dann aber § 119 Abs. 1 BGB einschlägig.

576 *Grigoleit*, AcP (199) 1999, 379 (399); a. A. *Flume* AT II, § 24 2 b und § 24 4.

577 *Stadler*, S. 180f.

578 So auch *Füller*, Eigenständiges Sachenrecht?, S. 138.

579 *Grigoleit*, AcP (199) 1999, 379 (397); *Stadler*, S. 178f.

580 So *Stadler*, S. 178.

581 *Haferkamp*, JURA 1998, 511 (515).

582 *Haferkamp*, a. a. O.

gegenüber Dritten, beim (gutgläubigen) Erwerb Dritter (§ 142 Abs. 2 BGB), in der Zwangsvollstreckung gegen den Anfechtungsgegner (§ 771 ZPO) sowie – im vorliegenden Kontext von besonderer Relevanz – bei der Insolvenz des Anfechtungsgegners (§ 47 InsO).[583] Er begründet dies mit der Bevorzugung gegenüber anderen Insolvenz- und Vollstreckungsgläubigern.[584] Der Rechtsverkehr werde mit dem Gutglaubens-Postulat beim Dritterwerb belastet,[585] obwohl der Eigenschaftsirrtum regelmäßig dem Verantwortungsbereich des Irrenden zuzuordnen sei[586] und damit die Willensbildung betreffe.[587] Weiter böte das kaufrechtliche Sachmängelgewährleistungsrecht im Sinne der §§ 434ff. BGB (früher: §§ 459ff. BGB) – wiederum im insolvenzspezifischen Kontext relevant – dem Käufer keinen dinglichen Schutz beim Erwerb einer mangelhaften Sache.[588] Auch sei der Verkehrs- und Drittschutz nicht im Sinne von § 142 Abs. 2 BGB auf redliche Dritte zu beschränken. Dies widerspreche der Ratio des Abstraktionsprinzips,[589] wonach der Erwerber gerade keine Rücksicht auf das Verpflichtungsgeschäft des Veräußerers zu nehmen hat.[590]

Dagegen rekurriert insbesondere *Flume* auf den Bestimmtheitsgrundsatz: Es werde eine ganz bestimmte Sache übereignet, somit, wenn auch konkludent, deren ganz bestimmte Eigenschaften.[591] Kausal- und Verfügungsgeschäft hätten den gleichen Sinn, wenn »*... nichts Besonderes gesagt wird*«.[592]

Dingliche Übertragungen sind indes grundsätzlich wertneutral. Diese Wertneutralität wird aufgehoben, wenn Schutzvorschriften bewusst umgangen werden, so dass auch die dingliche Einigung, wie beispielsweise im Fall von § 138 BGB, sittenwidrig oder nichtig sein kann.

583 *Grigoleit*, AcP (199) 1999, 379 (400).

584 *Lindemann*, S. 49f.

585 A. A. *Lindemann*, a. a. O.

586 *Grigoleit*, AcP (199) 1999, 379 (400) – anders bei § 123 BGB: Diese beiden Anfechtungsgründe sind geprägt von einer Beeinträchtigung der Willensfreiheit, die sich gleichermaßen beim Abschluss des schuldrechtlichen Verpflichtungsgeschäfts und bei der (gleichzeitigen oder anschließenden) dinglichen Verfügung auswirkt.

587 So auch *Singer*, S. 213ff.

588 *Grigoleit*, AcP (199) 1999, 379 (401) – wobei eine Anfechtung der Verfügung des Käufers und damit ein dinglicher Schutz deswegen ausscheidet, weil sich der Irrtum über den Mangel nur auf die Kaufsache und nicht auf eine Eigenschaft der vom Käufer erbrachten Gegenleistung bezieht.

589 Ähnlich *Baur/Stürner*, § 5 Rn. 45ff.; *Stadler*, S. 179f.

590 *Grigoleit*, AcP (199) 1999, 379 (402).

591 MüKoBGB/*Oechsler*, § 929 Rn. 34 a. E.; *Flume* AT II, § 24 2 b und § 24 4.

592 *Flume* AT II, a. a. O.

## II. Wesentliche Inhaltsbestandteile des Verfügungsgeschäfts

### 1. Verfügungsbegriff

»Der Begriff der Verfügung ist grundlegend für das Verständnis unseres bürgerlichen Rechts, weil das Gesetz zahlreiche Rechtssätze aufstelle, welche für Verfügungen im Gegensatz zu anderen Rechtsgeschäften gelten.«[593]

Dieser Aussage des Rechtsgelehrten *Andreas von Tuhr*[594] aus dem Jahre 1919 kommt nach wie vor zentrale Bedeutung zu,[595] obwohl der Begriff bis zur Schaffung des BGB kaum verwendet wurde.[596]

Verfügungen sind nach allgemein anerkannter Definition Rechtsgeschäfte, die unmittelbar auf die Aufhebung, Übertragung, Belastung oder Inhaltsänderung eines Rechts gerichtet sind.[597] Dabei erfolgt ein rechtsgeschäftlich bewirkter Wechsel der Rechtszuständigkeit.[598] Sofern die Verfügung, wie in der Regel, nicht ein einseitiges Rechtsgeschäft ist, verfügt dabei jedoch nur der verlierende Teil, da nur auf sein Recht unmittelbar eingewirkt wird. Für den durch die Verfügung unmittelbar Begünstigten handelt es sich um ein Erwerbsgeschäft. Dementsprechend »verfügt« bei einer Übereignung nach § 929 BGB nur der Veräußerer, während der Erwerber ein Recht »erwirbt«. Dieser Erwerb kann mangels Änderung eines bestehenden Rechts aufseiten des Erwerbers nicht als Verfügung bezeichnet werden.[599] Dabei geht es nicht um einen auf realer Ebene angesiedelten Gütertransfer, sondern um eine Änderung der Rechtszuordnung der betreffenden Güter. Insbesondere bei der Übertragung körperlicher Gegenstände liegt eine Rechtsübertragung vor. Es geht also primär nicht um das körperliche Gut als solches, sondern um das Recht an dem Gut, das dem bisherigen Rechtsinhaber zusteht und das Gegenstand der Verfügung ist.[600]

Es lässt sich folglich der Satz aufstellen, dass jede Verfügung ein Rechtsgeschäft ist, sofern Recht aufgehoben, übertragen, belastet oder inhaltlich geändert werden.[601]

---

593 *v. Tuhr,* AcP 117 (1919), 193 (193).

594 Andreas von Tuhr, 1864–1925, beeinflusste als Zivilrechtlicher das deutsche und schweizerische Zivilrecht maßgeblich, kommentiert das BGB und das OR und war letzter Rektor der Kaiser-Wilhelm-Universität Straßburg.

595 *Haedicke,* JuS 2001, 966 (966).

596 Coing/Wilhelm/*Wilhelm,* Wissenschaft und Kodifikation des Privatrechts im 19. Jahrhundert, S. 213ff.

597 BGHZ 1, 294 (304); BGHZ 13, 1 (3); *Flume* AT II, § 11 5 a.

598 MüKoBGB/*Schwab* (1992), § 1821 Rn. 20.

599 *Haedicke,* JuS 2001, 966 (967) m. w. N.

600 Ebd.

601 Nicht erfasst vom Verfügungsbegriff werden vor allem die Fälle, in denen der Begriff »Verfügung« untechnisch im Sinne der »Anordnung« von Rechtsfolgen gebraucht wird, wie z. B. bei »Verfügungen von Todes wegen«; vgl. bereits RGZ 111, 247 (251).

Da sich durch Verfügungen die rechtliche Zuordnung ändert, muss sich eine Verfügung jeweils auf ein bestimmtes Verfügungsobjekt beziehen. Einem Rechtsträger sind dabei insbesondere subjektive Rechte wie z. B. das Eigentumsrecht zuzuordnen. Neben diesen können auch Rechtsverhältnisse in ihrer Gesamtheit bestimmten Rechtsinhabern zugeordnet werden und demnach Gegenstand einer Verfügung sein,[602] sofern sie nicht nur ein einzelnes subjektives Recht beinhalten, sondern dem Rechtsinhaber einen »Organismus« von Rechten und Pflichten gewähren.[603] Im Sachenrecht gilt dies insbesondere für die Übereignung gem. §§ 929ff., 873 und 925 BGB und die Bestellung beschränkt dinglicher Rechte an beweglichen oder unbeweglichen Sachen. Auf diese Weise wird jeweils auf das Eigentumsrecht des bisherigen Rechtsinhabers unmittelbar eingewirkt.[604]

### 2. Andere abzugrenzende Rechtsakte

Abzugrenzen sind Verfügungen von anderen Rechtsakten – und zwar wie folgt:

*Erfüllung:* Umstritten ist die Frage, ob die Annahme einer geschuldeten Leistung als Erfüllung, die gem. § 362 Abs. 1 BGB zum Erlöschen des Schuldverhältnisses führt, als Verfügung im Rechtssinne zu qualifizieren ist. Maßgeblich ist dabei, ob der Erfüllung Rechtsgeschäftscharakter zukommt.

Sofern dies angenommen wird, ist die Erfüllung ein Vertrag und insoweit eine Verfügung, als die Schuld durch rechtsgeschäftliche Vereinbarung, den Erfüllungsvertrag, zum Erlöschen gebracht wird.[605] Wird hingegen mit der h. M. davon ausgegangen, dass die Forderung kraft Gesetzes infolge bestimmungsgemäßer Befriedigung des Gläubigers untergeht,[606] kann der Erfüllung folgerichtig keine Erfüllungswirkung zugesprochen werden.

*Besitzübertragung:* Die Übertragung des Besitzes ist keine Verfügung, zumal ihr ein rechtsgeschäftlicher Charakter nicht zukommt und sie zu keiner Änderung der rechtlichen Zuordnung führt. Der Besitz ist gem. § 854 Abs. 1 BGB die tatsächliche Gewalt über eine Sache und kein Recht an einer Sache im Sinne eines dinglichen Rechts.[607] Die Übertragung des unmittelbaren Besitzes ist infolgedessen keine Übertragung eines Rechts, sondern eine auf der Ebene der physisch-realen Welt angesiedelte tatsächliche »Übergabe«, durch die der Veräußerer die tatsächliche Einwirkungsmöglichkeit verliert und der Erwerber diese erlangt.[608]

602 *Haedicke,* JuS 2001, 966 (967) m. w. N.
603 *Larenz/Wolf* BGB AT, § 13 Rn. 5.
604 *Haedicke,* a. a. O.
605 *Fikentscher,* Schuldrecht, S. 160.
606 *Larenz,* Lehrbuch des Schuldrechts, Band I, § 18 I 5.
607 BGHZ 32, 194 (204) m. w. N.
608 *Haedicke,* JuS 2001, 966 (968) m. w. N.

Ein rechtsgeschäftliche Wille ist nicht erforderlich, lediglich das einverständliche Gegen und Nehmen.[609] Auch der Besitzerwerb nach § 854 Abs. 2 BGB ist ungeachtet seiner rechtsgeschäftlichen Natur keine Verfügung,[610] da die rechtliche Zuordnung sich nicht ändert, sondern nur die tatsächliche Sachbeziehung.[611]

*Abtretungsanzeige nach § 409 BGB:* Hierbei handelt es sich um eine geschäftsähnliche Handlung (wie z. B. bei der Mahnung), die auf die Erreichung eines tatsächlichen Ziels gerichtet ist und nur sekundär Rechtsfolgen auslöst. Sie ist lediglich eine Wissensmitteilung.[612] Der Gläubiger hat hierdurch über die Forderung mangels eines entsprechenden zielgerichteten Willens nicht verfügt. Ungeachtet der Abtretungsanzeige bleibt die Forderung dem ursprünglichen Gläubiger vollumfänglich zugeordnet.[613]

*Vollmacht und Zustimmung:* Hier bestehen wegen des Unmittelbarkeitserfordernisses Bedenken mit Blick auf die Subsumtion unter den Verfügungsbegriff. Denn weder die Vollmacht noch die Zustimmung führen allein zu einer Änderung der rechtlichen Zuordnung, da in beiden Fällen der Bevollmächtigte oder der Adressat der Einwilligung stets das Rechtsgeschäft, das den Zuordnungswechsel bewirkt, erst noch vornehmen muss.[614] Teilweise wird aber die Meinung vertreten, dass das Vertretergeschäft und die Bevollmächtigung bzw. Einwilligung als zusammengehörendes Rechtsgeschäft zu qualifizieren seien, so dass die Bevollmächtigung bzw. Einwilligung einen Teil der Verfügung darstellen.[615] Dagegen kann jedoch angeführt werden, dass zwischen der Bevollmächtigung und dem Vertretergeschäft und der Einwilligung sowie dem zustimmungsbedürftigen Geschäft zu differenzieren ist. Dem Adressaten der Einwilligung oder dem Bevollmächtigten steht in der Regel die Entscheidung zu, »ob« und »wie« die jeweilige Verfügung durchzuführen ist.[616] Demnach fehlt es am unmittelbaren Zusammenhang zwischen der Bevollmächtigung und dem jeweiligen Rechtsgeschäft, das die Zuordnungsänderung bewirkt. Es sollten lediglich die Voraussetzungen, die an eine wirksame Verfügung zu stellen sind, auch beim Zustimmenden bzw. beim Bevollmächtigenden in dem Moment vorliegen, in dem die Rechtsänderung vollzogen wird. Fehlt es an der Verfügungsmacht, ist die Verfügung nicht wirksam.[617]

609 *Kolhosser,* JuS 1992, 215 (216).
610 *Kolhosser,* JuS 1992, 215 (217).
611 *Haedicke,* a. a. O. m. w. N.
612 Ibd.
613 MüKoBGB/*Roth/Kieninger,* § 409 Rn. 8.
614 *Haedicke,* JuS 2001, 966 (969).
615 *Müller-Freienfels,* Die Vertretung beim Rechtsgeschäft, S. 253ff.
616 Sehr str.; vgl. u. a. *Flume* AT II, § 11 5 d; *Larenz/Wolf* BGB AT, § 47 Rn. 25.
617 *Larenz/Wolf* BGB AT, § 13 Rn. 5.

### 3. Verfügung und dingliche Einigung

Grundsätzlich gilt, wie bereits im 1. Kapitel erörtert, dass Verfügungen abstrakt sind.[618] Darüber hinaus unterliegen Verfügungen auch dem Spezialitätsprinzip mit der Folge, dass sich jede einzelne Verfügung auf eine konkrete Rechtsposition beziehen muss.[619] Dies dient der Rechtssicherheit, d. h. dem Schutz der Verkehrsinteressen Dritter, da zum einen an der Identität des Objekts der Zuordnungsänderung kein Zweifel bestehen kann und zum anderen der Rechtserwerb von der Unwirksamkeit des der Zuordnungsänderung zugrunde liegenden Kausalgeschäfts unabhängig ist.

Die Einigung beschränkt sich mit der Lehre vom abstrakten dinglichen Vertrag daher auf einen sachenrechtlichen »Minimalkonsens«; sie ist also insgesamt vollkommen »farblos«.[620] Insbesondere enthält die Verfügung keine Einigung über den (Rechts-)Grund der Verfügung. Insoweit wird der Terminus »innere Abstraktion« verwandt.[621] Demgegenüber bezeichnet der Begriff »äußere Abstraktion« den Umstand, dass nach dem Abstraktionsprinzip die Wirksamkeit der Verfügung von der Wirksamkeit des zugrunde liegenden Kausalgeschäfts vollkommen unabhängig ist (§ 816 Abs. 1 S. 1 BGB).[622]

Nach der Lehre vom abstrakten dinglichen Vertrag zeichnet sich das Verfügungsgeschäft durch die Einigung darüber, dass das Eigentum an dem Verfügungsgegenstand übergehen soll, sowie den Realakt der Übergabe bzw. die Übergabesurrogate der §§ 929, S. 2, 930 und 931 BGB, aus. Die Einigung ist nach der Konzeption des BGB ein formfreier, abstrakter dinglicher Vertrag, der sich nur auf die Eigentumsübertragung zu beziehen braucht.[623] Der Eigentumsübergang selbst erschöpft sich in der dinglichen Einigung und erfordert, sofern es sich um einen Fall der Handschenkung durch bloße Einigung nach § 929 S. 2 BGB handelt, keine Übergabe.[624]

Eine solche Konstellation lag der Entscheidung des BGH vom 19.06.2007 zugrunde:

Der Kläger verlangte von der Alleinerbin des nach Rechtshängigkeit verstorbenen früheren Beklagten die Herausgabe des Fahrzeugbriefs eines PKW Fabrikat Nissan. Der frühere Beklagte hatte das Fahrzeug 2001 erworben, den Kaufpreis durch Kredit finanziert und den PKW dem Kläger zur Nutzung überlassen. Dieser hatte die laufenden Kosten zu tragen, zur Veräußerung war er nicht be-

618 *Haedicke*, JuS 2001, 966 (969).
619 Ebd.
620 MüKoBGB/*Oechsler*, § 929 Rn. 8.
621 *Jahr*, AcP 168 (1968), 9 (14, 16).
622 *Jahr*, AcP 168 (1968), 9 (14ff.).
623 BGH, Urt. v. 19.06.2007 – X ZR 5/07 = NJW 2007, 2844.
624 Ebd.

rechtigt. Der Kläger behauptete, der frühere Beklagte habe drei Monate nach dem Erwerb des Fahrzeugs erklärt, dieses dem Kläger zu schenken,[625] obwohl es damals noch im Sicherungseigentum des finanzierenden Kreditinstituts stand. Der Beklagte habe ihm das Anwartschaftsrecht schenkweise überlassen.[626] Der BGH stellte fest, dass der frühere Beklagte das ihm seinerzeit lediglich zustehende Eigentumsanwartschaftsrecht nach den §§ 929ff. BGB und damit auch durch bloße Einigung nach § 929 S. 2 BGB übertragen konnte, nachdem sich das Fahrzeug bereits im Alleinbesitz des späteren Klägers befand.[627] Die Einigung hatte sich lediglich auf den Eigentumsübergang des Fahrzeugs an den Kläger zu beziehen und bedurfte infolge des sachenrechtlichen Typenzwangs auch keiner weiteren Momente. Im Fall einer Einigung nach § 929 S. 2 BGB war die Schenkung zugleich (als »Handschenkung«) im Sinne von § 516 Abs. 1 BGB bewirkt.[628]

Der BGH wies ferner darauf hin, dass aus der Erklärung, etwas zu »schenken«, nicht ohne Weiteres darauf geschlossen werden könne, dass die Beteiligten nur die schuldrechtliche Seite des Geschäfts im Auge hatten. Denn die Kenntnis des Abstraktionsprinzips könne bei rechtlich nicht geschulten Parteien nicht in jedem Fall vorausgesetzt werden.[629]

### 4. Resümee

Neben dem Realakt der Übergabe bzw. Übergabesurrogaten sind wesentliche inhaltliche Bestandteile des Verfügungsgeschäfts drei Elemente, und zwar die Einigung über den jeweiligen Verfügungsgegenstand, die Verfügungswirkungen (in der Regel Eigentumsübergang) und über die am Geschäft beteiligten Parteien.

Der Verkäufer macht sich regelmäßig bei der Übergabe des Vertragsgegenstands keine Gedanken mehr über dessen Eigenschaften. Anders ist dies beim Abschluss des Kaufvertrags (=Kausalgeschäft), bei dem die Eigenschaften für die Bestimmung des Kaufpreises eine maßgebende Rolle spielen.

Der Verkäufer möchte genau denjenigen Gegenstand übereignen, den er nach dem Kausalgeschäft schuldet. Die Übereignung ist damit wert- und motivneutral.[630]

Auch wenn im *Duveneck/Leibl*-Fall ein Vertrag über ein Bild von Wilhelm Leibl geschlossen worden wäre, bestünde die Pflicht zur Eigentumsübertragung weiter fort. Hätte der Verkäufer gewusst, dass das Bild von Wilhelm Leibl wert-

625 BGH, a. a. O., Tz. 4ff.

626 BGH, a. a. O., Tz. 8.

627 BGH, a. a. O., Tz. 10 m. w. N.

628 Vgl. auch BGH MDR 1960, 1004.

629 BGH, a. a. O., Tz. 12.

630 Arg. vgl. §§ 313, 357 BGB: Gesetzgeber sieht regelmäßig eine schuldrechtliche Rückabwicklung vor.

voller ist, hätte er das Bild lediglich zu einem höheren Preis verkauft. Die Gegenleistung ist aber ein Problem des Verpflichtungsgeschäfts, und nicht des Übereignungswillen.

Im Ergebnis fehlt es beim Verfügungsgeschäft an einem rechtserheblichen, kausalen Irrtum und somit an einem Anfechtungsgrund.

## D. Zusammenfassung

Rechtsprechung und Schrifttum beantworten die Frage, wann bzw. unter welchen Voraussetzungen verkehrswesentliche Eigenschaften gem. § 119 Abs. 2 BGB vorliegen, unterschiedlich. Auch der Anwendungsbereich, der gegenseitige Ausschluss und das Nebeneinander mit den Bestimmungen des Mängelhaftungsrechts, der c. i. c. und die normative Verortung des beiderseitigen Irrtums sind weitestgehend geklärt. Im Ergebnis anerkannt ist die Anfechtung des Verfügungsgeschäfts wegen Inhalts- und Erklärungsirrtums sowie – wegen der besonderen Schutzbedürftigkeit des Irrenden – im Falle des § 123 Abs. 1 BGB wegen Täuschung oder Drohung.

Auseinander gehen die Ansichten allein bei dem hier relevanten Bereich des Eigenschaftsirrtums. An dieser Stelle sei nochmals hervorgehoben:

Dass grundsätzlich auch das Verfügungsgeschäft anfechtbar sein soll, erweist sich nicht als Durchbrechung des Abstraktionsprinzips, sondern als dessen Bestätigung. Das Abstraktionsprinzip wird ausschließlich dann konsequent beachtet und umgesetzt, wenn die Verfügung selbst einen Minimalinhalt hat, sie sich also auf die Einigung über den konkreten Verfügungsgegenstand, die Rechtswirkungen der Verfügung und die Identität der Parteien beschränkt. Welchen Zweck die Parteien der Verfügung zugrunde gelegt haben und ob durch das Vollzugsgeschäft auch tatsächlich die Parteivorstellungen erfüllt worden sind, ist irrelevant. Verkehrswesentliche Eigenschaften werden einzig für die Vertragsparteien bindend auf Verpflichtungsebene vereinbart und nicht auf der Verfügungsebene in Bezug genommen. Nichts anderes kann im Übrigen mit der von *Flume* entwickelten Lehre vom geschäftlichen Eigenschaftsirrtum gelten. Für sie liegt ein »verkehrswesentlicher« Irrtum nur vor, wenn die Ist- von der Sollbeschaffenheit deswegen abweicht, weil die Person oder Sache eine andere als die von den Parteien explizit oder konkludent vereinbarte Eigenschaft aufweist. Die Eigenschaft der Sache wird aber allenfalls beim aufwendigeren Kausal-, nicht jedoch beim Erfüllungsgeschäft vereinbart. Das maßgebliche Verkehrs- und Gläubigerinteresse rechtfertigt beim Eigenschaftsirrtum, dass der dingliche Schutz dem Anfechtungsberechtigten versagt wird. Schließlich resultiert die Störung bei der Willensbildung aus seiner eigenen Verantwortungssphäre. Dann ist aber für die gesonderte Anfechtung – nicht deren »Erstreckung« – auf der Verfügungsebene gem. § 119 Abs. 2 BGB kein Raum.

## E. Rechtsfolgen und praktische Relevanz

Den *Duveneck/Leibl*-Fall würden die verschiedenen Ansichten wie folgt lösen:

Unstreitig kommen die Sonderregeln über die Mängelhaftung beim Kauf nicht zur Anwendung, diese sind vom Gesetzgeber nur als Rechtsbehelfe des Käufers konzipiert.[631] Außerdem liegen die Voraussetzungen eines Eigenschaftsirrtums gem. § 119 Abs. 2 BGB vor,[632] die einem Gemälde zugrunde liegende Urheberschaft ist als wertbildender Faktor zu qualifizieren.

Wird die Anfechtung beim Eigenschaftsirrtum sowohl beim Verpflichtungs- als auch beim Verfügungsgeschäft zugelassen, kann der Anfechtende Herausgabe des Gemäldes gem. §§ 985, 812 Abs. 1 S. 1 Alt. 1 BGB verlangen, wobei sich der Bereicherungsanspruch auf den Besitz beschränkt.

Wird ausschließlich die Verpflichtungsebene erfasst, erfolgt die Rückabwicklung gem. § 812 Abs. 1 S. 1 Alt. 1 BGB, gerichtet auf Änderung der Eigentumslage, hier: Rückübereignung und Wiedereinräumung des Besitzes an dem Gemälde.

*Exkurs:* Ergreift die Anfechtung nur das Verfügungsgeschäft (z. B. bei § 119 Abs. 1 BGB – »Vergreifen«), so sperrt der Kaufvertrag als Recht zum Besitz nach § 986 Abs. 1 BGB die Vindikation. Damit wird der Rechtsgrundsatz »dolo agit, qui petit, quod statim redditurus est« beachtet. Der in § 433 Abs. 1 S. 1 BGB normierte Übereignungsanspruch verhindert eine dauerhafte Trennung von Eigentum und Besitz.

Praktisch relevant werden Vindikation und Kondiktion für den Anfechtungsberechtigten in den folgenden Fallkonstellationen:

Erwirbt die Sache ein Dritter vom Anfechtungsgegner, so wird die Frage der Fehleridentität beim Eigenschaftsirrtum für den Dritten bedeutungsvoll. Der Dritte erwirbt vom Berechtigten Eigentum, wenn nur das Verpflichtungsgeschäft anfechtbar ist. Die dingliche Rechtslage kann der anfechtungsberechtigte Verfügende nicht mehr ändern,[633] er muss sich an den Anfechtungsgegner halten (Ausnahme: §§ 822, 826 BGB). Sofern der Anfechtungsgegner in Bezug auf das

631 Das Anfechtungsrecht besteht nach h. M. nicht, wenn der Verkäufer sich lediglich Gewährleistungsansprüchen des Käufers entziehen will.

632 Palandt/*Ellenberger*, § 119 Rn. 23ff.

633 Im Verhältnis zu Dritterwerbern hätte er auch ohne Abstraktionsprinzip wegen der Gutglaubensregeln durch die Übereignung des Ersterwerbers an den gutgläubigen Dritten sein Eigentum verloren und wäre auf das Kondiktionsrecht angewiesen.

Kausalgeschäft redlich war, steht ihm die Entreicherungseinrede gem. § 818 Abs. 3 BGB zu.

Dieser Einrede steht bei gescheiterten Austauschverträgen die sog. Saldotheorie[634] entgegen.[635] Im Übrigen kann der Anfechtungsberechtigte Schadensersatzansprüche gem. §§ 819 Abs. 1 BGB, 142 Abs. 2, 818 Abs. 4, 292, 989, 990 BGB geltend machen.

Liegt hingegen »Fehleridentität« vor, so entscheidet die Redlichkeit bzw. Gutgläubigkeit des Dritten im Sinne von § 142 Abs. 2 BGB. Danach stehen dem Eigentumsübergang Kenntnis und auch grob fahrlässige Unkenntnis (§ 932 BGB) der Anfechtbarkeit entgegen.[636]

Weiter entscheidungsrelevant wird die Frage nach der dinglichen Rechtslage insbesondere in der Insolvenz[637] des Anfechtungsgegners.[638] Bedingt durch das Abstraktionsprinzip geht das Eigentum an der Sache in das Haftungsvermögen des Anfechtungsgegners (z. B. des Käufers) über und steht damit dessen Gläubigern zur Verfügung. Der anfechtungsberechtigte Verkäufer ist mit seinem Bereicherungsanspruch gewöhnlicher Insolvenzgläubiger und wird mit seiner Forderung im Rang des § 38 InsO regelmäßig auf die Insolvenzquote verwiesen.[639]

Demgegenüber führt die Anfechtbarkeit auch des Verfügungsgeschäfts zu einem Aussonderungsrecht des verfügenden Anfechtungsberechtigten gem. § 47 InsO.

634 Darstellend *Schlechtriem*, S. 572f.
635 *Huber*, FS Canaris (2007), 417 (507ff.); *Medicus/Petersen* BGB AT, Rn. 225.
636 Beim Erwerb gem. § 892 BGB ist positive Kenntnis erforderlich.
637 Ausführlich hierzu 3. Kapitel.
638 Vgl. nur RGZ 66, 385 (385ff.).
639 *Stadler*, S. 227.

# 3. Kapitel: Maßgaben und Wertungen im Insolvenzverfahren

## A. Einführung in das Insolvenzverfahren

### I. Grundlagen und Ziele des Insolvenzverfahrens

Nachfolgend werden Grundlagen und Ziele des Insolvenzverfahrens dargestellt. Dies dient dazu, die Schwierigkeiten zu verdeutlichen, vor die sich ein Insolvenzverwalter in der Praxis gestellt sieht. Daraus ergibt sich, dass dem theoretisch als richtig erkannten Abstraktionsprinzip auch aus der Sicht des Insolvenzpraktikers der Vorzug zu geben ist. Es sind dabei die stets für das Abstraktionsprinzip ins Feld geführten Argumente der Leichtigkeit, der Sicherheit des Rechtsverkehrs und der Fungibilität von Vermögensgegenständen, die den Ausschlag geben. Hinzutritt, wie im Folgenden aufgezeigt wird, als spezfiisch insolvenzrechtlicher Aspekt der Grundsatz der Gläubigergleichbehandlung.

#### 1. Verfahrensrechtlicher Zweck

Das Insolvenzverfahren wird bestimmt durch materiell-rechtliche und verfahrensbezogene Rechtsnormen,[640] die einem staatlich geordneten Verfahren zur gemeinschaftlichen Verwirklichung der Vermögenshaftung eines Schuldners dienen, der zur vollen Befriedigung aller Gläubiger nicht mehr in der Lage ist.[641] Das Insolvenzrecht und das gesamte Insolvenzverfahren werden, ausgerichtet am primären Zweck der gleichmäßigen Gläubigerbefriedigung bzw. Gläubigergleichbehandlung[642] (*par conditio creditorum*), wesentlich durch die folgenden Grundsätze geprägt:[643]

640 Zur Einordnung des Insolvenzrechts in die allgemeine Rechtsordnung, siehe *Frege/Keller/Riedel*, Handbuch der Rechtspraxis, Insolvenzrecht, Rn. 7ff.; *Häsemeyer*, Insolvenzrecht, Rn. 1.05 ff.

641 Kübler/Prütting/Bork-InsO/*Prütting*, Einl. Rn. 1; zur Ordnungsfunktion als zentrale Aufgabe des Insolvenzrechts *Paulus*, NZI 2015, 1001 (1003).

642 Begr. RegE zu § 1, BR-Drs. 1/92. Siehe hierzu auch *Paulus*, NZI 2015, 1001 ff.

Der Schuldner ist aufgrund seiner wirtschaftlichen Situation finanziell nicht mehr in der Lage, die fälligen Forderungen seiner Gläubiger zu befriedigen.

Die gemeinschaftliche Befriedigung sämtlicher Gläubiger erfordert eine insolvenzverfahrensrechtliche zeitliche Zäsur, ab welcher das gesamte Vermögen des Schuldners seiner Verfügungs- und Verwaltungsbefugnis entzogen und diese aufgrund der Sicherungs- und Kompetenznorm des § 80 Abs. 1 InsO[644] auf den Insolvenzverwalter übertragen wird.

Eine Sondermasse – die Insolvenzmasse – wird aus dem pfändbaren und verwertbaren Vermögen des Schuldners gebildet, über die ausschließlich der Insolvenzverwalter befugt ist zu verfügen.

Wegen der insolvenzverfahrensspezifischen »Schicksals- und Verlustgemeinschaft«[645] partizipieren die Gläubiger auf der einen Seite gleichmäßig am wirtschaftlichen Verlust des Schuldners. Auf der anderen Seite haben sie einen nicht unerheblichen Einfluss durch Mitwirkung in der Gläubigerversammlung und im Gläubigerausschuss.[646]

Der Insolvenzverwalter hat die Insolvenzmasse zu verwerten und den generierten Erlös an die Gläubiger zu verteilen. Gleichgeordnetes Ziel ist die mögliche Sanierung des schuldnerischen Unternehmens, die letztlich aber auch der Gläubigerbefriedigung dienen soll.[647]

## 2. Verfahrensziele und -grundsätze

Die konkreten Ziele des Insolvenzverfahrens umschreibt § 1 InsO: Danach dient das Insolvenzverfahren der gemeinschaftlichen und gleichmäßigen Gläubigerbefriedigung (S. 1),[648] dem Schutz des redlichen Schuldners und hat Sanierungsfunktion (S. 2).[649]

643 *Frege/Keller/Riedel*, Rn. 6; *Häsemeyer*, Rn. 2.01ff.

644 Nach der herrschenden Amtstheorie ist der Insolvenzverwalter amtliches Organ und leitet seine Legitimation unmittelbar aus dem Gesetz ab. Er handelt kraft eigenen Rechts und im eigenen Namen, Nerlich/Römermann-InsO/*Kruth/Wittkowski*, § 80 Rn. 40. Neben der Regelinsolvenz als gängigste Verfahrensart ist inzwischen auch die Eigenverwaltung (§§ 270ff. InsO) mit den Vorverfahren der vorläufigen Eigenverwaltung (§§ 270b und 270c InsO) und des Schutzschirmverfahrens (§ 270d InsO) verbreitet. Unter bestimmten Voraussetzungen besteht für die Organe/das Management des schuldnerischen Unternehmens, aber auch für den Schuldner als natürliche Person, hier die Möglichkeit, unter Aufsicht eines (vorläufigen) Sachwalters (§§ 270b, 274ff. InsO) über das schuldnerische Vermögen verwaltungs- und verfügungsbefugt zu bleiben.

645 *Paulus*, NZI 2015, 1001 (1001) m. w. N.

646 MüKoInso/*Ganter/Bruns*, § 1 Rn. 56, 60.

647 *Frege/Keller/Riedel*, Rn. 6.

648 *Paulus*, NZI 2015, 1001 (1005); *Häsemeyer*, Rn. 2.24ff.

649 Hamburger Kommentar-InsO/*Schmidt*, § 1 Rn. 38f.

*a) Gläubigerbefriedung*

Maßgebliches Verfahrenscharakteristikum ist dabei der als Erstes genannte Zweck: Sämtliche Insolvenzgläubiger sollen gemeinschaftlich befriedigt und damit grundsätzlich gleichmäßig befriedigt werden, also die gleiche Quote erhalten, und bei unzureichender Masse anteilig befriedigt werden.[650] Der aus § 1 InsO zu lesende Grundsatz der Gläubigergleichbehandlung bzw. Grundsatz der gleichmäßigen Gläubigerbefriedigung gilt gleichwohl nicht absolut, sofern besondere Umstände (ausnahmsweise) eine Ungleichbehandlung rechtfertigen.[651] So kann aus dem Grundsatz der Gläubigergleichbehandlung auch eine differenzierende Gläubigergleichbehandlung abgeleitet werden.[652]

Zum einen kennt die InsO fünf verschiedene Gläubigerarten – Aussonderungsberechtigte (§ 47 InsO), absonderungsberechtigte Gläubiger (§§ 49–51ff. InsO), Massegläubiger (§§ 53ff. InsO), Insolvenzgläubiger (§ 38 InsO) und nachrangige Insolvenzgläubiger (§ 39 InsO) – und zum anderen eine in § 209 InsO normierte Rangordnung der verschiedenen Gläubigerarten.

Somit ist, übereinstimmend mit *Karsten Schmidt*, der Grundsatz der Gläubigergleichbehandlung als eine »gesetzlich [an]geordnete Gruppengerechtigkeit« zu verstehen.[653] *Par conditio creditorum* muss demzufolge als gemeinschaftliche Befriedigung, die Gleiches gleich, aber Ungleiches ungleich behandelt, verstanden werden.[654]

Dies stellte eine vom Gesetzgeber gewollte Rangordnung mit einhergehender Privilegierung von Gläubigern dinglicher Ansprüche und Massegläubigern gegenüber Gläubigern von Zahlungsansprüchen dar.[655]

Bei der Einzelzwangsvollstreckung außerhalb des Insolvenzverfahrens greifen einzelne Gläubiger – und zwar jeder für sich – auf bestimmte Vermögensgegenstände des Schuldners zu. Haben bspw. mehrere Gläubiger denselben Gegenstand pfänden lassen, so werden sie aus dem Erlös nach dem Prioritätsprinzip[656] befriedigt, also in der Reihenfolge des Vollstreckungszugriffs (§ 804 Abs. 3 ZPO). Es kommt zu einem »Wettlauf der Gläubiger«, der nur solange hinzunehmen ist, wie genügend Vermögen zur Gläubigerbefriedigung beim Schuldner vorhanden ist.[657] Ist der Schuldner nicht mehr in der Lage die Ansprüche der Gläubiger zu bedienen, wäre es ungerecht, die Forderung des jeweils

650 In diese Richtung auch *Bork*, ZIP 2014, 797 (798).
651 MüKoInso/*Ganter/Bruns*, § 1 Rn. 52 m. w. N.
652 *Pape/Uhlenbruck/Voigt-Salus*, Insolvenzrecht, Kap. 12 Rn. 10.
653 *Schmidt*, Gutachten zum 54. DJT, Bd. I, D 51.
654 *Baur/Stürner*-InsO, Rn. 5.37.
655 Ebenso *Gassert-Schumacher*, Privilegien in der Insolvenz, S. 305.
656 Teilweise auch als »Windhundprinzip« bezeichnet, siehe Braun-InsO/*Kroth*, § 92 Rn. 1; *Gundlach/Frenzel/Schmidt*, NZI 2005, 663 (664).
657 *Bork*, Einführung in das Insolvenzrecht, Rn. 1.

schnellsten Gläubigers zu bedienen und die übrigen Gläubiger leer ausgehen zu lassen.[658]

Liegen daher Eröffnungsgründe im Sinne der §§ 17 bis 19 InsO[659] vor, verdrängt das Insolvenzverfahren als Gesamtvollstreckungsverfahren die Einzelzwangsvollstreckung. Jedwede Einzelzwangs-vollstreckung ist für die Dauer des Insolvenzverfahrens verboten (§ 89 Abs. 1 InsO). Im Rahmen der Einzelvollstreckung hat der Gläubiger die berechtigte Erwartung und Hoffnung, dass seine Forderung vom Schuldner vollständig erfüllt wird. Im Falle der Insolvenz des Schuldners besteht allerdings nicht mehr die Möglichkeit, dass die Forderungen der Gläubiger in vollem Umfang bedient werden können.

Deshalb tritt eine anteilige Befriedigung durch die Gesamtvollstreckung im Rahmen des Insolvenzverfahrens an die Stelle der mit der Einzelvollstreckung verfolgten, vollumfänglichen Befriedigung.[660]

Aus dem Grundsatz der Gläubigergleichbehandlung und dem Ausschluss der Einzelvollstreckung (und damit zugleich des Prioritätsprinzips, § 804 ZPO) durch die Gesamtvollstreckung ergibt sich, dass sich in der Insolvenz kein Gläubiger gegenüber den übrigen Gläubigern seiner Gläubigergruppe einen Vorteil verschaffen soll.

Die Gläubiger bilden damit, innerhalb ihrer Gläubigergruppe, im Insolvenzverfahren eine »Schicksals- und Verlustgemeinschaft«.

#### b) *Verwertungsmöglichkeiten*

Die Gläubiger werden durch Verwertung des Schuldnervermögens befriedigt. Dafür dienen zwei gleichrangige und gleichwertige Wege:[661]

Die Liquidation, im Rahmen derer das Vermögen des Schuldners zu Geld gemacht und der Erlös an die Gläubiger verteilt wird.[662]

Die Sanierung (Reorganisation/Restrukturierung) des Schuldners, durch die das Schuldnervermögen, d. h. das Unternehmen als Vermögen des Unternehmensträgers bzw. Inhabers,[663] wirtschaftlich saniert wird, erfolgt oftmals im Wege eines Insolvenzplanverfahrens.[664]

---

658 MüKoInsO/*Ganter/Bruns*, § 1 Rn. 51.

659 Die InsO, in der Fassung v. 05.10.1994, BGBl. I S. 2866, in Kraft getreten am 19.10.1994 bzw. 01.01.1999, zuletzt geändert durch Art. 3 des Gesetzes v. 23.06.2017, BGBl. I S. 1693, ersetzt die bis dahin geltenden Konkurs-, die Vergleichs- und die Gesamtvollstreckungsordnung.

660 *Pape/Uhlenbruck/Voigt-Salus*, Kap. 12 Rn. 10.

661 Vallender/Undritz/*Vallender*, Praxis des Insolvenzrechts, § 1 Rn. 19.

662 Braun-InsO/*Ludwig*, § 1 Rn. 4 ff; Nerlich/Römermann-InsO/*Becker*, § 1 Rn. 21 f.

663 Es kann sich dabei um eine natürliche bzw. juristische Person oder aber eine Gesellschaft ohne Rechtspersönlichkeit handeln.

664 Schmidt-InsO/*Schmidt*, § 1 Rn. 7 ff. Liegen die gesetzlichen Voraussetzungen des Schutzschirmverfahren nach § 270b InsO vor, ordnet das Gericht jenes Verfahren an, mit dem primären Ziel der frühzeitigen Sanierung im Wege eines Insolvenzplanes.

Gleichrangiges Sanierungsinstrument ist die übertragende Sanierung.[665] Hierunter fällt die Übertragung eines Unternehmens, Betriebs oder Betriebsteils von dem insolventen Träger auf einen anderen, bereits bestehenden oder neu zu gründenden Rechtsträger.[666]

Wie eine optimale Befriedigung der Gläubiger zu erreichen ist, wird zu Beginn in einem für alle Verwertungsformen gemeinsamen und einheitlichen Verfahren, im sog. Berichtstermin, von der Gläubigerversammlung beschlossen (§§ 29 Abs. 1 Nr. 1, 156f. InsO).[667] Die Konzeption des Gesetzgebers stößt in der Praxis jedoch zumeist auf Schwierigkeiten: Der Berichtstermin findet oft erst mehrere Wochen nach Eröffnung des Insolvenzverfahrens statt. Dadurch geht vielfach wertvolle Zeit verloren, die für eine Unternehmenssanierung später fehlt. Üblich ist, dass der vorläufige Insolvenzverwalter Maßnahmen einleitet, die dann vom endgültigen Insolvenzverwalter nach Verfahrenseröffnung, aber noch vor dem Berichtstermin, umgesetzt werden.

Somit entscheidet faktisch der Insolvenzverwalter, u. U. mit Zustimmung des vorläufigen Gläubigerausschusses (§ 158 InsO), über die Form der Verwertung. In diesem Fall nehmen die Gläubiger die getroffene Entscheidung im Berichtstermin zur Kenntnis.[668]

### *c) Soziale Funktion*

Ein weiterer besonderer Verfahrensgrundsatz mit sozialer Funktion ist die sog. Restschuldbefreiung des Schuldners, der eine natürliche Person ist (§ 1 S. 2 InsO).[669] Diese ist erforderlich, weil die Vermögensverwertung regelmäßig nur zu einer anteilsmäßigen Befriedigung der Gläubiger führt. Wegen nicht erfüllter Ansprüche können Gläubiger nach Verfahrensabschluss weiter gegen den Schuldner im Wege der Einzelzwangsvollstreckung vorgehen (§ 201 Abs. 1, 2 InsO, sog. Grundsatz der vollen Nachforderung).[670]

Da der Schuldner in der Regel keine Zahlungen leistet oder die Befriedungsquote sehr gering ist, würde dieses uneingeschränkte Nachforderungsrecht den wirtschaftlichen Neuanfang des Schuldners meist verhindern. Deshalb und um einem redlichen Schuldner einen wirtschaftlichen Neuanfang zu ermöglichen, in dem er sich von seinen restlichen Verbindlichkeiten befreit, sieht das Gesetz das

665 MüKoInsO/*Ganter/Bruns*, § 1 Rn. 45. Übertragende Sanierung und Insolvenzplanverfahren sind Sanierungsinstrumente auch in der Eigenverwaltung.

666 Vgl. dazu unten A.V.5 a).

667 MüKoInsO/*Janssen*, § 156 Rn. 1ff.

668 *Bork* InsO, Rn. 5ff.

669 Satz 2 über die Möglichkeit der Restschuldbefreiung wurde erst im Rahmen der späteren Gesetzesberatungen aufgenommen, Beschlussempfehlung des Rechtsausschusses v. 19.04. 1994, BT-Drs. 12/7302. S. 155.

670 *Bork* InsO, Rn. 7.

Restschuldbefreiungsverfahren vor (§§ 286ff. InsO).[671] Für bestimmte Verbindlichkeiten, insbesondere Forderungen aus einer vorsätzlich begangenen unerlaubten Handlung, kann Restschuldbefreiung nicht erteilt werden (§ 302 InsO).[672]

## II. Gläubiger und Insolvenzverwalter

Nachfolgend wird auf die am Insolvenzverfahren wesentlich beteiligten Akteure eingegangen.

### 1. Gläubiger

Gläubiger lassen sich je nach Befriedigungschance in unterschiedliche Gruppen einteilen, wobei zwischen Massegläubigern, Insolvenzgläubigern und Neugläubigern zu differenzieren ist:

#### *a) Insolvenzgläubiger*

Insolvenzgläubiger sind alle persönlichen (nicht dinglichen) Gläubiger, die einen bei Verfahrenseröffnung begründeten bzw. wenigstens angelegten[673] Vermögensanspruch gegenüber dem Schuldner haben (§ 38 InsO), der auf Zahlung einer Geldsumme gerichtet ist oder in einen Zahlungsanspruch umgewandelt werden kann (§ 45 InsO). Erfasst sind schuldrechtliche Verschaffungsansprüche,[674] Beseitigungs-[675] und Unterlassungsansprüche,[676] hingegen nicht Ansprüche auf Auskunft,[677] auf Vornahme höchstpersönlicher Leistungen,[678] auf Erteilung eines Zeugnisses,[679] auf Anerkennung der Vaterschaft oder auf Zustimmung zur steuerlichen Zusammenveranlagung mit dem anderen Ehegatten[680] sowie Gestaltungsrechte etc.[681]

Gemäß § 87 InsO sind die Forderungen der Insolvenzgläubiger nach der Eröffnung des Insolvenzverfahrens nur noch nach den Vorschriften des Insol-

671 Vgl. allgemein dazu: MüKoInsO/*Ganter/Bruns*, § 1 Rn. 100ff.

672 Vgl. dazu allgemein Braun-InsO/*Pehl*, § 302 Rn. 3ff.

673 Vgl. u. a. BGH ZIP 2012, 280. Fälligkeit ist nicht erforderlich, vgl. § 41 InsO. Mit Eröffnung des Insolvenzverfahrens wird gewissermaßen ein »Strich« gezogen. Das Schuldnervermögen soll ausschließlich von den zu dieser Zeit berechtigten Gläubigern verwertet werden.

674 MüKoInsO/*Brinkmann*, § 47 Rn. 60.

675 BGHZ 150, 305, 307ff.

676 BGHZ 155, 371, 377ff.

677 OLG Naumburg NJW-RR 2002, 1704, 1705.

678 Wie z. B. die Behandlung durch einen Arzt, *Bork* InsO, Rn. 81ff.

679 BAG MDR 2004, 1425.

680 BGH ZIP 2011, 1527 Tz.22.

681 *Bork* InsO, Rn. 81ff.: Gestaltungsrechte (z. B. Kündigung, Aufrechnung oder Rücktritt) wirken einseitig unmittelbar auf die Rechtslage ein.

venzrechts geltend zu machen. Die Forderungen sind nach den Vorschriften über das Insolvenzverfahren, also durch Anmeldung zur Insolvenztabelle gemäß §§ 174ff. InsO, zu verfolgen.[682]

### b) *Massegläubiger*

Massegläubiger machen keine Insolvenzforderungen, sondern Masseforderungen geltend. Dabei handelt es sich um Gläubiger, deren Ansprüche erst nach Verfahrenseröffnung[683] begründet und nicht durch den Schuldner, sondern durch das Verfahren selbst veranlasst sind. Ihre Forderungen werden vorweg, d. h. vor den Insolvenzforderungen, befriedigt (§ 53 InsO). Es handelt sich hierbei vor allem um die Verfahrenskosten (§ 54 InsO),[684] durch Handlungen des Insolvenzverwalters oder in anderer Weise durch Verwaltung, Verwertung und Verteilung der Insolvenzmasse begründete Ansprüche (§ 55 Abs. 1 Nr. 1 InsO),[685] Ansprüche aus bei Verfahrenseröffnung beiderseits noch nicht erfüllten gegenseitigen Verträgen, die der Insolvenzverwalter nach §§ 103ff. InsO erfüllen will oder muss (§ 55 Abs. 1 Nr. 2 InsO),[686] Ansprüche aus einer der Masse nach Verfahrenseröffnung zugeflossenen ungerechtfertigten Bereicherung (§ 55 Abs. 1 Nr. 3 InsO),[687] Insolvenzsozialplanansprüche der Arbeitnehmer (§ 123 Abs. 2 S. 1 InsO), Zinsen, die den gesicherten Gläubigern für die Nutzung des Sicherungsguts zustehen (§ 169 InsO) sowie Unterhaltsansprüche des Schuldners und seiner Familie (§ 100 Abs. 1 InsO).[688]

### c) *Neumassegläubiger*

Neumassegläubiger verfolgen Forderungen/Ansprüche, die nach der vom Insolvenzverwalter festgestellten und angezeigten Masseunzulänglichkeit begründet werden (§ 209 Abs. 1 Nr. 2 InsO).

---

682 BGH, Urt. v. 14. Januar 2010 – IX ZR 93/09 = ZInsO 2010. 376 Rn. 9; v. 21. Februar 2013 – IX ZR 92/12 = ZInsO 2013, 602 Rn. 21, jeweils m. w. N.

683 Ansprüche, die vor Verfahrenseröffnung von einem »starken« vorläufigen Insolvenzverwalter begründet worden sind, sind gleichgestellt, vgl. § 55 Abs. 2 InsO.

684 D. h. die Gerichtskosten und die Vergütung und die Auslagen des für den Insolvenzverwalter und die Mitglieder des Gläubigerausschusses.

685 Hierbei handelt es sich z. B. um Ansprüche von Personen, die auf Bestellung des Insolvenzverwalters Rohstoffe geliefert haben, damit die Produktion vorläufig fortgeführt werden kann.

686 Hierzu zählen auf die Zeit nach Verfahrenseröffnung entfallene Mietzinsen (§ 535 BGB) oder Mängelhaftungsansprüche für gemietete Immobilien (§ 108 InsO), Lohn- und Gehaltsansprüche von Arbeitnehmern für die Zeit nach Verfahrenseröffnung (§ 113 InsO) sowie Wohngeldforderungen der Wohnungseigentümergemeinschaft, BGH ZIP 2011, 1723.

687 BGH ZIP 2009, 1477: z. B. bei Zahlungen auf mit der Verfahrenseröffnung erloschenen Ansprüchen.

688 *Bork* InsO, Rn. 84.

### d) *Nachrangige Insolvenzgläubiger*

Die in § 39 InsO aufgeführten nachrangigen Insolvenzgläubiger[689] sind im Insolvenzverfahren nur von untergeordneter Bedeutung. Ihre Ansprüche werden zuletzt berücksichtigt. Für sie gelten jedoch dieselben Regeln wie für sämtliche Insolvenzgläubiger, insbesondere das Vollstreckungsverbot des § 89 InsO sowie die Anfechtungsregeln der §§ 129ff. InsO. Bei Zahlungen auf nachrangige Insolvenzforderungen ist die Rangfolge des § 39 Abs. 1 InsO zu beachten. Innerhalb desselben Rangs bestimmt sich die zu verteilende Quote nach dem Verhältnis der Beträge.

### e) *Aus- und Absonderungsberechtigte Gläubiger*

Aus- und Absonderungsberechtigte bilden neben den oben dargestellten Gläubigern eine Sondergruppe.

#### 1) *Aussonderungsberechtigte*

Zur Aussonderung berechtigte Gläubiger melden ihre Forderungen nicht gem. § 174ff. InsO zur Insolvenztabelle an. Sie werden auch nicht auf eine Ausschüttung entsprechend der Quote verwiesen. Diese Gläubiger können geltend machen, dass ein individuell bestimmter oder bestimmbarer Gegenstand nicht dem Schuldner-, sondern dem eigenen Vermögen angehört und daher weder in die Insolvenzmasse fällt noch den Insolvenzgläubigern haftet (§ 47 S. 1 InsO).[690] Diese Personen haben einen dinglichen[691] oder persönlichen[692] Anspruch, den sie unabhängig vom Insolvenzverfahren geltend machen können. Sie können Aussonderung aus der Insolvenzmasse und Herausgabe der Sache verlangen. Die Rechtsverfolgung erfolgt außerhalb der Regeln der InsO im normalen Zivilprozess (§ 47 S. 2 InsO).

Aussonderungsberechtigte Gläubiger haben rechtlich gesehen die stärkste Rechtsposition. Ihre dingliche Rechtsposition befähigt dazu, über den aus der Insolvenzmasse separierten Gegenstand wie gewohnt zu verfügen. In der Praxis muss der dinglich gesicherte Gläubiger jedoch zunächst noch im Fall des einfachen Eigentumsvorbehalts als Verkäufer den Rücktritt vom Kaufvertrag erklären.[693]

---

689 Z. B. Gläubiger, deren Ansprüche auf Zahlung von Geldstrafen etc. (§ 39 Abs. 1 Nr. 3 InsO), auf unentgeltliche Zuwendungen (§ 39 Abs. 1 Nr. 4 InsO) und auf Rückzahlung von Gesellschafterdarlehen (§ 39 Abs. 1 Nr. 5 InsO) gerichtet sind.

690 Maßgeblich und ausreichend ist, dass der Gegenstand nicht zur Insolvenzmasse gehört. So schon das Reichsgericht zu § 43 KO in RGZ 63, 308.

691 Z. B. § 985 BGB: Herausgabeanspruch aus Eigentum (»Rei vindicatio«).

692 Z. B. § 546 BGB: Herausgabeanspruch des Vermieters.

693 Bevor eine Mietsache vom Vermieter herausverlangt werden kann, muss der Mietvertrag gekündigt werden.

Aus dem Aussonderungsanspruch erwächst, sollte der auszusondernde Gegenstand vor Verfahrenseröffnung vom Schuldner oder nach Eröffnung vom Insolvenzverwalter, unberechtigt veräußert worden sein, ein Anspruch auf Ersatzaussonderung (§ 48 InsO). Dieser Anspruch zielt auf die Aussonderung des durch die Veräußerung des Gegenstands erhaltenen Surrogats ab, das allerdings noch unterscheidbar im Vermögen des Schuldners vorhanden sein muss (Ersatzaussonderungsanspruch).[694] Der Ersatzaussonderungsanspruch kann auf einen bestimmten Bargeldbetrag, nicht aber auf eine Geldsumme oder Wertersatz gerichtet sein.[695]

Für den Fall, dass die Gegenleistung, das Surrogat, noch nicht dem Vermögen des Schuldners zugeflossen ist, hat der Aussonderungsberechtigte einen Anspruch auf Abtretung des Gegenleistungsanspruchs. Sollte die Abtretung ausgeschlossen sein, ist der Ersatzaussonderungsanspruch auf den zum Vermögen des Schuldners/zur Masse geflossenen Betrag begrenzt.[696]

Die für den Ersatzaussonderungsanspruch geforderte Unterscheidbarkeit fehlt etwa dann, wenn bei Bargeldgeschäften Bareinzahlungen mit dem Kassenbestand des Schuldners vermischt worden sind.[697] Im Rahmen des bargeldlosen Zahlungsverkehrs gilt, dass eine Zahlung, die durch Überweisung auf ein Sonder- oder Treuhandkonto des Insolvenzverwalters geleistet wird, von der übrigen Masse grundsätzlich getrennt und so unterscheidbar vorhanden ist. Mithin ist das geleistete Buchgeld aussonderungsfähig.[698]

> »Hat der Schuldner unbefugt fremdes Geld auf ein eigenes Konto eingezahlt und damit aussonderungsfähiges Bargeld in Buchgeld umgewandelt mit der Folge, dass ein entsprechendes Bankguthaben zu seinen Gunsten entstanden ist, oder hat ein Drittschuldner eine aussonderungsfähige Forderung wirksam getilgt, indem er auf ein Konto des (späteren) Schuldners überwiesen hat, kommt eine Ersatzaussonderung bis zur Höhe des in der Zeit danach eingetretenen niedrigsten Tagessaldos in Betracht (»Bodensatztheorie«).«[699]

Der BGH erstreckt den Ersatzaussonderungsanspruch desgleichen auf Einzahlungen auf ein allgemeines, im Kontokorrent geführtes Insolvenzsonderkonto des Insolvenzverwalters, unabhängig von zwischenzeitlich erstellten Rechnungsabschlüssen (mit Saldoerkennung) oder Abbuchungen.[700]

694 *Gundlach*, KTS 1997, S. 211; Gottwald-InsO/*Adolphsen*, § 41 Rn. 28; FK-InsO/*Imberger*, § 48 Rn. 1, 17.

695 BGHZ 58, 257, 261 = NJW 1972, 872, 873; NZI 2015, 976 = ZIP 2015, 2282 Rz. 10; BAG NZI 2017, 660 = ZIP 2017, 1340 Rz. 34.

696 Nerlich/Römermann-InsO/*Andres*, § 48 Rn. 10.

697 BGH NJW 1982, 1749, 1750.

698 Nerlich/Römermann-InsO/*Andres*, § 48 Rn. 11.

699 Uhlenbruck-InsO/*Brinkmann*, § 48 Rn. 30.

700 BGH NJW 1999, 1709.

Ist das Surrogat nicht mehr unterscheidbar im Vermögen vorhanden oder wurde das Surrogat ebenfalls veräußert, wandelt sich der Ersatzaussonderungsanspruch in einen Bereicherungs- oder Schadensersatzanspruch um.

Für die Qualifizierung als Insolvenzforderung (§ 38 InsO) oder Masseverbindlichkeit (§ 55 Abs. 1 Nr. 1 od. 3 InsO)[701] wird zwischen Verfügungen des Schuldners und des Insolvenzverwalters differenziert.[702] Ist das Surrogat nicht mehr unterscheidbar in der Masse vorhanden, wodurch eine Ersatzaussonderung nach Eröffnung des Verfahrens nicht mehr möglich ist, steht dem Ersatzaussonderungsberechtigten ein Massebereicherungsanspruch aus § 55 Abs. 1 Nr. 3 i. V. m. §§ 812 ff. BGB oder aus § 55 Abs. 1 Nr. 1 i. V. m. § 989 BGB zu. Dieser Anspruch rangiert jedoch bei unzulänglicher Masse erst an dritter Stelle, § 209 Abs. 1 Nr. 3 InsO. Veräußerte hingegen der Schuldner unberechtigt vor Eröffnung des Verfahrens, besteht einzig eine Schadensersatzforderung des ursprünglich Aussonderungsberechtigten, die als Insolvenzforderung nach § 38 InsO zu qualifizieren ist.[703]

#### 2) *Absonderungsberechtigte*

Diese Gläubigergruppe hat einen Anspruch auf (ab-)gesonderte Befriedigung aus einem zum Schuldnervermögen gehörenden Gegenstand. Besteht bspw. ein Grundpfandrecht[704] oder ein Pfandrecht (§§ 1204 ff. BGB) an einer beweglichen Sache oder ist der Gegenstand sicherungsübereignet, kann zwar keine Herausgabe, aber abgesonderte Verwertung verlangt werden. Der Erlös wird zur vorrangigen Befriedigung des gesicherten Anspruchs eingesetzt (§§ 49 ff., 165 ff. InsO).

Wegen der Eröffnung des Insolvenzverfahrens sind die absonderungsberechtigten Gläubiger auf den in der Sache verkörperten wirtschaftlichen Wert beschränkt. Absonderungsberechtigte Gläubiger sind in der Regel auch Insolvenzgläubiger. Ihre Forderung ist eine (Ausfall-)Insolvenzforderung. Wie bei der Ersatzaussonderung besteht ein Ersatzabsonderungsanspruch (analog § 48 InsO), sollten Verfügungen über Gegenstände getroffen werden, an denen Absonderungsrechte bestehen und die durch Verfügungen vereitelt würden.[705] Dies ist bspw. der Fall, wenn Forderungen unberechtigt zur Masse eingezogen werden, an denen aber aufgrund einer Sicherungszession ein Absonderungsrecht zugunsten eines Dritten bestand.[706] Diese Analogie wird für Verfügungen des Insolvenzverwalters durch § 170 InsO bestätigt, weil sich Absonderungsrechte am Ver-

701 Gottwald-InsO/*Adolphsen*, § 41 Rn. 28.
702 Uhlenbruck-InsO/*Brinkmann*, § 48 Rn. 37.
703 Braun-InsO/*Bäuerle*, § 48 Rn. 34.
704 Hypothek gem. §§ 1113 ff. BGB oder (meist) Grundschuld gem. §§ 1191 ff. BGB.
705 BGH NZI 2004, 209.
706 BGH NJW 1998, 2592 (2596) = ZIP 1998, 793 (797); BGHZ 184, 101 = NZI 2010, 339.

wertungserlös fortsetzen sollen, wenn der Insolvenzverwalter berechtigt verfügt hat.

Hingegen scheidet eine Ersatzabsonderung aus, wenn eine unberechtigte Verfügung das Absonderungsrecht nicht berührt.[707] Zwingende Voraussetzung für die Ersatzabsonderung ist wie bei der Ersatzaussonderung, dass die Gegenleistung noch aussteht oder unterscheidbar im Vermögen des Schuldners in der Insolvenzmasse vorhanden ist. Bei Geldforderungen gelten die gleichen Grundsätze wie bereits im Rahmen der Ersatzaussonderung dargestellt.

### 2. Insolvenzverwalter

Mit dem Eröffnungsbeschluss bestellt das Insolvenzgericht einen Insolvenzverwalter (§ 27 InsO). Die Bestellung ist zunächst vorläufig und erst nach der ersten Gläubigerversammlung wird die Bestellung endgültig. Mit dem Eröffnungsbeschluss erhält der Insolvenzverwalter die Verwaltungs- und Verfügungsbefugnis über das Vermögen des Schuldners (§ 80 Abs. 1 InsO). In der Folge hat der Insolvenzverwalter das Vermögen in Besitz zu nehmen (§ 148 InsO), zu verwalten und eine Liste über alle zum Vermögen gehörenden Gegenstände anzufertigen (§ 151 InsO). Daneben muss er ein Gläubigerverzeichnis (§ 152 InsO) und eine Vermögensübersicht anfertigen, welche die Aktiva und Passiva des Schuldners im Zeitpunkt der Verfahrenseröffnung ausweist (§ 153 InsO). Der Insolvenzverwalter hat die Gläubiger bestmöglich zu befriedigen.

Zur Masseanreicherung macht der Insolvenzverwalter bspw. Insolvenzanfechtungsansprüche (§§ 129ff. InsO) und Organhaftungsansprüche (§§ 43, 64 GmbHG) geltend.

Zudem führt er die Insolvenztabelle (§ 175 InsO) und prüft die zur Tabelle angemeldeten Forderungen (§ 174 InsO).

## III. Wesentliche Aufgaben des Insolvenzverwalters

Mit dem Eröffnungsbeschluss (§ 30 Abs. 1 InsO) gehen die Verwaltungs- und die Verfügungsbefugnis über das zur Insolvenzmasse gehörende Vermögen des Schuldners auf den Insolvenzverwalter über, der als zentrale Figur des Insolvenzverfahrens[708] bzw. »*Exekutivorgan des Insolvenzverfahrens*«[709] fungiert (§ 80 Abs. 1 InsO).

---

707 BGHZ 47,181 = NJW 1967, 1370.
708 *Lissner*, BB 2014, 1419 (1419ff.).
709 Jaeger-InsO/*Windel*, § 80 Rn. 6.

Seine wichtigsten Aufgaben sind die Inbesitznahme (§ 148 InsO), die Erhaltung und Verwaltung des Schuldnervermögens (Ist-Masse),[710] die Verwertung der Insolvenzmasse im Wege einer Veräußerung im Ganzen oder von Bestandteilen (§ 159 InsO) sowie die Sanierung des Schuldners.

Daneben hat der Insolvenzverwalter das vorgefundene Vermögen zu bereinigen und anzureichern.[711]

Ferner nimmt er Forderungsanmeldungen entgegen, berichtet in der Gläubigerversammlung und hat am Ende des Verfahrens Schlussrechnung zu legen. Aufgaben und Rechtsstellung des Insolvenzverwalters verdeutlicht die nachfolgende Übersicht:[712]

Tabelle: Wesentliche Aufgaben und Stellung des Insolvenzverwalters

| | |
|---|---|
| Vor der Bestellung | ggf. Einarbeitungsmöglichkeit als Gutachter und/oder als vorläufiger (starker oder schwacher) vorläufiger Verwalter |
| Bestellung | 1. Schritt: Auswahl potenzieller Verwalter (§ 56 InsO) aus einem Pool. Qualifikation: geschäftskundige, unabhängige natürliche Personen (Juristen, Steuerberater, Wirtschaftsprüfer)<br>2. Schritt: Auswahl des Verwalters. Qualifikation: »für den jeweiligen Einzelfall geeignete Person«. Auswahl durch das Insolvenzgericht (§ 27 Abs. 1 InsO) |
| Rechtsstellung | Ausübung eines privaten Amts (nicht hoheitlich) |
| Aufgaben | 1. Verwaltungs- und Verfügungsbefugnis über das zur Masse gehörende Vermögen (§ 80 InsO)<br>2. Gestaltung des Verfahrensablaufs, also<br>– Geltendmachung des Gesamtschadens und der persönlichen Haftung der Gesellschafter (§§ 92, 93 InsO)<br>– Verwaltung und Verwertung der Masse (§§ 148ff. InsO)<br>– Führung der Insolvenztabelle und Prüfung der angemeldeten Forderungen (§§ 174ff. InsO)<br>– Verteilung des Erlöses (§§ 187, 195, 196 InsO)<br>– ggf. Erstellung eines Plans (§ 218 InsO) |
| Vergütung | Insolvenzrechtliche Vergütungsverordnung |
| Haftung | 1. Überwachung durch das Gericht (§ 58 InsO) und die Gläubiger (Gläubigerausschuss und -versammlung)<br>2. Strenge persönliche Haftung (§§ 60ff. InsO)<br>– Schadensersatz bei schuldhafter Pflichtverletzung gegenüber allen Beteiligten (§ 60 Abs. 1 InsO)<br>– Schadensersatz bei unvollständiger Befriedigung der Massegläubiger (§ 61 Abs. 1 InsO) |

710 Abzugrenzen von der allein den Gläubigern zustehenden sog. Soll-Masse als Haftungsmasse. Eine ausführliche Darstellung gibt Jaeger-InsO/*Eckardt*, § 148 Rn. 1ff.

711 Beck/Depré-InsO/*Beck*, § 1 Rn. 87ff.

712 In Anlehnung an *Paulus*, Rn. 63.

Das Insolvenzgericht kann bereits vor Verfahrenseröffnung einen vorläufigen »starken« (Übergang der Verfügungsbefugnis über das Schuldnervermögen bereits im Eröffnungsverfahren) oder einen »schwachen« vorläufigen Insolvenzverwalter (Übergang erst mit Verfahrenseröffnung; jedoch ausgestattet mit einem Zustimmungsvorbehalt) bestellen.[713] Mit Verfahrenseröffnung wird der Insolvenzverwalter bestellt. Diese Bestellung ist nach wie vor vorläufig: Erst nach der ersten Gläubigerversammlung erfolgt die endgültige Bestellung.[714] Der (endgültige) Insolvenzverwalter löst für die Dauer des Insolvenzverfahrens den Schuldner als Unternehmer ab.

### 1. Betriebsfortführung

Entgegen der früheren KO, deren Hauptzweck in der Realisierung der Gesamthaftung bestand, weshalb eine dauerhafte Fortführung von Unternehmen ausgeschlossen war, stellt die Sanierung erhaltungswürdiger Unternehmen ein weiteres gleichwertiges Ziel des Insolvenzrechts/Insolvenzverfahrens dar.[715] Demnach kommt die Betriebsfortführung über einen längeren Zeitraum in Betracht, wenn die Befriedigungsmöglichkeiten der Gläubiger dadurch nicht nachhaltig verringert werden.

Es ist nach § 157 Abs. 2 InsO Sache der Gläubigerversammlung hierüber zu beschließen, ob das Schuldnerunternehmen (vorläufig) fortgeführt oder stillgelegt wird. Dies kann je nach der Art der Verwertung eine gestreckte Liquidation, eine übertragende Sanierung oder eine Unternehmensreorganisation zur Folge haben.[716]

Die (vorläufige) Fortführung wird regelmäßig nur dann beschlossen, wenn ein Unternehmen zum Zeitpunkt des Berichtstermins noch – zumindest teilweise – funktionstüchtig ist. Im Hinblick auf einen Insolvenzplan ist eine Ablehnung der Gläubigerversammlung noch nicht abschließend, da auch der Schuldner und der Insolvenzverwalter ein Initiativrecht haben.[717] Eine Fortführung setzt eine ausreichende Liquidität und damit einen Liquiditätsplan voraus, mithin eine Fortführungsfähigkeit.[718] Die Fortführung lässt sich in der Regel nur dann (fremd) finanzieren, wenn anhand eines Sanierungskonzepts die Sanierungsfähigkeit des Unternehmens attestiert wird.

Die Betriebsfortführung ist die höchstpersönliche Aufgabe des Insolvenzverwalters und kann nicht zulasten der Masse voll delegiert und auf einen sog.

713 *Keller*, ZJS 2010, 40 (43 f.).
714 *Keller*, ZJS 2010, 40 (41).
715 *Frege/Keller/Riedel*, Rn. 1377 f.; BT-Drs. 12/2443, S. 108 ff.
716 Uhlenbruck-InsO/*Zipperer*, § 157 Rn. 2, 6.
717 Uhlenbruck-InsO/*Zipperer*, § 157 Rn. 2.
718 Vallender/Undritz/*Küpper*, § 3 Rn. 124.

»Interimsmanager« abgewälzt werden.[719] Die gegenteilige Ansicht[720] übersieht die ausdrückliche gesetzliche Anordnung in § 22 Abs. 1 Nr. 2 InsO und dass die diesbezügliche Entscheidung des BGH[721] nur den vorläufigen »schwachen« Insolvenzverwalter betrifft. Dieser kann u. U. durch gerichtliche »Einzelermächtigung« einen Interimsmanager über § 5 InsVV auf Kosten der Masse belastend beauftragen, sofern es an einer funktionierenden Unternehmensführung fehlt und das Management ohnehin ersetzt werden muss.[722]

Im Regelinsolvenzverfahren dagegen muss bei der Frage nach der Zulässigkeit der Aufgabendelegation stets geklärt werden, ob die wesentlichen Entscheidungen nach wie vor vom (vorläufigen) Verwalter oder vom »Interimsverwalter« getroffen werden. Ersteres wäre zulässig, weil es sich um eine Unterstützung handelte; die zweite Situation hingegen nicht, weil dadurch die gerichtliche Auswahlentscheidung unterlaufen würde.[723]

Bei einer Betriebsfortführung tätigt der Insolvenzverwalter die Neugeschäfte. In diesem Rahmen kann der Schuldner u. U. als sein ausdrücklich, konkludent oder aufgrund Duldungsvollmacht bevollmächtigter Vertreter agieren. Das setzt voraus, dass die maßgeblichen Entscheidungen nach wie vor vom Verwalter getroffen werden. Eine solche Art der Betriebsfortführung setzt das Einverständnis und die Kooperation des Schuldners voraus. Betriebseinnahmen gehören dann als Surrogationserwerb[724] zur Masse. Die betrieblichen Verpflichtungen einschließlich der Steuerpflicht sind »durch Handlungen des Insolvenzverwalters« begründete Masseverbindlichkeiten (§ 55 Abs. 1 Nr. 1 InsO). Persönliche Bedürfnisse des Schuldners können als Tätigkeitsvergütung im Rahmen der Betriebsausgaben oder gem. § 100 InsO berücksichtigt werden.

Der Masse fließt damit der gesamte ökonomische Erfolg zu. Sie trägt aber auch das unternehmerische Risiko.[725]

Die Betriebsfortführung birgt für den Insolvenzverwalter Haftungsrisiken: Er kennt das Unternehmen nach Amtsantritt nicht (genau), muss sich erst einarbeiten, während sich das Unternehmen in einer Krisensituation befindet. Außerdem wird von ihm schnelles Handeln zum Wohle der Gläubiger erwartet.

---

719 Hamburger Kommentar-InsO/*Frind*, § 56 Rn. 57, 63.

720 BGH ZIP 2010, 1909 (1910) m. Anm. Prasser.

721 BGH ZInsO 2010, 730.

722 Hamburger Kommentar-InsO/*Frind*, § 56 Rn. 63. Im Eigenverwaltungsverfahren kann der »Interimsmanager« fehlendes insolvenzrechtliches Know-how des Schuldners oder seiner Organe ersetzen.

723 Ebd.

724 *Häsemeyer*, Rn. 9.20., 9.28.

725 Hamburger Kommentar-InsO/*Lüdtke*, § 35 Rn. 256.

## 2. Sicherung, Verwaltung und Bereinigung der Insolvenzmasse

Nach § 148 Abs. 1 InsO hat der Insolvenzverwalter »sofort« nach der Verfahrenseröffnung das gesamte zur Insolvenzmasse gehörende Schuldnervermögen in Obhut und Verwaltung zu nehmen. Die Herausgabe kann er gegen den Schuldner nach §§ 883ff. ZPO unter Einschaltung des Gerichtsvollziehers durchsetzen. Titel ist der Eröffnungsbeschluss (§ 148 Abs. 2 InsO),[726] auch wenn die verschiedenen Massegegenstände dort nicht im Einzelnen aufgeführt sind. Anschließend muss der Verwalter sich eine vorläufige Übersicht über das Schuldnervermögen verschaffen. In diesem Zusammenhang muss der Insolvenzverwalter eigenständig die Zugehörigkeit von Gegenständen zur Insolvenzmasse prüfen. Das bedeutet aber nicht, dass er sämtliche bei dem Schuldner vorgefundene oder nur die einige Monate vor der Insolvenzverfahrenseröffnung erworbenen Gegenstände darauf kontrollieren muss, ob ihnen etwaige Drittrechte anhaften.[727]

Der Insolvenzverwalter hat verschiedene Verzeichnisse zu erstellen, ein Verzeichnis über die einzelnen Gegenstände der Insolvenzmasse (§ 151 InsO),[728] ein Gläubiger- (§ 152 InsO) und ein Vermögensverzeichnis (§ 153 InsO). Diese Verzeichnisse bilden die Grundlage für die Information der Gläubiger im Berichtstermin (§ 29 Abs. 1 Nr. 1 InsO). Auf diese Weise berichtet er der Gläubigerversammlung über die wirtschaftliche Lage des Schuldners und über ihre (wahrscheinlichen) Ursachen.

Die Gläubigerversammlung kann auf diese Weise über den weiteren Fortgang des Insolvenzverfahrens entscheiden. Dazu muss der Verwalter darlegen, ob Aussichten bestehen, das Unternehmen ggf. ganz oder teilweise fortzuführen bzw. zu erhalten, welche Möglichkeiten für einen Insolvenzplan bestehen und wie sich eine Sanierung bzw. der Insolvenzplan auf die Befriedigung der Gläubiger auswirken würden (§ 156 Abs. 1 InsO).

Nach dem Berichtstermin muss der Verwalter unverzüglich (§ 121 BGB) mit der Verwertung des Schuldnervermögens beginnen, soweit die Gläubigerversammlung nicht etwas anderes beschlossen hat (§ 159 InsO).[729]

Außerdem hat sich der Insolvenzverwalter um die Feststellung der zu berücksichtigenden Forderungen zu kümmern. Die Insolvenzgläubiger haben ihre Forderungen zur Insolvenztabelle beim Verwalter anzumelden (§ 174 Abs. 3 InsO), welcher die angemeldeten Forderungen in die Tabelle einträgt (§ 175 InsO). Das weitere Feststellungsverfahren liegt dann in den Händen des

726 BGH ZIP 2912, 1096 Tz. 5.
727 BGH NJW 1996, 2233, 2235; OLG Karlsruhe NZI 1999, 231, 232; *Barnert*, KTS 2005, 431 (436).
728 Dies sind u. a. Grundstücke, bewegliche Sachen, Forderungen und Rechte, Ansprüche aus kapitalersetzenden Darlehen gem. §§ 32a, b GmbHG, vgl. *Frege/Keller/Riedel*, Rn. 1345.
729 Das Gesetz sieht mit § 158 Abs. 1, 2. Alt. InsO auch eine vorzeitige Veräußerung vor.

Insolvenzgerichts. Der Verwalter ist erst wieder zuständig, wenn es um die Erlösverteilung geht, die nach § 187 Abs. 3 S. 1 InsO zu seinem originären Aufgabenbereich gehört.

### 3. Bestmögliche Verwertung der Insolvenzmasse

Im Zuge der Vermögensverwertung (§ 159 InsO) wird dem Schuldner das gesamte verwertbare Vermögen entzogen (sog. Gesamt- oder Universalinsolvenz). Zwischen Privat- und Unternehmensvermögen wird im Fall der Insolvenz einer natürlichen Person nicht differenziert.[730] Die Verwertung erfordert betriebswirtschaftliche Fachkompetenz und ist originäre Aufgabe des Insolvenzverwalters und nicht des Insolvenzgerichts. Erfolg und Qualität des Insolvenzverfahrens hängen maßgeblich von der Person des Insolvenzverwalters ab. Er muss über fundierte Rechtskenntnisse und ein umfassendes volks- und betriebswirtschaftliches Wissen verfügen.[731]

An Insolvenz- und Massegläubiger dürfen lediglich Zahlungsmittel ausgeschüttet werden. Es ist demzufolge die gesamte Insolvenzmasse zu liquidieren, sofern sie werthaltig ist. Dazu muss der Verwalter Forderungen einziehen (ggfs. gerichtlich) und sonstige Vermögensgegenstände veräußern, und zwar auch solche, an denen einzelnen Gläubigern ein Absonderungsrecht zusteht (§ 166 InsO).

In der Wahl der jeweiligen Verwertungsart ist der Verwalter frei, muss indes dafür sorgen, dass die Vermögensgegenstände für die Masse so günstig wie nur irgend möglich verwertet werden. Gleichsam muss der Insolvenzverwalter sich in der Regel an dem objektiv erzielbaren Kaufpreis orientieren.[732]

Für die Erlösverteilung gilt grundsätzlich diese Reihenfolge:

*Massegläubiger:* Die Erlösverteilung erfolgt nur aus der Insolvenzmasse, aber vor den Insolvenzgläubigern (§ 53 InsO). Falls sich erst nach Verfahrenseröffnung herausstellt, dass keine verfahrenskostendeckende Masse vorhanden ist, stellt das Insolvenzgericht das Verfahren wegen sog. Massearmut gem. § 207 InsO ein. Ein Fall der Masseunzulänglichkeit (§§ 208 ff. InsO) liegt hingegen vor, wenn die Verfahrenskosten, aber nicht die sonstigen Masseverbindlichkeiten im Sinne von § 55 InsO befriedigt werden können. Hier gilt es die Rangfolge des § 209 Abs. 1 InsO zu beachten.

---

730 *Bork* InsO, Rn. 36.

731 Andererseits besteht angesichts dieser Gemengelage auch die Gefahr, dass eine effiziente und transparente Kontrolle nicht gewährleistet ist. Demgemäß rufen Aktivitäten von Insolvenzverwaltern immer wieder eine kritische Öffentlichkeit oder sogar die Staatsanwaltschaft auf den Plan.

732 MüKoInsO/*Schoppmeyer*, § 60 Rn. 34; Nerlich/Römermann-InsO/*Rein*, § 60 Rn. 51.

*Neumassegläubiger:* Ist die Insolvenzmasse masseunzulänglich, werden nach den Verfahrenskosten zunächst die Neumassegläubiger bedient. Anschließend werden die Altmassegläubiger, gefolgt von den Sozialplanansprüchen, befriedigt. Kann innerhalb eines Rangs des § 209 Abs. 1 InsO keine volle Befriedigung erreicht werden, erfolgt eine verhältnismäßige Befriedigung. Der nachfolgende Rang geht leer aus.

*Insolvenzgläubiger:* Danach werden alle Insolvenzgläubiger im Sinne der §§ 38, 87, 187 Abs. 1 InsO anteilig (quotal) aus der Insolvenzmasse befriedigt.[733]

*Nachrangige Insolvenzgläubiger:* Sofern noch Masse vorhanden ist, folgen an letzter Stelle die nachrangigen Insolvenzgläubiger.

## 4. Masseanreicherung und Wertmehrungsgebot

Aufgabe des Insolvenzverwalters ist es zudem, einerseits die Insolvenzmasse durch Aussonderung von nicht zur Masse gehörenden Gegenständen[734] zu bereinigen, absonderungsberechtigte Gläubiger[735] vorab aus der Haftungsmasse zu befriedigen,[736] andererseits aber auch die Haftungsmasse durch Geltendmachung von insolvenzspezifischen Ansprüchen wie bspw. Insolvenzanfechtungsansprüchen[737] zu vermehren.[738]

Der Insolvenzverwalter muss sämtliche erforderliche Schritte einleiten, um die Masse anzureichern bzw. zu mehren. Nach Ansicht des BGH hat der Insolvenzverwalter die Masse nicht bloß zu bewahren und ordnungsgemäß zu ver-

---

733 Die Quote ist in der Regel, wie bereits dargelegt, äußerst gering.

734 Nicht zum Haftungsvermögen nach § 35 InsO gehört Dritt-Vermögen, d. h. Gegenstände, an denen einem Dritten ein persönliches oder dingliches Recht zusteht. Diese Gegenstände sind auszusondern, § 47 InsO. Das Aussonderungsrecht eines Gläubigers wird nach § 47 S. 2 InsO außerhalb der Insolvenzordnung nach Maßgabe des jeweiligen dinglichen oder schuldrechtlichen Anspruchs befriedigt, z. B. nach § 985 BGB oder § 556 BGB. Vgl. *Bork* InsO, Rn. 281 ff.

735 Gesetzlich abschließend geregelt, siehe §§ 49 ff. InsO. Absonderungsberechtigte Gläubiger werden – anders als die Aussonderungsberechtigten – grundsätzlich in das Insolvenzverfahren einbezogen. Das Absonderungsrecht ermöglicht eine vorzugsweise Befriedigung aus einem massezugehörigen Gegenstand. Der Gläubiger ist insoweit privilegiert, als er – wie Insolvenzgläubiger im Rang des § 38 InsO – nicht ausschließlich auf die quotale Befriedigung verwiesen wird. Der absonderungsberechtigte Gläubiger erhält die Insolvenzquote für den Fall, dass er mit seinem Absonderungsrecht ausfällt oder darauf ganz oder teilweise verzichtet (§ 52 InsO).

736 Weitere Gläubigergruppen sind die Massegläubiger (§ 55 InsO), die Insolvenzgläubiger (§ 38 InsO) und nachrangige Insolvenzgläubiger (§ 39 InsO). Die Einteilung in die jeweiligen Gruppen ist bedingt durch die Art und des Entstehungszeitpunkts des Anspruchs.

737 Dem Insolvenzverwalter (oder dem Sachwalter nach § 280 InsO) steht nach den §§ 129 ff. InsO grundsätzlich das Recht zur Insolvenzanfechtung zu. Siehe nur *Vogt*, NZI 2015, 830 (830 ff.).

738 Insoweit wird auf Abschnitt B.II. in diesem Kapitel verwiesen.

walten, sondern zusätzlich die Masse zu mehren (»allgemeines Wertmehrungsgebot«).[739] Dem Insolvenzverwalter wird dabei ein weiter Ermessensspielraum eingeräumt. Die konkreten Maßgaben richten sich nach den Besonderheiten des Einzelfalls. Im Kern muss der Insolvenzverwalter dabei einerseits den Insolvenzzweck verfolgen, d. h. regelmäßig die bestmögliche Gläubigerbefriedigung; andererseits muss er dem von den Gläubigern gewählten Verfahrensziel nachkommen.[740] Der Insolvenzverwalter muss somit, im Rahmen seiner Möglichkeiten, neben der »reinen« Verwaltung auch Geschäftschancen zugunsten der Masse nutzen.[741]

### 5. Betriebswirtschaftliche Maßgaben

#### *a) Sanierung/Restrukturierung*

Eine Sanierung bzw. Restrukturierung des Schuldners ist zumeist mit gravierenden Umstrukturierungen und Finanzinvestitionen verbunden, bis der Schuldner Erträge erwirtschaften kann, aus denen die Gläubiger befriedigt werden können. Es handelt sich um eine *»investive Verwertung«*.[742] Der Schuldner erhält die Verfügungsbefugnis über sein Vermögen zurück, sobald es durch den Insolvenzverwalter bzw. auf der Basis eines Insolvenzplans erfolgreich saniert ist.

Die *Sanierung in der Insolvenz*, das Insolvenzplanverfahren (§§ 217ff. InsO), steht gleichwertig neben der Zerschlagung und Liquidierung (§ 1 InsO). Die Sanierung kann nach den gesetzlichen Vorgaben der InsO oder privatautonom auf der Grundlage eines Insolvenzplans durchgeführt werden. Somit stellt das Gesetz ein bestimmtes Instrumentarium für eine Zwangsverwertung durch den Insolvenzverwalter zur Verfügung.

Zweck des Insolvenzplanverfahrens ist es, den Verfahrensbeteiligten einen Rahmen für eine einvernehmliche Insolvenzbewältigung zu bieten. Den Beteiligten bleibt es aber unbenommen, im Insolvenzplan vom gesetzlich vorgesehenen Modell abzuweichen und ein dem jeweiligen Einzelfall u. U. eher gerecht werdendes Alternativverfahren zu vereinbaren (§§ 217ff. InsO), also das Unternehmen zu sanieren. Im Insolvenzplanverfahren wird durch Verhandlungen und Austauschprozesse zwischen den Verfahrensbeteiligten von der Regelinsolvenz abgewichen. Damit bildet der Insolvenzplan das Fundament für ein von

739 *Berger*, ZInsO 2017, 2100ff.

740 BGH, Urt. v. 16.03.2017 – IX ZR 253/15 = ZIP 2017, 779.

741 Zur sog. »Geschäftschancenlehre« (auch »corporate opportunities doctrine«) vgl. BGH, Urt. v. 04.12.2012 – II ZR 159/10 = ZIP 2013,316 = WM 2013, 320.

742 *Bork* InsO, Rn. 4.

allen Beteiligten gebilligtes und abgestimmtes Sanierungskonzept außerhalb der gesetzlich vorgesehenen Konzepte.[743]

Bei einer *übertragenden Sanierung* handelt es sich vermutlich um das am weitesten verbreitete Sanierungsmodell in der heutigen insolvenzrechtlichen Praxis. Sanierung bedeutet infolgedessen auch, dass im eigentlichen Sinne der Schuldner zerschlagen wird. Im Wege der übertragenden Sanierung werden die den Geschäftsbetrieb ausmachenden Vermögenswerte und Rechtsverhältnisse auf einen neuen Rechtsträger, auf einen Konkurrenten oder eine Auffanggesellschaft übertragen (Asset-Deal).

Alle übrigen und für die Unternehmenssanierung nicht erforderlichen Vermögensteile des Schuldners werden vom Insolvenzverwalter gesondert verwertet. So leben die gesunden Teile des insolventen Schuldners weiter. Die übertragende Sanierung stellt demzufolge für die Gläubiger eine optimale Verwertung der Masse dar. Der Begriff der Sanierung erfasst folglich nur die Sanierung des »überlebenden« Geschäftsbetriebs und den Erhalt der damit verbundenen Arbeitsplätze und ist keine Sanierung des Schuldners im eigentlichen Sinne.

Der Erlös, der für den Erwerb des entsprechenden Geschäftsbetriebs entrichtet wird, fließt in die Insolvenzmasse und kommt damit den Gläubigern zugute. Beim bisherigen Unternehmensträger handelt es sich in der Regel um eine juristische Person, z. B. eine GmbH. Diese wird im Insolvenzverfahren liquidiert (sog. »sanierende Liquidation«).[744]

Das im Wege der Übertragung zu sanierende Unternehmen wird vom zu liquidierenden Unternehmensträger getrennt, auf einen neuen Unternehmensträger übertragen und in diesen eingegliedert.[745]

#### b) Liquidation

*Liquidation bzw. Zerschlagung* ist das Mittel der Wahl, wenn der errechnete Liquidationswert höher ist als der Wert alternativer Formen der Verwertung. Die Zerschlagung des Schuldners beschließt die Gläubigerversammlung (§ 157 InsO).[746]

Im Anschluss an die getroffene Entscheidung beginnt der Insolvenzverwalter unverzüglich damit das Vermögen des Schuldners zu liquidieren, m. a. W. zu versilbern (§ 159 InsO).

---

743 Darüber hinaus wurde durch das ESUG die »Toolbox« für Geschäftsführer (oder Vorstand) und Insolvenzverwalter mit Einführung des Schutzschirmverfahrens (früher § 270b InsO) erweitert, um so ein weiteres attraktives Sanierungsinstrument zur Hand zu haben. Dieses Instrument honoriert in besonderem Maße einen frühzeitig gestellten Eröffnungsantrag vor Eintritt der Zahlungsunfähigkeit. Zudem soll die Einführung des Schutzschirmverfahrens bezwecken, dass vermehrt Eröffnungsanträge frühzeitig gestellt werden, um die Sanierungschancen zu verbessern.

744 Ebd.

745 *Bork* InsO, Rn. 4.

746 Heidelberger Kommentar-InsO/*Ries*, § 157 Rn. 2.

*Ausproduktion und anschließende Liquidation* ist der für die Verwertung optimale Weg, wenn der Schuldner die wesentlichen strategischen Erfolgspotenziale nicht mehr aufweist und leistungswirtschaftlich defizitär ist. Die vorhandenen Aufträge werden erfüllt, der Betrieb anschließend eingestellt, die Masse verwertet und der Erlös quotal an die Gläubiger verteilt. Dabei ist entscheidend, dass bspw. Miet- und Arbeitsverträge, die Motivation der Mitarbeiter sowie die Beherrschung des mit der weiteren Produktion verbundenen Gewährleistungs- und Erfüllungsrisikos im Einklang stehen bzw. harmonisiert werden. Ziel ist auch hier die endgültige Umwandlung des realen Vermögens des Schuldners in Geld.[747]

## IV. Insolvenz des Käufers als Ausgangssituation

Im weiteren Fortgang der Darstellung wird vorrangig auf die Insolvenz des Käufers eingegangen. Die Darstellung beschränkt sich auf ein dem Verfügungsgeschäft nachgelagertes Insolvenzverfahren. Dies wird anhand des Ausgangsbeispiels, des *Duveneck/Leibl*-Falls,[748] im Einzelnen dargestellt.

Wird das Insolvenzverfahren über das Vermögen des Käufers eröffnet, ist die dingliche Rechtslage für den anfechtungsberechtigten Verkäufer wie folgt: Zunächst liegen die Voraussetzungen eines Eigenschaftsirrtums gem. § 119 Abs. 2 BGB vor. Die Urheberschaft eines Kaufgegenstands ist als wertbildender Faktor zu qualifizieren. Unzweifelhaft erfasst die Anfechtung das Verpflichtungsgeschäft. Der Verkäufer erwirbt lediglich einen persönlichen, nicht insolvenzfesten bereicherungsrechtlichen Rückgewähr- bzw. Verschaffungsanspruch gem. § 812 Abs. 1 S. 1 Var. 1 BGB (Condictio indebiti),[749] wenn die Insolvenzeröffnung dem Verfügungsgeschäft nachfolgt.[750] Es handelt sich um eine Insolvenzforderung im Sinne des § 38 InsO.

Vorteilhafter wäre für den Verkäufer die Situation, wenn er auch für das Verfügungsgeschäft wegen Eigenschaftsirrtums nach § 119 Abs. 2 BGB die Anfechtung erklären kann; im Falle der sog. hier relevanten »Fehleridentität«: Dann unterfällt auch das Verfügungsgeschäft anfechtungsbedingt dem Nichtigkeitsverdikt. Dem Verkäufer stünde ein Herausgabeanspruch gem. § 985 BGB (Rei vindicatio) zu. Diesen Anspruch könnte er – ungeachtet Eröffnung des Insol-

747 BGHZ 14, 757 (758).
748 Vgl. die Einleitung.
749 MüKoBGB/*Oechsler*, § 929 Rn. 10; Uhlenbruck-InsO/*Brinkmann*, § 47 Rn. 62; MüKoInsO/*Ganter*, § 47 Rn. 347.
750 Für den Fall, dass das Verfügungsgeschäft nach der Insolvenzeröffnung liegt, hätte der Verkäufer als Massegläubiger einen Anspruch wegen ungerechtfertigter Bereicherung gem. § 55 Abs. 1 Nr. 3 InsO. Er wäre gem. § 53 InsO vorweg aus der Masse zu befriedigen.

venzverfahrens – gem. § 47 S. 2 InsO gegenüber dem Insolvenzverwalter, sofern dieser (unmittelbarer) Besitzer des Gemäldes ist,[751] vor den ordentlichen Gerichten im Zivilprozess verfolgen.[752]

Mit anderen Worten: Er befände sich als Aussonderungsberechtigter[753] im Verhältnis zu den übrigen Gläubigern in einer außerordentlich komfortablen, schlechterdings geradezu privilegierten Situation,[754] vorausgesetzt, der Insolvenzverwalter ist nach wie vor Besitzer des Gegenstands, im *Duveneck/Leibl*-Fall also des Gemäldes. Anderenfalls wäre der Verkäufer auf sein Ersatzaussonderungsrecht gem. § 48 InsO beschränkt.[755]

Soweit der jeweilige Gegenstand nicht mehr unterscheidbar im Schuldnervermögen vorhanden ist, hat der Ersatzaussonderungsberechtigte bei einer unberechtigten Veräußerung nach Eröffnung des Insolvenzverfahrens einen Massebereicherungsanspruch gem. § 55 Abs. 1 Nr. 3 InsO i. V. m. §§ 812 ff. BGB oder ggf. nach § 55 Abs. 1 Nr. 1 InsO i. V. m. § 989 BGB[756].

Hat der Schuldner den Gegenstand bzw. das Gemälde vor Eröffnung des Insolvenzverfahrens veräußert, besteht lediglich eine Schadensersatzforderung, die als Insolvenzforderung gem. § 38 InsO zu beurteilen ist, falls die Gegenleistung mangels Unterscheidbarkeit nicht mehr ersatzausgesondert werden kann.[757]

Ebendies ist die Situation bei einer Insolvenz des Käufers, welche nachfolgend unter besonderer Berücksichtigung der Wertungen des Insolvenzrechts und -verfahrens näher betrachtet werden soll. Im weiteren Fortgang der Darstellung werden indes auch andere Fallgestaltungen, also die Situation bei einer Insolvenz des Verkäufers einerseits und der besondere Fall einer Doppelinsolvenz (Insolvenz einer Gesellschaft ohne Rechtspersönlichkeit *und* des persönlich unbeschränkt haftenden Gesellschafters bzw. von Verkäufer *und* Käufer) andererseits, erörtert. Dabei werden jeweils die Auswirkungen des Abstraktionsprinzips dargestellt.

751 Vgl. BGHZ 148, 252, 260 f.; BGHZ 53, 29 ff.; Heidelberger Kommentar-InsO/*Lohmann*, § 47 Rn. 9, 28; a. A. Jaeger-InsO/*Henckel*, § 47 Rn. 38.

752 Leistungsklage oder eine Feststellungsklage, wenn es um eine auszusondernde Forderung geht, BGH ZIP 1988, 118 (119).

753 *Bork* InsO, Rn. 281 ff.

754 Vgl. auch *Grigoleit*, AcP (199) 1999, 379 (400); *Lindemann*, S. 49 f. Der Aussonderungsberechtigte ist mit dem Insolvenzverfahren und dessen Durchführung mit all seinen Unwägbarkeiten nicht belastet. Für ihn ist bedeutungslos, dass bei Unzulänglichkeit der Masse auch Massegläubiger, wenn überhaupt, nur minimale Quoten erzielen.

755 Ein guter Überblick findet sich bei Braun-InsO/*Bäuerle*, § 48 Rn. 1 ff.

756 Bei Masseunzulänglichkeit ist die Rangfolge des § 209 Abs. 1 InsO zu beachten.

757 Nerlich/Römermann-InsO/*Andres*, § 48 Rn. 7: Erfolgte die Verfügung unentgeltlich, scheidet ein Anspruch gemäß § 48 InsO aus. Der Berechtigte hat aber ggf. einen Anspruch gegen den Leistungsempfänger auf Herausgabe des Gegenstands oder Wertersatz gemäß §§ 816 Abs. 1 S. 2, 818, 822 BGB.

## B. Abstraktionsprinzip im Insolvenzverfahren am Beispiel des Insolvenzanfechtungsrechts

Das Rechtsinstitut der Insolvenzanfechtung (§§ 129–147 InsO) ermöglicht es Insolvenzverwaltern bzw. im Falle der Eigenverwaltung Sachwaltern (§ 280 InsO) Vermögensverschiebungen des Schuldners in der kritischen Phase im Vorfeld des Insolvenzverfahrens rückgängig zu machen, um die Insolvenzmasse zugunsten der Insolvenzgläubiger vor Beeinträchtigungen zu schützen und auf diese Weise eine gleichmäßige Gläubigerbefriedigung zu gewährleisten.[758] Dadurch wird das den Gläubigern zur Verfügung stehende Haftungssubstrat, das nach Verwertung an diese ausgeschüttet werden kann, vergrößert.

Die Anfechtung dient also primär der Massenmehrung und -sicherung.[759] Schuldner tendieren dazu, vor Eintritt der Zahlungsunfähigkeit bzw. Überschuldung Vermögensgegenstände vor dem Zugriff der Insolvenzgläubiger in Sicherheit zu bringen, u. a. indem sie auf ihnen nahestehende Personen übertragen werden.[760] Um dem entgegenzuwirken, können unter bestimmten in den §§ 129ff. InsO normierten Voraussetzungen Rechtshandlungen des (späteren) Schuldners für unwirksam erklärt werden.

Der Insolvenzverwalter kann demzufolge Vermögensvorteile von Dritten herausverlangen und der Insolvenzmasse zuführen.[761] Damit dient die Insolvenzanfechtung der Vorverlegung des insolvenzrechtlichen Gläubigerschutzes.[762]

Ficht der Insolvenzverwalter wirksam Rechtshandlungen des Schuldners an, sind die Anfechtungsgegner gem. § 143 Abs. 1 InsO zur Rückgewähr von Leistungen zur Insolvenzmasse verpflichtet,[763] wodurch die Rechtssicherheit beeinträchtigt wird.[764] Besonders betroffen sind Zulieferer und die Erbringer von Dienstleistungen, aber auch Vermieter. Dieser Personenkreis erbringt trotz der Krise des Schuldners weiterhin Leistungen und ist, auch bei ordnungsgemäßer Leistungserbringung, zur Rückzahlung von Geldleistungen an den Insolvenzverwalter verpflichtet.[765]

---

758 Mohrbutter/Ringstmeier/*Glatt*, § 9 Rn. 1.

759 IDW WPH Edition, Sanierung und Insolvenz, Rn. 548. Vgl. auch in diesem Kapitel A. III. 5.

760 Schmidt-InsO/*Schmidt*, § 129 Rn. 1; Uhlenbruck-InsO/*Hirte/Borries*, vor § 129 Rn. 1; Braun-InsO/*de Bra*, § 129 Rn. 3. Der Vermögensabfluss geschieht jedoch häufig durch Gläubiger.

761 Uhlenbruck-InsO/*Hirte/Borries*, a. a. O.; Braun-InsO/*de Bra*, a. a. O.

762 Hamburger Kommentar-InsO/*Rogge/Leptien*, vor §§ 129ff. Rn. 1; BGH ZInsO 2011, 1154.

763 *Hiebert*, ZInsO 2016, 1738 (1738).

764 Das gilt insbesondere für den Fall der Vorsatzanfechtung gem. § 133 InsO, weshalb der Gesetzgeber die Norm durch einschränkende Bestimmungen in deren Abs. 2 und 3 einschränkte, BT.-Drs. 18/7054; Hamburger Kommentar-InsO/*Rogge/Leptien*, § 133 Rn. 8, 51; vgl. zur Reform eingehend: *Thole*, ZIP 2017, 401 (401ff.).

765 Gem. § 2 Abs. 1 Nr. 2 bis 4 COVInsAG wird die Insolvenzanfechtung bei Vorliegen der Aussetzungsvoraussetzungen gem. § 1 COVInsAG erheblich eingeschränkt. Geschützt

## I. Verhältnis zur BGB-Anfechtung

Die Möglichkeit einer Anfechtung nach bürgerlichem Recht wird durch das Insolvenzverfahren grundsätzlich nicht tangiert; vice versa schließen sich die Anfechtung nach allgemeinem Zivilrecht und die Insolvenzanfechtung nach den §§ 129ff. InsO nicht aus:[766]

Die Insolvenzanfechtung hat mit der Anfechtung nach den §§ 119ff. BGB hinsichtlich Zweck, Voraussetzungen und Wirkung nichts gemein.[767] Allerdings gelten, wie sich aus Abschnitt B. III. in diesem Kapitel ergibt, auch bei der Insolvenzanfechtung das Trennungs- und das Abstraktionsprinzip sowohl auf der Tatbestandsebene als auch auf der Rechtsfolgenseite (§ 143f. InsO).[768] Dies wird im Zusammenhang mit dem Recht der Insolvenzanfechtung (§§ 129ff. InsO) besonders hervorgehoben.[769]

Verpflichtungs- und Verfügungsgeschäfte werden auch dort als getrennte Angriffsobjekte begriffen.[770] Über ihre Insolvenzanfechtung wird jeweils isoliert entschieden. Sofern Verpflichtungs- und Verfügungsgeschäft eine Einheit bilden, ist die Anfechtungserklärung des Insolvenzverwalters regelmäßig als einheitliche Anfechtung von Verpflichtungs- und Verfügungsgeschäft auszulegen.[771]

Sämtlichen der in den §§ 129ff. InsO normierten Fallkonstellationen ist gemein, dass der Schuldner vor Verfahrenseröffnung[772] eine Rechtshandlung[773] vorgenommen hat, durch die eine Gläubigerbenachteiligung[774] eintritt.

---

werden insbesondere neue (Gesellschafter-)Kredite, die im Aussetzungszeitraum gewährt werden, die in diesem Zeitraum erfolgte Bestellung von Sicherheiten zur Absicherung der Kredite, kongruente Deckungen und vereinzelte inkongruente Deckungen. Weiterführende Darstellung siehe *Schluck-Amend*, NZI 2020, 289 (292f.); *Bitter*, ZIP 2020, 685 (690ff.); *Lütcke/Holzmann/Swierczok*, BB 2020, 898 (901f.).

766 Uhlenbruck-InsO/*Hirte/Borries*, § 129 Rn. 50.

767 Vgl. bereits RG, Urt. v. 28.06. 1904 = LZ 1907, 837; BGHZ 22, 128 (134) = MDR 1957, 216 m. Anm. *Thieme*.

768 Ausführlich *Stangl*, Die kollisionsrechtliche Umsetzung des Art. 13 EuInsVO, S. 80ff.

769 Vgl. nur Uhlenbruck-InsO/*Hirte/Borries*, § 129 Rn. 103; a. A.: *Jensen*, Grundfragen des Rechts der Gläubiger- und Insolvenzanfechtung, S. 167ff.; *Klumb*, Kollisionsrecht der Insolvenzanfechtung, S. 144f.

770 Vgl. statt vieler: Uhlenbruck-InsO/*Hirte/Borries*, a. a. O.; *Stangl*, S. 82 sowie BGH WM 2007, 1221 (1223).

771 MüKoInsO/*Kayser/Freudenberg*, § 129 Rn. 64. Siehe in diesem Kapitel ausführlich B.III.

772 § 140 Abs. 1 InsO: Es müssen sämtliche Erfordernisse vorliegen, welche die Rechtsordnung an Entstehung, Aufhebung oder Veränderung eines Rechtsverhältnisses knüpft. Die rechtlichen Wirkungen treten ein, sobald durch die Rechtshandlung eine Rechtsposition begründet wird, die im Falle der Eröffnung des Insolvenzverfahrens zu beachten ist und gläubigerbenachteiligende Wirkung hat, BGH ZInsO 2007, 658; Hamburger Kommentar-InsO/*Rogge/Leptien*, § 140 Rn. 2. m. w. N.; bei zwei- und mehraktigen Geschäften kommt es auf den letzten zur Erfüllung ihres Tatbestands erforderlichen Teilakt an, BGH ZInsO 2010, 710. Für Rechtsgeschäfte an Grundstücken gilt § 140 Abs. 2 InsO.

Anders als die Anfechtung nach BGB lässt die Anfechtung nach den §§ 129ff. InsO die Rechtshandlungen, d. h. das zugrunde liegende Verpflichtungs- und das Verfügungsgeschäft in ihrem Bestand unberührt, wirkt also nicht rechtsgestaltend.[775] Sie führt lediglich dazu, dass aus den Rechtshandlungen keinerlei Rechte zum Nachteil der Insolvenzmasse hergeleitet werden können bzw. ein schuldrechtlicher Rückgewähr- bzw. Verschaffungsanspruch nach § 143 InsO gegenüber dem Anfechtungsgegner entsteht.[776] Die Insolvenzanfechtung bewirkt dementsprechend nicht die Nichtigkeit der angefochtenen Rechtshandlung wie die §§ 134, 138.[777]

Die Insolvenzanfechtung verleiht der Insolvenzmasse unabhängig von der Wirksamkeit der der Vermögensverschiebung vorausgehenden bzw. sie vollziehenden Rechtsgeschäfte einen Rückgewähranspruch. Anders als die Geltendmachung eines Gestaltungsrechts nach den §§ 119ff. BGB bedarf die Insolvenzanfechtung keiner gesonderten Erklärung,[778] wenn auch eine solche zwecks Dokumentation bzw. Information der Beteiligten sachdienlich ist und grundsätzlich in der Praxis erfolgt. Nach § 80 Abs. 1 InsO kann der Insolvenzverwalter ebenfalls ein dem Schuldner zustehendes BGB-Anfechtungsrecht ausüben sowie nach bzw. analog § 246 AktG Beschlüsse der Gesellschaft anfechten.[779]

773 Als anfechtbare Rechtshandlung im Sinne der Insolvenzordnung gilt jedes Verhalten, an das eine Rechtswirkung geknüpft ist, BGH ZInsO 2012, 241; auch lediglich mitwirkende Willensbestätigungen können die Anfechtbarkeit begründen, BGH ZInsO 2015, 2180. Die bloße Erfüllung rechtsfolgenauslösender gesetzlicher Tatbestandsmerkmale reicht, selbst wenn sie auch durch die Rechtshandlungen verursacht sind, dagegen nicht aus, Hamburger Kommentar-InsO/*Rogge/Leptien*, § 129 Rn. 3 m. w. N.

774 Diese liegt nach ständiger Rechtsprechung vor, wenn die Rechtshandlung entweder die Schuldenmasse vermehrt oder die Aktivmasse verkürzt und dadurch den Zugriff auf das Schuldnervermögen vereitelt, erschwert oder verzögert hat, BGH ZInsO 2016, 700 m. w. N., sich also die Befriedigungsmöglichkeiten der Insolvenzgläubiger ohne die Handlung bei wirtschaftlicher Betrachtungsweise günstiger gestaltet hätten, BGH ZInsO 2016, 444 m. w. N. Eine Gläubigerbenachteiligung liegt z. B. vor, wenn Zahlungen geleistet werden, die zu einer Verminderung von Bankguthaben oder Barbeständen des Späteren führen. Die übrigen Gläubiger können aber auch durch die Übernahme schuldnerfremder Verbindlichkeiten oder durch den Abschluss eines äußerst unwirtschaftlichen Vertrags benachteiligt werden.

775 BGH ZInsO 2014, 2318; Gottwald-InsO/*Huber*, § 46 Rn. 8.

776 BGH ZInsO 2006, 1217.

777 Hamburger Kommentar-InsO/*Rogge/Leptien*, § 143 Rn. 2; Hamburger Kommentar-InsO/*Rogge/Leptien*, vor §§ 129ff. Rn. 8.

778 BGH ZInsO 2007, 261.

779 Hamburger Kommentar-InsO/*Rogge/Leptien*, vor §§ 129ff. Rn. 8.

## II. Trennungs- und Abstraktionsprinzip im Insolvenzanfechtungsrecht gem. §§ 129ff. InsO

Trennungs- und Abstraktionsprinzip gelten ebenfalls im Recht der Insolvenzanfechtung (§§ 129–144 InsO). Fraglich ist demzufolge, was konkret angefochten wird, das Verpflichtungs- oder das Verfügungsgeschäft oder beide, und wie die Anfechtung bei der Rückabwicklung wirkt. Um dies zu klären, bietet der Gesetzeswortlaut der §§ 129ff. InsO erste Anhaltspunkte (1.). Darüber hinaus ist es erforderlich festzustellen, welche Rechtsfolgen die Anwendung beider Prinzipien im Bereich der Insolvenzanfechtung auslösen (2.).

### 1. Wortlaut und Verortung

Sedes materiae des Insolvenzanfechtungsrechts sind die §§ 129ff. InsO. Die geregelten verschiedenen Fallkonstellationen ermöglichen bei deren Vorliegen eine Anfechtung durch den Insolvenzverwalter bzw. im Falle der Eigenverwaltung durch Sachwalter (§ 280 InsO).

Maßgeblich ist in diesem Zusammenhang, was allen Anfechtungstatbeständen gemein ist bzw. welchen Begriff der Gesetzgeber wählt, der als gemeinsamer Anknüpfungspunkt der Insolvenzanfechtung zugrunde liegt.

#### *a) Rechtshandlung als Grundbegriff sämtlicher Einzelkonstellationen*

Sämtlichen der in den §§ 129ff. InsO normierten Fallkonstellationen ist zunächst gemein, dass der Schuldner vor Verfahrenseröffnung[780] eine Rechtshandlung vorgenommen haben muss, durch die eine Gläubigerbenachteiligung[781] eintritt.

Es muss also stets eine »Rechtshandlung« vorliegen, die Gegenstand der Anfechtung sein kann. In den Folgenormen der §§ 130ff. InsO werden sodann jeweils Einzelkonstellationen geregelt, die zur Anfechtung berechtigen. Diese Anfechtungstatbestände setzen voraus, dass die Rechtshandlung des Schuldners

780 § 140 Abs. 1 InsO: Es müssen sämtliche Erfordernisse vorliegen, welche die Rechtsordnung an Entstehung, Aufhebung oder Veränderung eines Rechtsverhältnisses knüpft. Die rechtlichen Wirkungen treten ein, sobald durch die Rechtshandlung eine Rechtsposition begründet wird, die im Falle der Eröffnung des Insolvenzverfahrens zu beachten ist und gläubigerbenachteiligende Wirkung hat. So BGH ZInsO 2007, 658; Hamburger Kommentar-Inso/*Rogge/Leptien*, § 140 Rn. 2 m. w. N. Bei zwei- und mehraktigen Geschäften kommt es auf den letzten zur Erfüllung ihres Tatbestands erforderlichen Teilakt an. Vgl. BGH ZInsO 2010, 710. Für Rechtsgeschäfte an Grundstücken gilt § 140 Abs. 2 InsO.

781 Diese liegt nach ständiger Rechtsprechung vor, wenn die Rechtshandlung entweder die Schuldenmasse vermehrt oder die Aktivmasse verkürzt und dadurch den Zugriff auf das Schuldnervermögen vereitelt, erschwert oder verzögert hat, sich also die Befriedigungsmöglichkeiten der Insolvenzgläubiger ohne die Handlung bei wirtschaftlicher Betrachtungsweise günstiger gestaltet hätten. Vgl. BGH ZInsO 2016, 700 m. w. N.; BGH ZInsO 2016, 444 m. w. N.

entweder in engem zeitlichem Zusammenhang mit der Eröffnung des Insolvenzverfahrens steht oder unter Umständen erfolgt ist, welche eine Rückgewähr an die Insolvenzmasse unter Zurückstehen des Verkehrsschutzes als gerechtfertigt erscheinen lassen.[782]

Es lassen sich zwei Kategorien von Anfechtungsgründen unterscheiden: besondere (§§ 130–132 InsO), die ausschließlich im Insolvenzanfechtungsrecht geregelt sind, sowie allgemeine Anfechtungsgründe (ab § 133 InsO), zu denen die Gläubigeranfechtung außerhalb der Insolvenzordnung entsprechende Normen im Anfechtungsgesetz (AnfG) kennt.[783]

In den Einzeltatbeständen wird teilweise der Begriff »Rechtshandlung« wieder aufgegriffen, so in § 133 InsO. Dort reicht die Bezugnahme auf diesen Terminus zur Umschreibung des objektiven Angriffspunkts der Insolvenzanfechtung aus.[784] Die anderen Normen verlangen zusätzliche Voraussetzungen. § 130 InsO fordert z. B. eine »Rechtshandlung, die einem Insolvenzgläubiger eine Sicherung oder Befriedigung gewährt oder ermöglicht hat«, mit der Folge, dass die Anfechtung nur bei sog. Deckungshandlungen,[785] z. B. der Zahlung eines Kaufpreises oder einer Vergütung, möglich ist. Eine Anfechtung nach § 131 InsO setzt demgegenüber eine inkongruente Deckungshandlung voraus, also eine Sicherung oder Befriedigung des Gläubigers, die dieser überhaupt nicht, nicht in der Art oder nicht in der Zeit zu beanspruchen hatte.[786]

Nach § 132 Abs. 1 InsO unterliegen Rechtshandlungen der Anfechtung, die innerhalb von drei Monaten vor Antragstellung oder danach vorgenommen wurden und durch welche die Gläubiger im Insolvenzverfahren unmittelbar benachteiligt werden.[787]

Hingegen setzt § 133 Abs. 4 InsO einen unmittelbar benachteiligenden entgeltlichen Vertrag[788] und § 134 Abs. 1 InsO eine »unentgeltliche Leistung[789] des Schuldners« voraus.[790] Die §§ 135 und 136 InsO schließlich befassen sich mit Sonderkonstellationen gesellschaftsrechtlicher Art, mit Gesellschafterdarlehen und mit der stillen Gesellschaft.

---

782 Uhlenbruck-InsO/*Hirte/Borries*, vor § 129 Rn. 9.

783 Zu dieser Kategorisierung: Bork/*Bork*, Handbuch des Insolvenzanfechtungsrechts, S. 6; *Paulus*, ZGR Sonderheft 17, 2006, 434 (437).

784 Dies ist auf die subjektiven Voraussetzungen von § 133 InsO und auf die *actio paulinana* zurückzuführen. Vgl. hierzu Bork/*Bork*, S. 100f.

785 Definitionen u. a. in Braun-InsO/*de Bra*, § 130 Rn. 8; Bork/*Schoppmeyer*, S. 181ff.

786 MüKoInsO/*Kayser/Freudenberg*, § 131 Rn. 8ff.

787 Vgl. im Einzelnen dazu: Jaeger-InsO/*Henckel*, § 132 Rn. 7ff.; Bork/*Schoppmeyer*, S. 330ff.

788 Zur weiten Auslegung des Begriffs: Braun-InsO/*de Bra*, § 133 Rn. 32ff.; MüKoInsO/*Kayser/Freudenberg*, § 133 Rn. 40ff. Dagegen eher restriktiver: Jaeger-InsO/*Henckel*, § 129 Rn. 111.

789 Der Leistungsbegriff in § 134 InsO korrespondiert nicht mit dem bereicherungsrechtlichen Leistungsbegriff; vgl. dazu ausführlich Uhlenbruck-InsO/*Borries/Hirte*, § 134 Rn. 14.

790 In Anlehnung an den bereits früher vertretenen konkursrechtlichen Begriff der »Verfügung« in § 32 KO a. F.; vgl. Jaeger-InsO/*Henckel*, § 134 Rn. 8; Staudinger/*Chiusi*, § 516 Rn. 192.

Die Insolvenzordnung regelt somit eine Vielzahl verschiedener Einzelkonstellation, in denen eine Insolvenzanfechtung auf Tatbestandsebene in Betracht kommt. Allen Tatbeständen ist jedoch gemein, dass stets eine »Rechtshandlung« als zentraler Angriffsgegenstand vorliegen muss. Demnach bedarf es einer weiteren Präzisierung dieses Grundbegriffs.

#### *b) Präzisierung des Begriffs der Rechtshandlung*

Der BGH definiert den Begriff »Rechtshandlung« als »jedes von einem Willen getragene Handeln, das eine rechtliche Wirkung auslöst und das Vermögen des Schuldners zum Nachteil der Insolvenzgläubiger verändern kann«.[791]

Als »Handeln« kommt desgleichen ein Unterlassen in Betracht (§ 129 Abs. 2 InsO). Erforderlich ist lediglich ein »willensgeleitetes, verantwortungsgesteuertes«[792] Verhalten.

Im Übrigen wird seit jeher von einer möglichst weiten Auslegung des Begriffs der »Rechtshandlung« ausgegangen.[793] Begründet wird dies allgemein damit, dass nur so eine maximale Anzahl denkbarer Lebenssachverhalte erfasst werden kann, in denen eine anfechtbare Vermögensverschiebung möglich ist.[794]

Entsprechend der dem deutschen Recht zugrunde liegenden Differenzierung zwischen Grund- und Verfügungsgeschäft muss dabei in jedem Einzelfall gesondert geprüft werden, welche Rechtshandlung angefochten werden soll.[795]

### 2. Generelle Bedeutung des Trennungs- und Abstraktionsprinzips

Der Rückgriff auf vorgenannte Definitionsversuche besagt indes noch nichts darüber, was konkret Gegenstand der Insolvenzanfechtung ist, was also von der Anfechtung erfasst wird und wie die anschließende Rückabwicklung erfolgt. Dabei ist zunächst zu konstatieren, dass sich bei Erlass der Konkursordnung im Jahre 1877, noch vor Inkrafttreten des BGB, Trennungs- und Abstraktionsprinzip als maßgebliche Grundfeste des deutschen Zivilrechts noch nicht voll-

---

791 BGH, Urt. v. 12.02.2004 – IX ZR 98/03 = ZIP 2004, 620; Urt. v. 14.12.2006 – IX ZR 102/13 = ZIP 2007, 191; Urt. v. 09.07.2009 – IX ZR 86/08 = ZInsO 2009, 1585; Urt. v. 09.06.2011 – IX ZR 179/08 Tz 16 = ZInsO 2011, 1350 = ZIP 2011, 1324; Urt. v. 29.09.2011 – IX ZR 74/09 Tz 6 = NZI 2011, 855; Urt. v. 15.12.2011 – IX ZR 118/11 = NZI 2012, 135; Urt. v. 07.05.2013 – IX ZR 191/12 Tz 6 = NZI 2013, 694 = ZInsO 2013, 1143; Urt. v. 20.02.2014 – IX ZR 164/13 Tz 9 = NZI 2014, 321; zum alten Recht BGH, Urt. v. 05.02.2004 – IX ZR 473/00 = ZIP 2004, 917 [KO].

792 BGH, Urt. v. 09.06.2011 – IX ZR 179/08 = ZIP 2011, 1324 (1325), zu dem gleichlautenden Begriff in § 133 InsO.

793 Begr. RegE zu § 129 InsO.

794 Darstellung von Einzelbeispielen z. B. bei *Baur/Stürner*-InsO, Rn. 18.22; *Frege/Keller/Riedel*, Rn. 1395; Uhlenbruck-InsO/*Borries/Hirte*, § 129 Rn. 62ff.

795 Bork/*Ehricke*, S. 52f.; *Frege/Keller/Riedel*, Rn. 1395.

ständig durchgesetzt hatten.[796] Demnach heißt es z. B. in den Motiven zur Schaffung der KO,[797] durch eine der Anfechtung unterliegende »Verfügung des Gemeinschuldners« könne dieser Vermögen »thatsächlich schon fortgegeben« haben; jedoch könne er sich aber auch nur »rechtlich verpflichtet [haben], es zu thun«. Ein derartiges Verständnis bedingt, dass der Terminus »Verfügung« neben dem von der Verpflichtung getrennten eigenständigen Verfügungsgeschäft auch das Verpflichtungsgeschäft mitumfasst, demnach ein einheitlicher Gesamtvorgang angenommen wird.

Von diesem Ausgangspunkt ist es historisch retrospektiv verständlich, dass Verpflichtungs- und Verfügungsgeschäft von vielen[798] lange Zeit als einheitlicher Gesamtvorgang aufgefasst wurde.[799]

Wie im 1. Kapitel dargestellt,[800] setzten sich Trennungs- und Abstraktionsprinzip in der deutschen Zivilrechtswissenschaft allgemein durch. Bei Inkrafttreten der InsO im Jahre 1994 bestand daher kein Zweifel mehr an der unangefochtenen Geltung des Trennungs- und Abstraktionsprinzips.[801] Demzufolge begreifen Rechtsprechung und Literatur heute allgemein Verpflichtungs- und Verfügungsgeschäft als separate Anfechtungsobjekte, über ihre Anfechtung ist somit jeweils gesondert zu entscheiden.[802] Dabei ist zwischen den Anfechtungstatbeständen (§§ 129ff. InsO) einerseits und der sich anschließenden Rückabwicklung, den Rechtsfolgen andererseits, zu differenzieren.

### *a) Bedeutung für die Anfechtungstatbestandsebene*

Die Anwendung des Trennungs- und Abstraktionsprinzips ist unproblematisch, wenn es darum geht, was jeweils Anfechtungsgegenstand ist: die jeweilige »Rechtshandlung«, ein bestimmtes »Rechtsgeschäft« oder aber eine vom Schuldner erbrachte »Leistung«. Bei der weiteren Prüfung, ob die Anfechtung jeweils

796 Siehe 1. Kapitel.

797 *Stangl*, S. 86 mit Verweis auf S. 19 Fn. 55.

798 BGHZ 41, 298 (299f.); Kilger/Schmidt-Insolvenzgesetze, § 32 Anm. 2; Jaeger/Weber/Lent-KO/*Lent*, § 32 KO Anm. 4.

799 Für diese Auffassung wurde der Begriff »Einheitstheorie« geprägt; vgl. lediglich Jaeger-InsO/*Henckel*, § 129 Rn. 108; *Klumb*, Kollisionsrecht der Insolvenzanfechtung, 2005, S. 90; *Trunk*, Internationales Insolvenzrecht, S. 144.

800 Vgl. nur 1. Kapitel G.IV.

801 Siehe nur: *v. Campe*, Insolvenzanfechtung, S. 371; Mohrbutter/Ringstmeier/*Glatt*, § 9 Rn. 22f.; Jaeger-InsO/*Henckel*, § 129 Rn. 109f.; Uhlenbruck-InsO/*Borries/Hirte*, § 129 Rn. 103; MüKoInsO/*Kayser/Freudenberg*, § 129 Rn. 57; Heidelberger Kommentar-InsO/*Thole*, § 129 Rn. 18.

802 BGH, Urt. v. 11.01.2007 – IX ZR 31/05 = NJW 2007, 1357; Urt. v. 24.05.2007 – IX ZR 105/05 = ZIP 2007, 1274; Urt. v. 09.10.2008 – IX ZR 138/06 = ZIP 2008, 2224; Uhlenbruck-InsO/*Borries/Hirte*. § 129 Rn. 103; MüKoInsO/*Kayser/Freudenberg*, § 129 Rn. 57; Heidelberger Kommentar-InsO/*Thole* § 129 Rn. 17f.; FK-InsO/*Dauernheim*, § 129 Rn. 42; A/G/R/*Gehrlein*, § 129 Rn. 37; Mohrbutter/Ringstmeier/*Glatt*, § 9 Rn. 22f.

erfolgreich ist, sind allerdings mitunter Wechselwirkungen zwischen Verpflichtungs- und Verfügungsgeschäft zu beachten, die einer isolierten Untersuchung des einen oder des anderen entgegenstehen. Bei der Anfechtung gem. § 132 Abs. 1 InsO im Zusammenhang mit der Frage, ob ein angefochtener Vertrag die Insolvenzgläubiger »unmittelbar benachteiligt«, wird ausschließlich das Verpflichtungsgeschäft betrachtet und eine etwaige Verfügung unberücksichtigt gelassen.[803]

Gleiches gilt für den Begriff der »Leistung« im Rahmen der sog. »Schenkungsanfechtung« gem. § 134 Abs. 1 InsO, der sich allein auf das angegriffene Verpflichtungsgeschäft beschränkt.[804] In diesen Fällen wird der Anfechtungserfolg – vom Trennungs- und Abstraktionsprinzip her konsequent – also ausschließlich anhand des Verpflichtungsgeschäfts beurteilt.

Anders ist die Situation dagegen, wenn Grund- und Erfüllungsgeschäft anfechtungsrechtlich beeinflusst werden. Dies bspw. ist der Fall, wenn Verfügungsgeschäfte zur rechtsgeschäftlichen Übertragung von Vermögenswerten angefochten werden. Ob die Anfechtung Erfolg hat, kann nur durch Einbeziehung des Verpflichtungsgeschäfts entschieden werden.[805] Dies gilt für den praktisch bedeutsamen Fall der kongruenten bzw. inkongruenten Deckung in §§ 130, 131 InsO. Hier ist ein Rückgriff auf das Verpflichtungsgeschäft unerlässlich. Lediglich auf diese Weise lässt sich beurteilen, ob ein Gläubiger eine Sicherung oder Befriedigung erhält, die er zu beanspruchen hatte oder nicht.[806] § 142 InsO schließt für Bargeschäfte die Anfechtung einer Deckungshandlung nach § 130 InsO aus, wenn für jene unmittelbar eine gleichwertige Gegenleistung ins Vermögen des Insolvenzschuldners gelangt ist. Hier darf nicht das Verfügungsgeschäft isoliert betrachtet werden. Auch die Unentgeltlichkeit einer Verfügung kann nur mit Blick auf das Verpflichtungsgeschäft beurteilt werden.[807]

### *b) Fazit*

Für die Insolvenzanfechtung erfolgsvoraussetzend sind regelmäßig Umstände außerhalb des Verfügungsgeschäfts. Damit wird das Trennungs- und Abstraktionsprinzip jedoch nicht umgangen. Vielmehr hängt lediglich der Erfolg einer Anfechtung der Verfügung von Gesichtspunkten ab, welche der vorgelagerten Kausalebene zuzuordnen sind.

803 Siehe nur Jaeger-InsO/*Henckel*, § 129 Rn. 109.

804 MüKoInsO/*Kayser/Freudenberg*, § 134 Rn. 7, 58; so auch Staudinger/*Wimmer-Leonhardt* (2005), § 516 Rn. 167; Uhlenbruck-InsO/*Borries/Hirte*, § 134 Rn. 36f.

805 Vgl. Uhlenbruck-InsO/*Borries/Hirte*, § 129 Rn. 103; MüKoInsO/*Kayser/Freudenberg*, § 129 Rn. 60; *Stürner/Fix*, FS Wellensiek (2011), S. 833 (839).

806 MüKoInsO/*Kayser/Freudenberg*, § 131 Rn. 9; *Stürner/Fix*, FS Wellensiek (2011), S. 833 (839).

807 Bork/*Bork*, S. 154f.; Jaeger-InsO/*Henckel*, § 134 Rn. 3; Uhlenbruck-InsO/*Borries/Hirte*, § 134 Rn. 37; MüKoInsO/*Kayser/Freudenberg*, § 129 Rn. 61.

In der Summe aber ist festzustellen, dass ungeachtet der teilweise geforderten Einbeziehung außerhalb des Verfügungsgeschäfts liegender Aspekte Verpflichtungs- und Verfügungsgeschäft gesondert zu betrachten sind. Abstraktions- und Trennungsprinzip lassen sich damit auch insolvenzrechtlich ohne dogmatische Brüche »durchhalten«.

#### c) *Bedeutung für die Rechtsfolgenebene*

Auch bei der Rückabwicklung angefochtener Rechtshandlungen wird strikt zwischen den Rechtsfolgen gemäß §§ 143f. InsO von Verpflichtungs- und Verfügungsgeschäften differenziert.[808] In der Praxis werden aber oft nicht nur das eine oder das andere, sondern beide Rechtsgeschäfte angefochten. Dies ist mit Blick auf die Erfüllung der Anfechtungsvoraussetzungen durchweg günstiger.[809] Eine solche Klagehäufung (§ 260 ZPO) ist zulässig, wenn die Klageanträge sich ausdrücklich gegen beide Geschäfte richten, aber auch wenn sich dies erst durch deren Auslegung ergibt[810] bzw. der schuldrechtliche Vertrag und dessen Erfüllung äußerlich eine Einheit darstellen.[811]

Bei den Rechtsfolgen wird aber auch wiederum dann differenziert, wenn das andere Rechtsgeschäft nicht (mehr) angefochten werden kann oder die Anfechtung sich ausdrücklich nur auf ein Geschäft bezieht.[812] Im Sinne einer konsequenten Beachtung des Trennungs- und des Abstraktionsprinzips bleibt es auch auf der Rechtsfolgenseite stets bei einer isolierten Betrachtung der Verpflichtungs- und der Verfügungsebene.

#### 1) *Anfechtung der Verfügungs- bzw. Erfüllungsgeschäfts*

Die Anfechtung des Verfügungsgeschäfts erfasst unmittelbar nur dieses.[813] Nach § 143 Abs. 1 InsO ist der durch die anfechtbare Handlung aus dem Vermögen des Schuldners ausgekehrte Gegenstand vorrangig zurückzugewähren. Der Anfechtungsgegner schuldet die Rückübertragung des betroffenen Vermögensgegenstands.[814]

Eine mittelbare Auswirkung auf das Verfügungsgeschäft ordnet § 144 Abs. 1 InsO an. Danach lebt eine Forderung, deren Erfüllung die später ange-

808 Vgl. etwa: Jaeger-InsO/*Henckel*, § 143 Rn. 37ff.; Bork/*Jacoby*, S. 436ff.; Braun-InsO/*Riggert*, § 144 Rn. 2.

809 MüKoInsO/*Kayser/Freudenberg*, § 129 Rn. 64.

810 So die Literatur: Uhlenbruck-InsO/*Borries/Hirte*, § 129 Rn. 103; MüKoInsO/*Kayser/Freudenberg*, § 129 Rn. 64; Jaeger-InsO/*Henckel*, § 129 Rn. 11; Bork/*Ehricke*, S. 52.

811 MüKoInsO/*Kayser/Freudenberg*, § 129 Rn. 64.

812 In der Praxis wird meist das Verfügungsgeschäft isoliert angefochten. Vgl.: *Huber*, FS Heldrich, S. 695 (701); *Stürner/Fix*, FS Wellensiek (2011), S. 833 (837).

813 Deutlich etwa: Braun-InsO/*Riggert*, § 144 Rn. 3.

814 Durch Rückübereignung oder Rückabtretung, Jaeger-InsO/*Henckel*, § 143 Rn. 52ff.; Uhlenbruck-InsO/*Hirte*, § 143 Rn. 6ff.

fochtene Verfügung diente, nach Rückgewähr des Vermögensgegenstands als Insolvenzforderung wieder auf.

Der Anfechtungsgegner kann sie demzufolge im Insolvenzverfahren nur zur Insolvenztabelle im Rang des § 38 InsO anmelden.[815]

Er wird so gestellt, als wäre die angefochtene Rechtshandlung nicht vorgenommen worden.

Hierdurch soll eine ungerechtfertigte Bereicherung der Insolvenzmasse vermieden werden.[816] Bei § 144 Abs. 1 InsO erfolgt indes keine Erstreckung der Anfechtungsfolgen auf das Verpflichtungsgeschäft. Es bleibt bei der gesonderten Betrachtung von Grund- und Erfüllungsgeschäft. Lediglich aus Billigkeitsgründen erfolgt eine Anpassung der mittelbaren Anfechtungsfolgen auf die Verpflichtungsebene. Ansonsten ginge der Anfechtungsgegner leer aus, d. h. ohne Vermögensgegenstand und ohne Forderung. Es erfolgt mithin eine Korrektur des § 362 BGB, wonach die »insolvenzrechtlich unverdächtige« Forderung bereits im Zeitpunkt der »insolvenzrechtlich verdächtigen« Erfüllung erlischt.[817]

#### 2) *Anfechtung des Verpflichtungsgeschäfts*

Im Unterschied zur Anfechtung des Erfüllungsgeschäfts entfällt bei der isolierten Anfechtung des Verpflichtungsgeschäfts gem. § 144 Abs. 2 InsO die rechtliche Grundlage für die gegenseitig erbrachten Leistungen (§§ 132, 133 Abs. 4 InsO).

Um einer ungerechtfertigten Bereicherung der Insolvenzmasse zu begegnen, statuiert § 144 Abs. 2 InsO[818] eine kondiktionsrechtliche Rückabwicklung.[819] Nach dieser ist grundsätzlich die Gegenleistung an den Anfechtungsgegner[820] bei Vorhandensein in natura oder im Falle der Unmöglichkeit das rechtsgeschäftliche oder nicht rechtsgeschäftliche Surrogat (§ 818 Abs. 1 BGB) herauszugeben. Weiter kann der Anfechtungsgegner eine Masseforderung im Sinne des §§ 144 Abs. 2 S. 1 Alt. 2, 55 Abs. 1 InsO geltend machen oder für den Fall, dass weder eine Rückübertragung in natura noch Wertersatz möglich ist, die Höhe des Ausfalls als Insolvenzforderung im Rang des § 38 InsO zur Insolvenztabelle anmelden.

Unmittelbar erfasst die Anfechtung somit bloß das Verpflichtungsgeschäft. Davon zu unterscheiden ist jedoch auch die Frage, ob sich die Anfechtung des Verpflichtungsgeschäfts ggf. mittelbar auf das Verfügungsgeschäft auswirken

815 A/G/R/*Gehrlein*, § 129 Rn. 38; Uhlenbruck-InsO/*Borries/Hirte*, § 144 Rdn. 3; Bork/*Jacoby*, S. 460f.; MüKoInsO/*Kayser/Freudenberg*, § 129 Rn. 57; Braun-InsO/*Riggert*, § 144 Rn. 3.
816 Braun-InsO/*Riggert*, § 144 Rn. 1.
817 Bork/*Jacoby*, S. 460; *Stangl*, S. 94.
818 Der Anspruch des Anfechtungsgegners nach § 144 Abs. 2 InsO gelangt erst mit vollzogener Rückgewähr gemäß § 143 InsO, da erst dann die Insolvenzmasse um die empfangene Gegenleistung bereichert ist. Vgl. BGH, Urt. v. 29.04.1986 – IX ZR 145/85 = ZIP 1986, 787f.
819 FK-InsO/*Dauernheim*, § 144 Rn. 4.
820 Ausführlich zu den Gegenrechten Braun-InsO/*Riggert*, § 144 Rn. 9ff.

kann. Dabei ist zwischen der Erfüllung vertraglicher Verpflichtungen durch den Anfechtungsgegner und den Insolvenzschuldner zu unterscheiden:

Sofern vertragliche Verpflichtungen bereits erfüllt wurden, steht die Rechtsbeständigkeit derartiger Erfüllungshandlungen in Rede. Insoweit gilt – für Verfügungen des Anfechtungsgegners – § 144 Abs. 2 InsO.

Nach diesem ist eine Leistung, die dieser in Erfüllung einer später angefochtenen Verpflichtung dem Insolvenzschuldner gegenüber erbracht hat, nach Bereicherungsgrundsätzen zurückzugewähren. Zwar bleibt die Verfügung wirksam, es wird jedoch die Rückübertragung geschuldet.[821]

Für Leistungen des Insolvenzschuldners treffen die §§ 143f. InsO explizit keine vergleichbare Aussage. Allerdings muss hier für den Anfechtungsgegner das Gleiche gelten. Die Verfügung erfolgte gerade zwecks Erfüllung des (angefochtenen) Verpflichtungsgeschäfts.

Dessen isolierte Anfechtung[822] erfasst nicht die Verfügungen des Insolvenzschuldners. Wiederum führt die fehlende causa auch hier zu einer bereicherungsrechtlichen Rückabwicklung durch den Insolvenzverwalter.

Ansprüche der Insolvenzmasse gegenüber dem Anfechtungsgegner werden infolge des Dolo-agit-Einwands mit dem Wertersatzanspruch des Anfechtungsgegners verrechnet.[823] Hingegen hat der Anfechtungsgegner ein Zurückbehaltungsrecht gem. § 273 BGB am anfechtbar erlangten Gegenstand bis zur Rückgewahr des Gegenwerts seiner Leistung.[824]

Demnach konfligieren auch diese mittelbaren Auswirkungen der Anfechtung des Verpflichtungsgeschäfts auf Verfügungsebene nicht mit dem Trennungs- und Abstraktionsprinzip.

### *3) Fazit*

Es zeigt sich, dass auch auf der Rechtsfolgenseite das Trennungs- und Abstraktionsprinzip umfassend Beachtung finden, indem strikt und konsequent zwischen der Anfechtung des Verpflichtungs- und des Erfüllungsgeschäfts unterschieden wird. Allerdings wirkt sich die Anfechtung des einen zumindest mittelbar auf das andere aus, wobei auch dies rechtsdogmatisch zu keiner Umgehung beider Prinzipien führt.

---

821 Vgl. Uhlenbruck-InsO/*Borries/Hirte*, § 144 Rn. 8f.; Braun-InsO/*Riggert*; § 144 Rn. 6ff.

822 Bork/*Ehricke*, S. 52; A/G/R/*Gehrlein*, § 129 Rn. 38; Jaeger-InsO/*Henckel*, § 143 Rn. 39; Uhlenbruck-InsO/*Borries/Hirte*, § 129 Rn. 103; MüKoInsO/*Kayser/Freudenberg*, § 129 Rn. 57.

823 Rattunde/Smid/Zeuner-InsO/*Zeuner*, § 144 Rn. 7.

824 BGH ZIP 1986, 787 (789).

### 3. Resümee

Es bleibt festzuhalten, dass Trennungs- und Abstraktionsprinzip auch in der Insolvenz präsent sind. Es liegt hier keine Friktion mit allgemein-zivilrechtlichen Rechtsvorstellungen vor. Vielmehr fügt sich die Behandlung der Insolvenzanfechtungstatbestände lückenlos in die zivilrechtliche Dogmatik ein, wenn auch bei den mittelbaren Anfechtungsfolgen ergänzend auf die jeweils andere Ebene rekurriert werden muss.

Demgegenüber ging die KO von 1877 noch nicht von einer Trennung beider Ebenen, sondern von einem Gesamtvorgang aus (sog. Einheitstheorie). Auf derartige Rechtsvorstellungen wird lediglich vereinzelt in der Literatur noch zurückgegriffen.

## III. Insolvenzanfechtung im *Duveneck/Leibl*-Fall

Wird etwa im *Duveneck/Leibl*-Fall über das Vermögen des Verkäufers das Insolvenzverfahren nach erfolgter Übergabe des Gemäldes eröffnet, wird der Insolvenzverwalter gegen den Käufer im Rahmen der Schenkungsanfechtung gem. § 134 Abs. 1 InsO vorgehen, welche sich bei einer teilweise unentgeltlichen Leistung entweder isoliert auf das Verpflichtungs- oder Verfügungsgeschäft oder auf beide Geschäfte beziehen kann. Welche Handlungen des Schuldners der Insolvenzverwalter konkret anficht, hat aufgrund des geltenden Abstraktionsprinzips Auswirkungen auf die Gegenrechte des Anfechtungsgegners gem. § 144 InsO.[825] Hier wird zu Darstellungszwecken unterstellt, dass der Insolvenzverwalter lediglich das Verpflichtungsgeschäft angefochten hat.

Im vorliegenden Fall liegt eine nach § 134 Abs. 1 InsO anfechtbare, partiell unentgeltliche Leistung vor. Der Begriff »Leistung« erfasst nicht nur verfügende Rechtsgeschäfte, durch die Rechte übertragen, belastet, aufgehoben oder inhaltlich verändert werden, sondern auch verpflichtende Rechtsgeschäfte und rechtsgeschäftsähnliche Handlungen, Realakte sowie Unterlassungen.[826]

Für die Frage der Unentgeltlichkeit kommt es nicht maßgeblich auf den subjektiven Willen der Parteien an; vielmehr ist zum Schutz der Gläubiger in

825 Die Norm verhindert eine anfechtungsbedingte, ungerechtfertigte Bereicherung der Masse. Ausführlich hierzu Braun-InsO/*Riggert*, § 144 Rn. 1ff.

826 Begr. RegE zu § 134; vgl. BGH, Urt. v. 26.04.2012 – IX ZR 146/11 = NZI 2012, 562; Urt. v. 08.11.2012 – IX ZR 77/11 = ZInsO 2012, 2338; Urt. v. 13.02.2014 – IX ZR 133/13 = ZInsO 2014, 439 = NZI 2014, 397 = ZIP 2014, 528.

erster Linie auf die objektiven Verhältnisse der ausgetauschten Werte abzustellen.[827]

Entscheidend für die Bestimmung der Unentgeltlichkeit ist, ob der Zuwendungsempfänger für die erhaltene Zuwendung seinerseits eine Gegenleistung erbringen musste.[828]

Eine teilweise unentgeltliche Leistung unterliegt der Anfechtung insoweit, als deren Wert, dem der Gegenleistung übersteigt und die Vertragsparteien den ihnen zustehenden Beurteilungsspielraum überschritten haben.[829] Dies dürfte hier der Fall sein.

Auf der Rechtsfolgenseite ist bei der Anfechtung unteilbarer Leistungen, wie in diesem Fall, umstritten, ob die gesamte Leistung angefochten werden kann, wenn der Hauptzweck der Leistung unentgeltlich war bzw. objektiv eine überwiegend unentgeltliche Leistung vorlag.[830]

Andere lehnen eine einheitliche Betrachtung jedenfalls dann ab, wenn es lediglich um einen wirtschaftlichen Ausgleich geht.[831] Der Anfechtungsgegner darf den Anfechtungsanspruch jedenfalls dadurch erfüllen, dass er den erhaltenen Gegenstand zurückgibt. Ein originärer Anspruch des Insolvenzverwalters auf Wertersatz besteht nicht, da nach § 143 InsO immer nur der aus der Masse konkret abgeflossene Gegenstand zurückgewährt werden muss und nur, wenn dies nicht möglich ist, ein Wertersatzanspruch besteht.[832] Relevant wird die Rechtsfolgenfrage, wenn es, wie im vorliegenden Fall, nicht nur um einen wirtschaftlichen Ausgleich geht, sondern dem abgeflossenen Gegenstand ein darüber hinausgehender Wert zukommt und sowohl Insolvenzverwalter als auch Anfechtungsgegner die weggegebene Leistung haben bzw. behalten wollen. In dieser Fallkonstellation wird vertreten, dass der Insolvenzverwalter bei einer überwiegend unentgeltlichen, unteilbaren Leistung ein Wahlrecht habe, ob er dem Anfechtungsgegner das Recht einräumt, die Leistung zu behalten und nur Wer-

827 St. Rspr.: BGHZ 162, 276 = NJW 2005, 1867; BGH, Urt. v. 09.11.2006 – IX ZR 285/03 = ZInsO 2006, 1322 = NZI 2007, 101; BGH, Urt. v. 05.06.2008 – IX ZR 17/07 = NJW 2008, 2506 = ZIP 2008, 1291; BGH, Urt. v. 02.04.2009 – IX ZR 236/07 = ZIP 2009, 1080 = NZI 2009, 429; BGH, Urt. v. 26.04.2012 – IX ZR 146/11 = NZI 2012, 562; so auch BAG, Urt. v. 12.09.2013 – 6 AZR 913/11 = ZIP 2014, 139; OLG Hamm, Urt. v. 13.11.2001 – 27 U 96/01 = BB 2002, 473 (474).

828 Uhlenbruck-InsO/*Borries/Hirte*, § 134 Rn. 25.

829 BGH, Urt. v. 24.06.1993 – IX ZR 96/92 = ZIP 1993, 1170; Urt. v. 01.04.2004 – IX ZR 305/00 = NZI 2004, 376 = ZInsO 2004, 548.

830 Zum alten Recht RGZ 101, 99; BGH, Urt. v. 27.11.1952 – IV ZR 146/52 = NJW 1953, 501; Urt. v. 30.09.1954 – IV ZR 98/54 = NJW 1955, 20; BGHZ 30, 120 = NJW 1959, 1363; BGHZ 107, 156 = ZIP 1989, 996.

831 MüKoInsO/*Kayser/Freudenberg*, § 134 Rn. 41 ff.

832 Uhlenbruck-InsO/*Borries/Hirte*, § 134 Rn. 34a.

tersatz für den unentgeltlichen Teil zu leisten oder ob er die anfechtbar weggegebene Leistung zurückverlangt.[833]

Da aufgrund der Anfechtung des Verpflichtungsgeschäfts die Grundlage für den Leistungsaustausch entfallen ist, soll im Gegenzug eine vollständige Rückgewähr nur Zug um Zug gegen Rückgewähr der erbrachten Gegenleistung erfolgen müssen.[834] Die Zulassung eines solchen Zurückbehaltungsrechts des Anfechtungsgegners im Sinne des § 273 Abs. 1 BGB korrespondiert mit den anfechtungsrechtlichen Grundsätzen, wenn die Gegenleistung noch unterscheidbar in der Insolvenzmasse vorhanden ist (§ 144 Abs. 2 S. 1 InsO).

Anderenfalls handelt es sich bei dem Rückgewähranspruch lediglich um eine Insolvenzforderung, die kein Zurückbehaltungsrecht gibt (§ 144 Abs. 2 S. 2 InsO).[835]

### IV. Zwischenfazit

Vernichtet die Anfechtung nach den §§ 119ff. BGB die nicht dem wirklichen Willen des Erklärenden entsprechende Willenserklärung ex tunc (§ 142 Abs. 1 BGB), so lässt die Insolvenzanfechtung das zugrunde liegende Rechtsgeschäft hingegen unberührt.

Die Insolvenzanfechtung bewirkt lediglich, dass aus dem Rechtsgeschäft keine Rechte zum Nachteil der Insolvenzmasse geltend gemacht werden können.[836] Die Ratio der Anfechtungsregeln besteht vordergründig im Gläubigerschutz.[837]

Dieser Gläubigerschutz dient nach traditioneller Sichtweise ganz der Gläubigergleichbehandlung.[838] Gleichsam bedeutend ist aber die allen Alt- und Neugläubigern zugutekommende (Wieder-)Herstellung der Haftungsmasse.[839]

Neben dem allgemeinen Schutz gegen Masseschmälerungen dient das Insolvenzanfechtungsrecht ebenfalls dem Verfahrenszweck insgesamt,[840] insbeson-

---

833 So BGHZ 107, 156, 159 = NJW 1989, 2122 [zu § 530 BGB]; Schmidt-InsO/*Ganter/Weinland*, § 134 Rn. 31; für ein Wahlrecht des Anfechtungsgegners stattdessen Jaeger-InsO/*Henckel*, § 134 Rn. 29; MüKoInsO/*Kayser/Freudenberg*, § 134 Rn. 41ff.

834 Kübler/Prütting/Bork-Inso/*Bork*, § 134 Rn. 53; Schmidt-InsO/*Ganter/Weinland*, § 134 Rn. 31.

835 Uhlenbruck-InsO/*Borries/Hirte*, § 143 Rn. 112 f., der hier ausnahmsweise ein Zurückbehaltungsrecht annimmt, da der Anfechtungsgegner mit der vollständigen Rückgewähr der erhaltenen Leistung eine über die unentgeltlich erlangte Leistung hinausgehende Leistung zurückgewährt und damit über Gebühr belastet wird. Ist der Insolvenzverwalter zur Rückgewähr der Gegenleistung nicht in der Lage, muss ihm dann die Möglichkeit gegeben werden, einen Wertersatzanspruch geltend zu machen.

836 MüKoInsO/*Kirchhof/Freudenberg*, vor §§ 129ff. Rn. 40.

837 *Thole*, Gläubigerschutz durch Insolvenzrecht, S. 279 ff.

838 Kübler/Prütting/Bork-Inso/*Bartels*, § 129 Rn. 6; Uhlenbruck-InsO/*Borries/Hirte*, § 129 Rn. 1.

839 *Thole*, S. 292 ff. – »schuldnerbezogenes Anfechtungsrecht«.

840 Vgl. auch MüKoInsO/*Kirchhof/Freudenberg*, vor § 129 Rn. 3.

dere der Erhaltung des Unternehmens und seit dem ESUG[841] reflexartig der Wiederherstellung einer Sanierungsmasse als »*Instrument eines im Insolvenzverfahren eingreifenden Schuldnerschutzes*« gegen Rechtshandlungen, die die Ziele eines Insolvenzplans gefährden (vgl. § 259 Abs. 3 InsO).[842]

Diese besonderen Maßgaben und Wertungen sprechen dafür, bei der zivilrechtlichen Anfechtung gem. § 119 Abs. 2 BGB eine Fehleridentität abzulehnen. Die insolvenzspezifischen Anfechtungsregeln schützen die Gläubigerinteressen und bieten Rechtssicherheit und Rechtsklarheit. Sie konkretisieren wiederum das Abstraktionsprinzip. Auf die allgemeinen zivilrechtlichen Rechtsbehelfe muss der Insolvenzverwalter nicht zurückgreifen.

## C. *Par conditio creditorum* als Leitmotiv für die Ablehnung der Anfechtbarkeit des Verfügungsgeschäfts gem. § 119 Abs. 2 BGB

Die *par conditio creditorum* ist ein zentraler Grundsatz des Insolvenzrechts, der auf eine lange Historie zurückblicken kann und im römischen Recht wurzelt.[843] Der Grundsatz der Gläubigergleichbehandlung ist elementarer Bestandteil sämtlicher modernen Insolvenzrechtskodifikationen.

### I. Historische Wurzeln

Die älteste bekannte Formulierung befindet sich in den Digesten des Ulpian und zitiert ihrerseits den Juristen Julian, der sie vom frühklassischen Juristen Servius Sulpicius[844] übernommen hatte:[845]

> »Qui vero post bona possessa debitum suum recepit, hunc in portionem vocandum exaequandumque ceteris creditoribus: neque enim debuit praeeripere ceteris post bona possessa, cum iam par conditio omnium creditorum facta esset«.[846]

---

841 Gesetz zur weiteren Erleichterung der Sanierung von Unternehmen (ESUG) vom 07.12.2011 (BGBl. I S. 2592, S. 2800), in Kraft getreten am 01.02.2012.

842 Schmidt-InsO/*Schmidt*, § 129 Rn. 1.

843 *Häsemeyer*, Rn. 4.01.

844 Servius Sulpicius, ca. 106 v. Chr. bis 43 v. Chr., war ein römischer Politiker, Redner und Jurist und gilt als einer der Begründer der klassischen römischen Rechtswissenschaft, vgl. dazu Jan Dirk Harke: Römisches Recht. Von der klassischen Zeit bis zu den modernen Kodifikationen, München 2008, § 1 Rn. 10, S. 9f.

845 *Bork*, ZIP 2014, 797 (797).

846 D. 42, 8, 6, 7. Übersetzung nach *Bork*, ZIP 2014, 797: *Wer nach der Beschlagnahme seines Vermögens eine Forderung einzieht, muss auf seinen Anteil verwiesen und den übrigen Gläubigern gleichgestellt werden. Denn nach der Beschlagnahme darf er den übrigen Gläu-*

Für den Zeitraum unmittelbar vor der Eröffnung des Verfahrens sollte dies dagegen nicht gelten:

> »Sciendum Iulianum scribere eoque iure nos uti, ut, qui debitam pecuniam recepit ante, quam bona debitoris possideantur, quamvis sciens prudensque solvendo non esse recipiat, non timere hoc edictum: sibi enim vigilavit«.[847]

Wer sich vielmehr in diesem Zeitraum noch rechtzeitig eine kongruente Deckung verschaffte, und sei es auch in Kenntnis von der Zahlungsunfähigkeit des Schuldners, wurde geschützt. Es galt insoweit der Satz des *Scaevola:*[848] »ius civile vigilantibus scriptum est«, »das ius civile ist für die Wachsamen (geschrieben)«.

Lag dagegen ein Betrug (»fraus«) vor, handelte der Schuldner in betrügerischer Absicht, und wusste dies der Gläubiger, konnte aufgrund der sog. »Actio Pauliana«[849] die Leistung zurückgefordert werden. Allerdings konnte dieser Rechtsbehelf wohl nur bei Vermögensverschiebungen an Dritte und nicht an Insolvenzgläubiger geltend gemacht werden.[850] Demnach dürften Anfechtungen wie heute nach § 130 InsO nicht möglich gewesen sein.[851]

Kannte der Schuldner selbst seine eigene Zahlungsunfähigkeit, dürfte dies kein Grund für eine Anfechtung wegen »fraus« gewesen sein. Denn wenn die Anfechtung auf dieser Grundlage auch dann nicht möglich war, wenn auch der Gläubiger hiervon Kenntnis hatte, musste dies erst recht auch für diesen Fall gelten. Nur dies entspricht dem voranstehend wiedergegebenen Satz des *Scaevola.*[852]

---

*bigern nichts mehr wegnehmen, weil dann schon die Gleichbehandlung aller Gläubiger verwirklicht ist.*

847 D. 42, 8, 6, 7. Übersetzung nach *Bork*, a. a. O.: *Bekanntlich hat schon Julian geschrieben – und es entspricht unserem geltenden Recht –, dass derjenige das Edikt nicht zu fürchten braucht, der ihm selbst geschuldetes Geld vor der Beschlagnahme des Vermögens annimmt; denn dieser Gläubiger hat seine Interessen gewahrt.*

848 Scaevola Quintus Cervidius Scaevola war ein Jurist der klassischen Epoche, vgl. dazu ausführlich: *Detlef Liebs*, Q. Cervidius Scaevola, S. 113ff.

849 Historisch wurzelnd im heutigen § 133 InsO; *Schwartz*, Der subjektive Tatbestand der Vorsatzanfechtung, S. 4ff.; *Bork* InsO, Rn. 257ff.

850 *Grevesmühl*, Die Gläubigeranfechtung nach klassischem römischen Recht, S. 87.

851 *Bork*, ZIP 2014, 797 (798) m. w. N.

852 *Bork*, ZIP 2014, 797 (798) m. w. N.; *Klinck*, Die Grundlagen der besonderen Insolvenzanfechtung, S. 7.

## II. Geltung im eröffneten Verfahren

Die Geltung des Gläubigergleichbehandlungsgrundsatzes im eröffneten Verfahren ist weltweit anerkannt, sowohl als Verteilungsregel als auch um die Chancengleichheit zu gewähren.[853]

### 1. Rechtsvergleich

Im englischen Recht gilt das »pari passu principle«,[854] im französischen Code de Commerce Art. L 643–8[855] und im österreichischen Recht § 50 IO.[856]

Auch das US-amerikanische Insolvenzrecht[857] sowie Art. 23 Abs. 2 der EuInsVO[858] nebst z. B. dem Erwägungsgrund 63[859] gehen von diesem Grundsatz aus.

853 Vgl. hierzu *Pluta*, Insolvenzaufrechnung und der Grundsatz der par conditio creditorum, 2009, S. 119ff.

854 Section 107 Insolvency Act 1986: Subject to the provisions of this Act as to preferential payments, the company's property in a voluntary winding up shall on the winding up be applied in satisfaction of the company's liabilities pari passu and, subject to that application, shall (unless the articles otherwise provide) be distributed among the members according to their rights and interests in the company. *Bork*, ZIP 2014, 797 (798) m.w.N.

855 Es heißt dort: »Le montant de l'actif, distraction faite des frais et dépens de la liquidation judiciaire, des subsides accordés au débiteur personne physique ou aux dirigeants ou à leur famille et des sommes payées aux créanciers privilégiés, est réparti entre tous les créanciers au marc le franc de leurs créances admises. La part correspondant aux créances sur l'admission desquelles il n'aurait pas été statué définitivement et, notamment, les rémunérations des dirigeants sociaux tant qu'il n'aura pas été statué sur leur cas, est mise en réserve«.

856 Es heißt dort: »Soweit das Insolvenzvermögen nicht zur Befriedigung der Masseforderungen und der Ansprüche der Absonderungsberechtigten verwendet wird, bildet es die gemeinschaftliche Insolvenzmasse, aus der die Insolvenzforderungen, unbeschadet der §§ 56 und 57, nach dem Verhältnis ihrer Beträge zu befriedigen sind«. Vgl. auch § 130 Abs. 1 IO Verteilungsquote.

857 Union Bank vs. Wolas 112 S.Ct. 527 (533) (1991).

858 Zur Vorgängernorm Art. 20 Abs. 2 EuInsVO: vgl. u. a. BGH ZIP 2008, 2029 Tz. 31. EuInsVO = Verordnung (EU) Nr. 848/2015 v. 20.05.2015 des Europäischen Parlamentes und des Rates v. 20.50.2016, ABl. (EU) L 141/19 v. 05.06.2015, S. 19–72. Wie auch die EuInsVO von 2000 gilt die neue EuInsVO in allen EU-Staaten außer Dänemark, Erwägungsgrund 88, vgl. auch OLG Frankfurt am Main NJOZ 2005, 2532.

859 63. Erwägungsgrund: Jeder Gläubiger, der seinen gewöhnlichen Aufenthalt, Wohnsitz oder Sitz in der Union hat, sollte das Recht haben, seine Forderungen in jedem in der Union anhängigen Insolvenzverfahren über das Vermögen des Schuldners anzumelden. Dies sollte auch für Steuerbehörden und Sozialversicherungsträger gelten. Diese Verordnung sollte den Verwalter nicht daran hindern, Forderungen im Namen bestimmter Gläubigergruppen – z. B. der Arbeitnehmer – anzumelden, sofern dies im nationalen Recht vorgesehen ist. Im Interesse der *Gläubigergleichbehandlung* sollte jedoch die Verteilung des Erlöses koordiniert werden. Jeder Gläubiger sollte zwar behalten dürfen, was er im Rahmen eines Insolvenzverfahrens erhalten hat, sollte aber an der Verteilung der Masse in einem anderen Verfahren erst dann teilnehmen können, wenn die Gläubiger gleichen Rangs die gleiche Quote auf ihre Forderungen erlangt haben.

Das deutsche Recht verwendet diesen Terminus technicus nicht, sondern spricht in § 1 InsO von der »gemeinschaftlichen Befriedigung« der Gläubiger, was als »gleichmäßige und anteilige« Befriedigung interpretiert werden kann.[860] Gleichwohl liegt der Grundsatz verschiedenen Insolvenzrechtsnormen zugrunde[861] und es besteht kein Zweifel, dass das deutsche Recht seit jeher, wie auch zur Zeit der KO, dem Grundsatz der »par conditio creditorum« gefolgt ist.[862]

### 2. Beachtung in der höchstrichterlichen Rechtsprechung

Auch die Rechtsprechung des BGH hat dieses Prinzip bei der Auslegung von Normen der InsO herangezogen.[863] Lediglich beispielhaft sei auf die Bestimmungen über den Masseschutz bzw. -erhalt hingewiesen,[864] wobei der Grundsatz nur für die Insolvenzmasse, nicht hingegen für das massefreie Vermögen gilt.[865] Auch bei der Behandlung gegenseitiger Verträge[866] und bei einer Reihe weiterer Bestimmungen der InsO wird auf dieses Prinzip rekurriert.

Letztlich kann auf der Grundlage der BGH-Rechtsprechung für das deutsche Insolvenzrecht Folgendes konstatiert werden:[867]

Der Gleichbehandlungsgrundsatz wird immer dann herangezogen, wenn es um die Verteilung der Masse geht, im Verhältnis der Insolvenzgläubiger untereinander und der Massegläubiger bei Masseunzulänglichkeit[868] sowie im Verhältnis zwischen Gesellschaftern und Gläubigern.[869]

Sämtliche vom Gesetzgeber nicht ausdrücklich angeordnete Ausnahmen vom Grundsatz der »par conditio creditorum« werden vom BGH konsequent abgelehnt, z. B. für Sozialversicherungsträger,[870] Hoheitsträger[871] oder den Beihilfen

---

860 BGH ZIP 2003, 801 (812). Vgl. hierzu auch *Thole*, S. 61.

861 Vgl. u. a. §§ 1, 38, 39, 187ff., 245, 251 InsO, vgl. *Bork*, ZIP 2014, 797 (798).

862 *Bork*, a. a. O.

863 *Bork*, a. a. O.

864 Für § 80 Abs. 1 und 2 InsO: BGH ZIP 2010, 1552 (mit Besprechung *Jacoby*, ZIP 2010, 1725 und *Wagner*, ZIP 2011, 846); BGH ZIP 2007, 1338 Tz. 12; für § 87 InsO: BGH ZIP 2013, 680 Tz. 21; BGH ZIP 2010, 380 Tz. 9; für die Vollstreckungsverbote §§ 89, 294, 302 Nr. 1 InsO: BGH ZIP 2013, 680 Tz. 21; BGH ZIP 2012, 1311 Tz. 13 (dazu *Budnik*, EWiR 2012, 1402); für die Gesamtschadensliquidation in § 92 InsO: BGH ZIP 2011, 1575 Tz. 6; BGH ZIP 2009, 2012 Tz. 12 (dazu *Runkel/Schmidt*, EWiR 2010, 157).

865 BGH ZIP 2010, 380 Tz. 9; BGH ZIP 2010, 93 Tz 12.

866 BGH ZIP 2013, 274, Rn. 13 für das Wahlrecht nach § 103 InsO.

867 *Bork*, ZIP 2014, 797 (799).

868 § 209 InsO: BGH ZIP 2033, 914 (918).

869 § 199 InsO: BGH ZIP 2010, 1039 Tz. 27; *Bork*, ZIP 2014, 797 (799).

870 BGH ZIP 2006, 290 Tz. 14.

871 BGH ZIP 2011. 683 Tz. 13.

zurückfordernden Staat.[872] Dieser Grundsatz könne nur durch den Gesetzgeber durchbrochen werden.[873]

Schließlich dient der Grundsatz zur Limitierung der Handlungsmacht des Insolvenzverwalters, wenn auch nur bei evidenter Insolvenzzweckwidrigkeit.[874]

### 3. Stellungnahme

Zwar ist der Gleichbehandlungsgrundsatz wie jeder Grundsatz nicht ausnahmslos durchgeführt. Es gibt also auch Durchbrechungen. Allerdings bemüht sich der Gesetzgeber stets, so *Bork*, sofern eine Regelung in anderer Weise erfolgen kann, zu diesem Prinzip wieder zurückzukehren.

Das war z. B. der Fall bei der Privilegierung arbeitsrechtlicher Ansprüche im Konkursverfahren, die mit Einführung des Konkurs- bzw. Insolvenzausfallgelds gegenstandslos und demnach aus dem Gesetz entfernt wurde.[875] Auch genießen hoheitliche Forderungen, insbesondere steuerrechtlicher Art, kein Vorrecht mehr.[876]

In der Gesamtschau der diesen Aussagen zugrunde liegenden Rechtsprechung und der erwähnten legislatorischen Maßnahmen lässt sich der Gläubigergleichbehandlungsgrundsatz de lege lata als grundlegendes Prinzip (nicht nur) im deutschen Insolvenzrecht einordnen. Gleichzeitig flankiert dieser Grundsatz die Wirkungen des Abstraktionsprinzips.

Anders als sonst im Zivilrecht sind im Insolvenzrecht jedoch die spezifischen Wertungen dieses Rechtsgebiets zu berücksichtigen, insbesondere bei der Insolvenzanfechtung. Zwar hat die Anfechtung in der Doppelinsolvenz Aussonderungskraft.[877] Das bedeutet im Umkehrschluss jedoch nicht, dass das Abstraktionsprinzip im Insolvenzrecht überflüssig ist. Ebendies zeigt gerade die Norm des § 47 InsO.

Nachfolgend soll im Einzelnen dargelegt werden, dass und warum gerade auch diese besonderen insolvenzrechtlichen Maßgaben und Wertungen gegen eine Anfechtbarkeit des Verfügungsgeschäfts gem. § 119 Abs. 2 BGB sprechen. Damit soll aus einer insolvenzrechtlichen Perspektive ein weiterer Argumentationsbeitrag zur Begründung der dogmatischen Überlegenheit des Abstraktionsprinzips und einer einschränkenden BGB-Anfechtung auf Verfügungsebene geleistet werden.

872 BGH ZIP 2007, 1816 Tz. 46.
873 BGH ZIP 2007, 1338 Tz. 20; BVerfGE 65, 182 (191).
874 BGH ZIP 2013, 531 Tz. 8.
875 *Bork*, ZIP 2014, 797 (800); vgl. auch die Regelung in § 61 Abs. 1 Nr. 1 KO.
876 *Paulus*, Rn. 27 und 31 ff.
877 Vgl. in diesem Kapitel C.IV.

## III. Keine insolvenzrechtliche Privilegierung von schuldrechtlichen und bereicherungsrechtlichen Verschaffungsansprüchen

### 1. Diskussionsstand

Ungeachtet häufiger Kritik[878] ist ein Aussonderungsschutz für schuldrechtliche und bereicherungsrechtliche Verschaffungsansprüche nicht vorgesehen.[879] Die Kritik erschöpft sich im Wesentlichen darin, dass materiell-rechtlich der rechtsgrundlose Erwerb - meist - nur vorläufig ist, da dem sine causa Verfügenden ein Bereicherungsanspruch weiterhilft. Weil der rechtgrundlose Eigentumserwerb zivilrechtlich notfalls im Wege der Vollstreckung rückgängig gemacht werden kann, »verewigt« die Insolvenz des Verfügungsempfängers den Eigentumsentzug zugunsten der Insolvenzmasse.[880]

Auch der Gesetzgeber hat sich bei rein schuld- und kondiktionsrechtlichen Verschaffungsansprüchen gegen einen insolvenzrechtlichen Schutz entschieden. Im Rahmen der Insolvenzrechtsreform war ein vermeintliches Schutzdefizit des sine causa Verfügenden - soweit ersichtlich - an keiner Stelle Diskussionsgegenstand.[881]

Die Verfasser des BGB sprachen dem Bereicherungsgläubiger sogar ausdrücklich ein Aussonderungsrecht ab.[882] Bereicherungsrechtliche Ansprüche sind regelmäßig Insolvenzforderungen im Rang des § 38 InsO.[883]

Mit den Vertretern, die die Fehleridentität beim Eigenschaftsirrtum bejahen und damit das Abstraktionsprinzip »umgehen« wollen, erscheint die Einordnung als gewöhnlicher Insolvenzgläubiger auf den ersten Blick als unbillig und es wird der Vorteil bei den Rechtsordnungen mit einer kausalen Übereinung gesehen. Allerdings müssen die rechtsdogmatischen und rechtspraktischen Wertungen im Insolvenzverfahren zwingend beachtet werden.

Um es vorwegzunehmen: unter dem Gesichtspunkt der Gläubigergleichbehandlung sowie ökonomischer und rechtspraktischer Vernunft im insolvenz-

---

878 Rechtspolitische Kritik bei *Heck*, Das abstrakte dingliche Rechtsgeschäft (1937), S. 18ff.; *Larenz*, SchuldR II/1, § 39 II d; *Kegel*, FS Mann (1977), 56 (81f.); *Rodriguez-Rosado*, Abstraktionsprinzip und redlicher Erwerb als Mittel zum Schutze des Rechtsverkehrs, S. 120ff.; *Füller*, S. 232ff.

879 *Mugdan* Bd. II, Protokolle, S. 723f.; Jaeger-InsO/*Henckel*, § 47 Rn. 125; Graf-Schlicker-InsO/*Bremen*, § 47 Rn. 28f.; Heidelberger Kommentar-InsO/*Lohmann*, § 47 Rn. 17; Bork/Hölzle/*Beuck*, Kap. 9 Rn. 132.

880 So *Füller*, S. 233.

881 *Grigoleit*, AcP (199) 1999, 379 (388) m. w. N.

882 *Mugdan* Bd. II, Protokolle II, S. 721ff.

883 OLG Hamm, Urt. v. 29.3.2011 - 1-27 U 134/10 = ZIP 2011, 2068; MüKoInsO/*Ganter*, § 47 Rn. 347. Bei einer Bereicherung der Insolvenzmasse nach der Eröffnung des Insolvenzverfahrens sind diese Ansprüche sog. Masseverbindlichkeiten i. S. v. § 55 Abs. 1 Nr. 3 InsO sein.

rechtlichen Kontext ist es jedoch nur konsequent, eine wirtschaftlich vorteilhaftere Stellung des sine causa Verfügenden abzulehnen.

### 2. Vermögenszugehörigkeit und Güterzuordnung

Der Aussonderungsschutz gem. § 47 InsO steht in unmittelbaren Zusammenhang mit der sachenrechtlichen Vermögenszuordnung und damit für die Gläubiger zur Verfügung stehenden Haftungsmasse (§§ 35 Abs. 1, 47 S. 2 InsO). Für diese Güterzuordnung ist die formale Eigentumsposition maßgebend, die wegen des geltenden Abstraktionsprinzips schuldrechtliche Verschaffungs- und Bereicherungsansprüche ausblendet. Eine rechtsgrundlos übereignete Sache ist Bestandteil der Soll-Masse. Ob die betreffende Sache kondizierbar ist, ist danach unerheblich.[884]

Schuldrechtliche Verschaffungsansprüche haben keine Aussonderungskraft. Sie sind (noch) nicht auf die Herausgabe einer individualisierbaren Sache oder eines individualisierbaren Rechts gerichtet. Der Verschaffungsgläubiger kann gerade nicht beanspruchen, dass eine Sache nicht zur Soll-Masse gehört.[885] Gleiches gilt für Konditionsansprüche, die ausnahmsweise eine Masseverbindlichkeit gem. § 55 Abs. 1 Nr. 3 InsO sein können, sofern die Insolvenzmasse nach der Insolvenzverfahrenseröffnung bereichert wird.[886]

Die Gegenmeinung, die einen Aussonderungsschutz auch für Verschaffungs- bzw. Bereicherungsansprüche annimmt, wird vor allem von Kritikern des Abstraktionsprinzips vertreten, die, wie *Philipp Heck*, für eine komplette Abschaffung der Abstraktion und die Einführung des Kausalprinzips eintraten.[887]

### 3. Keine Analogie zu den Treuhandverhältnissen

Gegen die insolvenzrechtliche Akzeptanz des Abstraktionsprinzips vermag auch nicht eine Analogie zu den Treuhandverhältnissen in der Insolvenz zu verfangen. Dass in dieser Situation das Treugut insolvenzrechtlich weiterhin dem Vermögen des Treugebers zugeordnet wird, obwohl der Treuhänder der formale Eigentümer ist, führt nicht zu einer Gleichbehandlung des sine causa Verfügenden. Das

884 *Füller*, S. 232.

885 So etwa Jaeger-InsO/Henckel, § 47 Rn. 125. Dagegen ist der Kommittent in der Insolvenz des Einkaufskommissionärs aussonderungsberechtigt. Das Kommissionsgut gehört (Wertung aus § 293 Abs. 2 HGB) haftungsrechtlich nicht zum Vermögen des Kommissionärs. Der Herausgabeanspruch des Kommittenten aus § 384 Abs. 2 HGB berechtigt somit zur Aussonderung; *Canaris*, Handelsrecht, § 30 Rn. 73f.

886 Kübler/Prütting/Bork-InsO/*Prütting*, § 47 Rn. 48; *Ganter*, NZI 2005, 1 (2).

887 *Heck* (1937), S. 1.

Treuhandverhältnis ist ein atypischer, kautelarjuristisch herbeigeführter Sonderfall der Eigentumszuweisung.[888]

Indes beruht die dem Abstraktionsprinzip zugrunde liegende Ordnung der Eigentumsverhältnisse auf einer bewussten Entscheidung des Gesetzgebers,[889] die nicht im Wege der Rechtsfortbildung unterlaufen werden kann.

Ferner bestimmt regelmäßig der Sicherungsvertrag die Rechtsmacht am Treugut, was die wirtschaftliche Position des Treuhänders weithin schwächt. Der Treuhänder ist im Rahmen seiner formalen Rechtsstellung weisungsgebunden. Eine wirtschaftliche Betrachtung dieser Situation lässt deutlich werden, dass der Treugeber trotz Fehlens der formalen Eigentümerposition weiterhin der in wirtschaftlicher Hinsicht Berechtigte ist.[890] Daraus folgt das Recht zur Aussonderung des Treugebers in der Insolvenz des Treuhänders. Der Treuhänder kann in der Insolvenz des Treugebers die Aussonderung nicht geltend machen.[891]

Die schwache Situation des Treuhänders in der Insolvenz des Treugebers ist mit derjenigen des Bereicherungsschuldners nicht vergleichbar. Dieser sieht sich lediglich mit einem bereicherungsrechtlichen Verschaffungsanspruch – mit Entreicherungseinwand nach § 818 Abs. 3 BGB – und ohne wirtschaftlich entwertende Vereinbarung konfrontiert.[892]

### 4. Insolvenzspezifischer Telos des Abstraktionsprinzips

Für eine absolute Geltung des Abstraktionsprinzips im Insolvenzverfahren streiten teleologische Erwägungen.

Wie bereits im 1. Kapitel dargestellt, bewirken Trennungs- und Abstraktionsprinzip die Erleichterung des Rechtsverkehrs und Verkehrsschutz beim Rechtserwerb, da für den Erwerber bei der Überprüfung der Voraussetzungen des Rechtsübergangs die schuldrechtliche Ebene irrelevant ist,[893] und damit eine rasche und eindeutige Klärung der Rechtszuordnung ermöglicht wird.[894] Auch in der Insolvenz müssen Vermögensgegenstände fungibel bleiben. Zunächst ist die Haftungsmasse schnellstmöglich zu ermitteln, die über die Durchführung des Insolvenzverfahrens entscheidet. Für eine optimale Verwertung und Mehrung der Insolvenzmasse muss der Insolvenzverwalter dann rechtssicher über massebefangene Vermögensgegenstände verfügen können. Ein effektives Verwalt-

888 *Grigoleit*, AcP (199) 1999, 379 (387).
889 *Grigoleit*, a. a. O.; *Rodriguez-Rosado*, S. 121.
890 Kübler/Prütting/Bork-InsO/*Prütting*, § 47 Rn. 26.
891 BGH, Urt. v. 19.11.1992 – IX ZR 45/92 = ZIP 1993, 213 (214); Uhlenbruck-InsO/*Brinkmann*, § 47 Rn. 33; Nerlich/Römermann-InsO/*Andres*, § 47 Rn. 37.
892 *Grigoleit*, AcP (199) 1999, 379 (387).
893 *Berger*, JZ 1993, 1169, 1171.
894 *Berger*, a. a. O.

erhandeln ist lediglich dann gewährleistet, wenn der Insolvenzverwalter nicht mit aufwendigen Konflikten um die Wirksamkeit von Verpflichtungsgeschäften belastet wird.

Diesen Vorteilen stehen auch keine vermeintlichen Schutzdefizite entgegen. Die Gründe der materiell-rechtlichen Unwirksamkeit des Verpflichtungsgeschäfts beim Eigenschaftsirrtum wurzeln ausschließlich im Einflussbereich des sine causa Verfügenden. Die Schutzintensität in den unstreitigen Fallgruppen der Fehleridentität führt dazu, dass der Vermögensgegenstand nicht nur kondiziert, sondern auch aussonderungsfähig vindiziert werden kann.

Ein beachtliches Schutzbedürfnis des sine causa Verfügenden kann auch nicht aus dessen schwacher Stellung abgeleitet werden, da für ihn ein Sicherungsbedürfnis regelmäßig nicht vorhersehbar war und daher der Rückgewähranspruch eine freiwillige ungesicherte Kreditierung nicht zum Inhalt habe.[895] In der Folge mehre die rechtsgrundlos übereignete Sache die Insolvenzmasse nur zufällig.[896]

Aber auch das ist nur konsequent. Auch im Insolvenzverfahren bewirkt das Abstraktionsprinzip, dass der rechtswirksame Bestand materieller Verfügungen losgelöst von der Kausalebene zu beurteilen ist. Der vom Abstraktionsprinzip bezweckte Schutz der Verkehrs- und Gläubigerinteressen rechtfertigt eine insolvenzrechtliche Privilegierung desjenigen, der entsprechende insolvenzfeste Sicherheiten einholt. Vernachlässigen die Parteien das Risiko eines unwirksamen Verpflichtungsgeschäfts,[897] greift dieses Verkehrsbedürfnis mangels bewusster Kreditierung nicht ein.[898]

## 5. Insolvenzspezifische Wertungen

### *a) Gleichbehandlungsgrundsatz »par conditio creditorum«*

Eine Aussonderungskraft des Kondiktionsanspruchs steht insbesondere auch im Widerspruch mit dem Gläubigergleichbehandlungsgrundsatz. Anders als *Grigoleit*[899] meint, konkretisiert dieser aber nicht nur das Abstraktionsprinzip, sondern hat wegen seiner eigenständigen insolvenzspezifischen Wertung eine weitergehende Schutzrichtung.[900] Der Grundsatz der *par conditio creditorum* tritt daher flankierend neben die obigen teleologischen Erwägungen,[901] um die Geltung des Abstraktionsprinzips im Insolvenzverfahren zu rechtfertigen.

895 So aber *Stadler*, S. 456ff.

896 *Füller*, S. 234.

897 Die Parteien hätten bspw. in den allgemeinen Geschäftsbedingungen einen Eigentumsvorbehalt für den Fall der Unwirksamkeit des Kaufvertrags aufnehmen können.

898 *Grigoleit*, AcP (199) 1999, 379 (389).

899 *Grigoleit*, AcP (199) 1999, 379 (388).

900 Siehe in diesem Kapitel A.I.

901 So auch *Füller*, S. 234.

Die Bevorzugung des sine causa Verfügenden gegenüber anderen Insolvenzgläubigern widerspricht dem Gläubigergleichbehandlungsgrundsatz.[902] Das Abstraktionsprinzip belastet den bereicherungsrechtlichen Rückgewährgläubiger selten. Haben beide Vertragsparteien eines unwirksamen oder anfechtbaren Verpflichtungsgeschäfts bereits geleistet, ist der gerade Verfügende nicht schutzlos. Die bereicherungsrechtliche Saldotheorie sowie die insolvenzrechtlichen Aufrechnungsvorschriften (§§ 94, 95 InsO) verhindern in der Höhe der von ihm erbrachten Gegenleistung eine einseitige Inanspruchnahme des Insolvenzverwalters.[903] Lediglich der vorleistende Rückgewährgläubiger verdient diesen Schutz nicht und wird wegen der freiwilligen Kreditierung auf die Insolvenzquote verwiesen.[904]

### *b) Symmetrieargument*

Schließlich bemühen die Vertreter des Abstraktionsprinzips das sog. Symmetrieargument[905] in der Insolvenz des Verkäufers wegen einer unbilligen Bevorzugung der Sach- gegenüber der Geldschuld. Geld ist grundsätzlich aussonderungsfähig, da es sich um vertretbare Sachen handelt; jedoch nur, wenn es sich um einen individuell bestimmten Geldschein oder ein Geldstück handelt. Der Eigentümer von Geldzeichen hat demzufolge nur so lange einen Herausgabeanspruch nach § 985 BGB gegenüber dem Besitzer (Schuldner) und damit ein Aussonderungsrecht nach § 47 InsO, wie sich die konkreten Banknoten oder Münzen individualisierbar im Besitz des Herausgabepflichtigen befinden.[906] Eine Geldwertvindikation wird abgelehnt.[907]

Indes ist dies von ungeordneter Praxisrelevanz: Die Bank hat in der Regel durch die Einzahlung an den Geldzeichen bzw. die Umwandlung von Bar- in Buchgeld Eigentum erworben (§§ 948 Abs. 1, 947 Abs. 2 BGB).[908]

Des Weiteren hat auch der Insolvenzverwalter durch Inbesitznahme zumeist die vorgefundenen und verwahrten Bar- und/oder Buchgelder ununterscheidbar

902 *Grigoleit*, AcP (199) 1999, 379 (388) m. w. N.; a. A. *Füller*, S. 234.

903 So auch *Grigoleit*, AcP (199) 1999, 379 (390).

904 *Wieling*, ZEuP 2001, 301 (305); *Rodriguez-Rosado*, S. 122 m. w. N.

905 *Medicus* BGB AT, Rn. 230; *ders.*, Jus 1993, 879 (900); *Aretz*, JA 1998, 242 (246).

906 *Häde*, KTS 1991, 365, 370 ff; Kübler/Prütting/Bork-InsO/*Prütting*, § 47 Rn. 10. Im Falle der Vermischung von fremdem mit eigenem Geld entsteht an sich an dem Gesamtbestand des Geldes Miteigentum gemäß §§ 948 Abs. 1, 947 Abs. 1 BGB. Dieses Miteigentum könnte zur Aussonderung berechtigen. Das würde aber ebenfalls voraussetzen, dass der Gesamtbestand dieses Geldes und die genauen Anteile von fremdem und eigenem Geld exakt festzustellen und zu unterscheiden sind.

907 Vgl. Staudinger/*Thole*, § 985 Rn. 152 ff.; MüKoBGB/*Baldus*, § 985 Rn. 73 ff.; Uhlenbruck-InsO/*Brinkmann*, § 47 Rn. 7 m. w. N.

908 BGH NZI 2010, 897 = NJW 2010, 3578. Siehe auch 1. Kapitel G.III.

in die Insolvenzmasse eingebracht, so dass es sich bei dem Rechtsfortwirkungsanspruch nach §§ 951, 812ff. BGB um eine Insolvenzforderung handelt.

### c) *Rechtsbehelfe des Käufers in der Insolvenz des Verkäufers und Wertung des § 103 InsO*

Dass der Aussonderungsschutz für den bereicherungsrechtlichen Rückgewährungsgläubiger zu versagen ist, veranschaulicht ebenfalls die rechtliche Behandlung vertraglicher Sekundäransprüche des Käufers in der Insolvenz des Verkäufers. Wird dem Käufer eine mangelhafte Sache geliefert und hat er die Verpflichtung zur Kaufpreiszahlung bereits erfüllt, würde der Käufer im Insolvenzverfahren des Verkäufers lediglich als Insolvenzgläubiger teilnehmen.

Eine Anfechtung nach § 119 Abs. 2 BGB wegen Eigenschaftsirrtums ist nach Gefahrübergang[909] durch die vorrangigen Sachmängelgewährleistungsrechte nach §§ 437ff. BGB gesperrt.[910] Die Mangelfreiheit stellt eine verkehrswesentliche Eigenschaft dar. Der Käufer ist mithin auf die Geltendmachung dieser Sekundärrechte beschränkt.

Bei diesen Rechten handelt es sich mit Ausnahme von Gestaltungsrechten wie dem Rücktritts- und Minderungsrecht um Folgeansprüche eines vor der Insolvenz abgeschlossenen Kaufvertrags. Der Mangel in diesen Fällen war also bei Lieferung und Leistung im Kaufgegenstand bereits angelegt. Mit anderen Worten: Der anspruchsbegründende Tatbestand ist bereits vor Eröffnung des Insolvenzverfahrens abgeschlossen.[911] Der Empfänger von vor Insolvenzeröffnung bewirkten Lieferungen und Leistungen kann Gewährleistungsansprüche nur noch als Insolvenzforderungen gem. §§ 38, 174 InsO zur Tabelle anmelden.

Gestaltungsrechte begründen durch ihre Ausübung die Entstehung von Insolvenzforderungen.[912] Durch die Erklärung des Rücktritts wird ein Schuldverhältnis in ein Rückgewährschuldverhältnis im Sinne des § 346 BGB umgewandelt. Auf Rückgewährschuldverhältnisse mit gegenseitigem Leistungsaustausch ist jedoch das Wahlrecht des Insolvenzverwalters gem. § 103 InsO[913] nach h. M. analog anwendbar,[914] sofern der Rücktritt vor Insolvenzverfahrenseröffnung erklärt wurde. Hierfür spricht, dass es sich bei einem Rückabwicklungsschuld-

909 Umstritten ist die Frage, ob die Gewährleistungsrechte nicht bereits vor Gefahrübergang eingreifen. Siehe hierzu ausführlich 2. Kapitel B.I.2.

910 MüKoBGB/*Westermann*, § 437 Rn. 54ff.; *Dötsch*, NZM 2011, 457 (458).

911 Uhlenbruck-InsO/*Sinz*, § 38 Rn. 26.

912 MüKoInsO/*Ehricke*, § 38 Rn. 47; Jaeger-Inso/*Henckel*, § 38 Rn. 64.

913 Vorbehaltlich der Sonderregelungen der §§ 104ff. InsO entscheidet allein der Insolvenzverwalter über die Abwicklung von gegenseitigen Verträgen.

914 Nerlich/Römermann-InsO/*Balthasar*, § 103 Rn. 15; Uhlenbruck-InsO/*Wegener*, § 103 Rn. 95; offen gelassen BGH, Urt. v. 22.1.2009 – IX ZR 66/07 = ZIP 2009, 428; BGH, Urt. v. 23.10.2003 – IX ZR 165/02 = ZIP 2003, 2379 = ZInsO 2003, 1138; Urt. v. 7.3.2002 – IX ZR 457/99 = ZIP 2002, 858.

verhältnis um die Fortsetzung des ursprünglichen Vertragsverhältnisses in modifizierter Form handelt. Wählt der Insolvenzverwalter die Nichterfüllung, bleibt das Rückgewährschuldverhältnis selbst bestehen, und es erlöschen auch nicht die gegenseitigen Verpflichtungen, da die Eröffnung des Insolvenzverfahrens keine materiell-rechtliche Umgestaltung des gegenseitigen Vertrags bewirkt, sondern lediglich die Undurchsetzbarkeit der gegenseitigen Leistungspflichten.[915] Es bleibt mithin bei den mit der Eröffnung des Insolvenzverfahrens verbundenen Folgen.[916]

Der Vertragspartner kann das von ihm bislang Geleistete nicht zurückverlangen. Ihm steht eine Forderung wegen Nichterfüllung - im Ergebnis ein Schadensersatzanspruch - zu, den er gem. § 103 Abs. 2 S. 1 InsO nur durch Anmeldung zur Tabelle verfolgen kann, §§ 87, 174 Abs. 1 S. 1 InsO.

Auch bei der bereicherungsrechtlichen Rückabwicklung wird § 103 InsO für das Rückabwicklungsschuldverhältnis ohne Saldierungsmöglichkeit entsprechend angewendet, da es sich um Folgewirkungen eines gegenseitigen Vertrags handelt, das in der Regel ebenfalls nur Zug um Zug zu erfüllen ist.[917]

Jedoch wäre das Wahlrecht des Insolvenzverwalters obsolet, wenn der Rückgewähranspruch des rechtsgrundlos Verfügenden zur Aussonderung führen würde. Unter insolvenzrechtlichen Wertungsgesichtspunkten des § 103 InsO kann ein nichtiger bzw. angefochtener Vertrag in der Insolvenz eines Vertragspartners keine stärkere Wirkung für den Rechtsverkehr als ein rechtswirksamer Vertrag haben. Das Insolvenzrecht sieht gerade keine Privilegierung von Rückabwicklungsansprüchen aus nichtigen Rechtsgeschäften aus der Zeit vor Insolvenzeröffnung vor.[918]

Ist hingegen der Verkäufer bei einem rechtswirksamen Kaufvertrag in Vorleistung getreten, führt ausschließlich die Erfüllungswahl des Insolvenzverwalters zu einer dinglichen Rechtsposition des Käufers. Der Verkäufer kann im Falle der Erfüllungswahl auch nicht mehr den Rücktritt erklären. Nur für den Fall, dass der Insolvenzverwalter die Erfüllung gemäß § 103 Abs. 2 InsO ablehnt, ist der regelmäßig unter Eigentumsvorbehalt vorleistende Verkäufer unmittelbar zur Aussonderung berechtigt.[919]

915 BGHZ 196, 160 = NJW 2013, 1245 Rn. 10 m. w. N.

916 BGH NZI 2002, 375 ff.; vgl. auch BGH NZI 2003, 491 ff.

917 Vgl. dazu MüKoInsO/*Huber*, § 103 Rn. 86.

918 BGH NZI 2005, 157, 159.

919 BGH NJW-RR 2008, 818 Rn. 43; Jaeger-InsO/*Henckel*, § 47 Rn. 46; MüKoInsO/*Ganter*, § 47 Rn. 72; MüKoInsO/*Huber*, § 103 Rn. 177.

#### 6. Resümee

Der sine causa Verfügende wird im Insolvenzverfahren mit seinem bereicherungsrechtlichen Rückgewähranspruch nicht privilegiert. Für Bereicherungsansprüche ist ein Aussonderungsschutz nicht vorgesehen. § 47 InsO ist de lege lata nicht anwendbar.

Der sine causa Verfügende wird mit anderen Insolvenzgläubigern, insbesondere Vertragsgläubigern, im Rang des § 38 InsO gleichbehandelt. Nur derjenige, der das Risiko eines unwirksamen Verpflichtungsgeschäfts und eine mögliche Insolvenzgefahr bewusst absichert, kann insolvenzrechtlich privilegiert sein.

Gegen eine Aussonderungskraft des Kondiktionsanspruchs sprechen das im Insolvenzverfahren geltende Abstraktionsprinzip und der diesen Grundsatz flankierende Gleichbehandlungsgrundsatz.

Ein effektives Verwalterhandeln ist lediglich dann gewährleistet, wenn der Insolvenzverwalter nicht mit aufwendigen Konflikten um die Wirksamkeit von Verpflichtungsgeschäften belastet wird.

Schließlich streiten auch weitere insolvenzspezifische Maßgaben und Wertungen dafür, insbesondere das Symmetrieargument und der unauflösbare Wertungswiderspruch mit § 103 InsO, dass der kausalos Verfügende nicht dinglich gesichert sein kann.

### IV. Aussonderungskraft des anfechtungsrechtlichen Rückgewähranspruchs

#### 1. Meinungsstand in Rechtsprechung und Literatur

Wird auch über das Vermögen des Anfechtungsgegners das Insolvenzverfahren eröffnet (»Fall der Doppelinsolvenz«), begründet der Rückgewähranspruch aus § 143 Abs. 1 S. 1 InsO in der Insolvenz des Anfechtungsgegners ein Aussonderungsrecht.[920]

Voraussetzung ist allerdings, dass eine Rückgewähr in natura möglich und Ziel der Anfechtung die Rückgewähr einer Sache oder eines Rechts im Sinne von § 47 InsO (dingliche Rechte und schuldrechtliche Ansprüche in Bezug auf einen zur Insolvenzmasse gehörenden Gegenstand) ist.[921] Demgemäß scheidet mangels

920 Seit der Grundsatzentscheidung BGHZ 156, 350 (359ff.) = NJW 2004, 214, 216; ausführlich hierzu *Eckhardt*, KTS 2005, 15 ff; BGHZ 178, 171 = NJW 2009, 225; Jaeger-InsO/*Henckel*, § 47 Rn. 116; MüKoInsO/*Ganter*, § 47 Rn. 346; a. A. *Häsemeyer*, Rn. 21.16; *Koziol*, Grundlagen und Streitfragen der Gläubigeranfechtung, Wien, S. 38 ff., 54; Uhlenbruck-InsO/*Borries/Hirte*, § 143 Rn. 72; Gottwald-InsO/*Huber*, § 52 Rn. 4.

921 BGH, Urt. v. 23.10.2003 – IX ZR 252/01 = BGHZ 156, 350; BGHZ 174, 228; BGHZ 178, 171 (Doppelinsolvenz von Gesellschaft und Gesellschafter).

Sachqualität Aussonderungsschutz bei der Rückforderung eines anfechtbar überwiesenen Geldbetrags aus.[922] Der zurückgeforderte Gegenstand muss unterscheidbar in der Masse vorhanden oder hinterlegt sein.[923]

Für die Aussonderungskraft in der Insolvenz des Anfechtungsgegners wird auf § 145 Abs. 1 InsO rekurriert.[924] Der bloß schuldrechtliche Anspruch stehe dem wegen des Wortlauts von § 47 InsO nicht entgegen.[925] Eine Insolvenz des Leistungsempfängers wirkt sich auf den Inhalt des mit der Anfechtung geltend gemachten Anspruchs nicht aus. Der Rückgewähranspruch gem. § 143 Abs. 1 S. 1 InsO stellt nicht nur eine Insolvenzforderung gem. § 38 InsO dar, sondern ist ein Aussonderungsrecht nach § 47 InsO.[926]

Noch zum alten Recht hatte der BGH die Auffassung vertreten, es handele sich, wegen der schuldrechtlichen Natur des Anfechtungsanspruchs, lediglich um eine Konkursforderung.[927] Dass ein Hinweis einzig auf die formale Qualifikation des Insolvenzanfechtungsanspruchs allein argumentativ nicht zielführend sein kann, spricht indes dagegen. Vielmehr ist, so der BGH in seiner Grundsatzentscheidung aus dem Jahr 2003,[928] auf Wertungen abzustellen, die den jeweiligen Gesetzesnormen teleologisch zugrunde liegen.

Entscheidend soll sein, welchem Vermögen der beanspruchte Gegenstand nach Inhalt und Zweck der gesetzlichen Regelung im maßgeblichen Zeitpunkt zuzuordnen ist.[929] Dies erfolge meist nach dinglichen Kriterien. Schuldrechtliche Ansprüche können unter Berücksichtigung des jeweiligen Normzwecks auch zu einer abweichenden Vermögenszuweisung führen.[930] Hinzu komme, dass dem Treugeber in der Insolvenz des Treuhänders ein Aussonderungsrecht zusteht, sofern der Treuhänder das dingliche Recht vom Treugeber oder einem Dritten in einer seine Ausübungsbefugnis im Interesse des Treugebers einschränkenden Gestalt erhalten hat.[931] Als weiteres Argument wird angeführt, der Gesetzgeber könne eine derartige Zuordnung auch dadurch erzielen, dass dem Berechtigten unter bestimmten Voraussetzungen lediglich ein schuldrechtlicher Rückgewähranspruch eingeräumt werde.[932] Darüber hinaus ist es in keiner Weise

922 Heidelberger Kommentar-InsO/*Thole*, § 143 Rn. 39.
923 BGH ZIP 2009, 1080 Tz. 42–44.
924 MüKoInsO/*Kirchhof/Piekenbrock*, § 145 Rn. 15; BGHZ 155, 199 (203); Heidelberger Kommentar-InsO/*Thole*, § 129 Rn. 91.
925 Heidelberger Kommentar-InsO/*Thole*, a. a. O. m. w. N.
926 BGH, Urt. v. 23.10.2003 – IX ZR 252/01, Tz. 29.
927 BGH, a. a. O., Tz. 30, unter Hinweis auf BGH NJW 1990, 990 (992) und BGHZ 71, 296 (302); vgl. aus der Literatur nur: *Jauernig/Berger*, Zwangsvollstreckungs- und Insolvenzrecht, § 50 IV 1.
928 BGH, a. a. O., Tz. 32.
929 Uhlenbruck-InsO/*Borries/Hirte*, § 143 Rn. 73.
930 BGH, Urt. v. 23.10.2003 – IX ZR 252/01, Tz. 33; vgl. auch BGH WM 2003, 1733 (1734).
931 Vgl. nur BGH WM 1996, 662 (663).
932 BGH, a. a. O., Tz. 33: z. B. in § 25 Abs. 5 S. 1 DMBilG; MüKoInsO/*Ganter*, § 47 Rn. 430ff.

plausibel, warum Gläubiger des insolventen Anfechtungsgegners von Rechtshandlungen profitieren können sollten, die aufgrund der beiderseitigen Insolvenz als ungerechtfertigte Vermehrung der Vermögensmasse des Empfängers erscheinen. Ausschließlich eine Änderung der Güterzuordnung mithilfe der Anfechtung führt demnach zu einem angemessenen und interessegerechten Ergebnis.[933]

Diese Auffassung, die auf die Interessenlage abstellt, ist einer rein formalen Argumentation, die ausschließlich auf die Rechtsnatur des Insolvenzanfechtungsanspruchs abstellt, vorzuziehen.[934]

Scheidet eine Rückgewähr in Natur aus, soll regelmäßig ein Ersatzaussonderungsrecht gem. § 48 InsO entstehen.[935] Anderenfalls soll nur noch ein auf Wertersatz gerichteter Zahlungsanspruch bestehen, der eine Insolvenzforderung darstellt.[936]

Ferner kann ein Bereicherungsanspruch gegenüber der Masse gem. § 55 Abs. 1 Nr. 3 InsO vorliegen, sofern die Bereicherung nach Verfahrenseröffnung eingetreten ist.[937]

Im Übrigen gelten auch hier die obigen Ausführungen zum Zurückbehaltungsrecht des Anfechtungsgegners.

### 2. Doppelinsolvenz im Duveneck/Leibl-Fall

Wurde das Ölgemälde »Bildnis eines jungen Mannes« an den Käufer übergeben, danach das Insolvenzverfahren auch über das Vermögen des Verkäufers eröffnet und hat der Insolvenzverwalter das Austauschgeschäft angefochten, kann der Insolvenzverwalter im Insolvenzverfahren über das Vermögen des Anfechtungsgegners Aussonderung des Bildes verlangen, sofern das Bild noch in der Insolvenzmasse des Anfechtungsgegners vorhanden ist und nicht bereits weiterveräußert wurde.

Dem Anfechtungsgegner muss die Gegenleistung, hier also der Gegenwert in Höhe des Kaufpreises, zurückerstattet werden. Insoweit steht ihm ein Anspruch gem. § 144 Abs. 2 S. 1 Alt. 1 InsO zu, sofern, was bei (Bar)Geldmitteln in der Regel

---

933 Jaeger-InsO/*Henckel*, § 143 Rn. 71; Kübler/Prütting/Bork-InsO/*Jacoby*, § 143 Rn. 33.

934 Die haftungsrechtliche und die haftungsrechtlich-dingliche Theorie sind im vorliegenden Kontext nicht weiter zu behandeln, vgl. Gottwald-InsO/*Huber*, § 52 Rn. 5, 6.

935 MüKoInsO/*Kirchhof/Piekenbrock*, § 143 Rn. 36; BGHZ 174, 228; Uhlenbruck-InsO/*Borries/Hirte*, § 143 Rn. 74. Für ein Aussonderungsrecht im Falle eines Wertersatzanspruchs bei anfechtbarer Übertragung von Buchgeld: OLG Schleswig, Urt. v. 27.07.2016–9 U 34/16 = NZI 2017, 19 m. Anm. *Faude*, NZI 2017, 21; offen gelassen, da nicht entscheidungsrelevant: BGH, Urt. v. 27.04.2017 – IX ZR 198/16 = NZI 2017, 712 (713).

936 MüKoInsO/*Kirchhof/Piekenbrock*, § 143 Rn. 36.

937 BGHZ 155, 199 (204f.) = NZI 2003, 537; MüKoInsO/*Kirchhof/Piekenbrock*, a. a. O.

nicht der Fall ist, der Geldbetrag in der Insolvenzmasse des Verkäufers noch unterscheidbar vorhanden ist.

Der Anspruch entsteht mit dem Vollzug bzw. dem verbindlichen Angebot[938] des Rückgewähranspruchs aus § 143 InsO,[939] weil erst ab diesem Zeitpunkt die Insolvenzmasse durch die erhaltene Gegenleistung ungerechtfertigt bereichert ist.[940] Dem Anfechtungsgegner, dem Käufer des Gemäldes, steht ein Zurückbehaltungsrecht gegenüber dem Anspruch des Insolvenzverwalters aus § 143 InsO zu.

Da der Kaufpreis, wovon regelmäßig auszugehen ist, in der Masse nicht mehr unterscheidbar vorhanden ist, handelt es sich bei dem Anspruch auf die Gegenleistung um einen bereicherungsrechtlichen Wertersatzanspruch gem. § 818 Abs. 2 BGB und um einen Masseanspruch gem. § 55 Abs. 1 Nr. 3 InsO.[941]

Für den Fall, dass weder eine Rückübertragung in natura noch Wertersatz möglich ist, kann der Bereicherungsanspruch in Höhe des Ausfalls nur als Insolvenzforderung im Rang des § 38 InsO zur Insolvenztabelle angemeldet werden. Das Gemälde würde somit in die Insolvenzmasse des Verkäufers gelangen, der Insolvenzverwalter des Käufers allenfalls die Quote erhalten.

Ein Ersatzaussonderungsanspruch gem. § 48 InsO könnte der Insolvenzverwalter des Verkäufers geltend machen, wenn das Gemälde vom Käufer selbst oder danach vom Insolvenzverwalter unberechtigt weiter veräußert wurde, sofern die Voraussetzungen gegeben sind. Demnach müsste eine Veräußerung, also eine rechtsgeschäftliche Übertragung des Eigentums[942] am Gemälde, erfolgt sein, welche nicht vom Anfechtungsgläubiger genehmigt oder ohne Einwilligung durchgeführt wurde.[943] Der Käufer bzw. der Insolvenzverwalter werden das Gemälde auch entgeltlich übertragen haben, zumal dem Käufer der tatsächliche Wert des Gemäldes nach Besuch der Gemäldeausstellung bekannt gewesen ist.[944]

Ob die Gegenleistung dem vom Sachverständigen ermittelten Wert entsprach, ist dabei irrelevant, da auch gemischte Schenkungen unter § 48 InsO fallen.[945] Möglicherweise hat der Käufer bei der Weiterveräußerung einen Mehrpreis erzielt. Steht die Gegenleistung noch aus, kann der Insolvenzverwalter des (Erst-) Verkäufers Abtretung des Rechts auf die Gegenleistung verlangen – und zwar einschließlich des Mehrpreises bzw. Gewinnanteils.

938 MüKoInsO/*Kirchhof/Piekenbrock*, § 144 Rn. 26.
939 BGH ZIP 1986, 797 (790).
940 Schmidt-InsO/*Büteröwe*, § 144 Rn. 12.
941 Schmidt-InsO/*Büteröwe*, § 144 Rn. 8; MüKoInsO/*Kirchhof/Piekenbrock*, § 144 Rn. 31; Heidelberger Kommentar-InsO/*Thole* § 144 Rn. 5.
942 Heidelberger Kommentar-InsO/*Lohmann*, § 48 Rn. 6.
943 BGH ZIP 2015, 595 Tz. 13; OLG Köln NZI 2005, 37; Heidelberger Kommentar-InsO/*Lohmann*, § 48 Rn. 8.
944 Heidelberger Kommentar-InsO/*Lohmann*, § 48 Rn. 9.
945 Ebd.

Eine Begrenzung auf den realen Wert des Gemäldes ist nicht gegeben. Der durch Verhandlungsgeschick des Käufers bzw. Insolvenzverwalters erzielte Verhandlungsgewinn (lucrum ex negatione cum re) ist von der Ersatzaussonderung erfasst.[946] Erzielte der Käufer bspw. bei der Weiterveräußerung seinerseits einen höheren Kaufpreis, kann der Insolvenzverwalter des Verkäufers Abtretung des Kaufpreisanspruchs in ebendieser Höhe verlangen.

Wurde der Kaufpreis vom Dritterwerber entrichtet und ist er, hinterlegt oder auf einem Sonder-/Anderkonto eingezahlt,[947] in der Masse noch unterscheidbar vorhanden, kann dieser Betrag im Wege der Ersatzaussonderung gem. § 48 InsO herausverlangt werden.[948] Ist die Gegenleistung auf einem Konto gutgeschrieben, entfällt die Unterscheidbarkeit erst, wenn der positive Kontensaldo durch Abbuchungen unter den Betrag der beanspruchten Leistung abgesunken ist.[949]

Fehlt es an der Unterscheidbarkeit, handelt es sich, da der Zufluss noch in der Masse vorhanden ist, um eine Masseverbindlichkeit (§ 55 Abs. 1 Nr. 3 InsO), denn der Zufluss ist noch in der Masse vorhanden. Auf den Zeitpunkt der Erlangung der Gegenleistung kommt es nach dem Wortlaut des Gesetzes nicht an.[950] Aufwendungen im Zusammenhang mit der Veräußerung sind gem. § 683 BGB an die Insolvenzmasse zu erstatten.[951]

## V. Bezug zur Schutzrichtung bei § 302 InsO

Nach § 302 InsO sind bestimmte Forderungen von der Restschuldbefreiung ausgenommen. Dementsprechend besteht trotz der Erteilung der Restschuldbefreiung ein weiterhin uneingeschränktes Nachforderungsrecht der Gläubiger gem. § 201 Abs. 1 InsO.[952]

Der Schuldner soll sich bestimmten, besonders belasteten Forderungen durch das Verfahren nicht entziehen können.[953] Hierzu zählen Verbindlichkeiten aus vorsätzlich begangenen unerlaubten Handlungen, Unterhaltsansprüche,[954] Ver-

946 Schmidt-InsO/*Thole*, § 48 Rn. 22.
947 OLG Hamm ZIP 1985, 1905 (1907).
948 Schmidt-InsO/*Thole*, § 48 Rn. 23.
949 BGH ZIP 2006, 959 Tz. 18.
950 Heidelberger Kommentar-InsO/*Lohmann*, § 48 Rn. 11; Schmidt-InsO/*Thole*, § 48 Rn. 23.
951 Heidelberger Kommentar-InsO/*Lohmann*, § 48 Rn. 13.
952 Rattunde/Schmid/Zeuner-InsO/*Knop*, § 302 Rn. 1.
953 BT-Drs. 12/2443, S. 194; Schmidt-Inso/*Henning*, § 302 Rn. 1.
954 Durch das Gesetz zur Verkürzung des Restschuldbefreiungsverfahrens und zur Stärkung der Gläubigerrechte v. 15.07.2013, BGBl. 2013, I, S. 2379. Die Neuregelung gilt für alle Restschuldbefreiungsverfahren, welche ab dem 01.01.2014 beantragt wurden (vgl. Art. 103 h S. 1 EGInsO).

bindlichkeiten aus einem Steuerverhältnis,[955] Geldstrafen, Geldbußen und vergleichbaren zur Geldzahlung verpflichtenden Nebenfolgen einer Straftat oder Ordnungswidrigkeit (§ 39 Abs. 1 Nr. 3 InsO) sowie Verbindlichkeiten aus zinslosen Darlehen, die dem Schuldner zwecks Begleichung der Kosten des Insolvenzverfahrens gewährt wurden, als besonders schutzwürdig von der Restschuldbefreiung ausgenommen.[956]

In der Praxis werden von Insolvenzgläubigern überwiegend Forderungen mit dem Attribut des § 302 Nr. 1 Alt. 1 InsO »*Verbindlichkeiten aus vorsätzlich*[957] *begangener unerlaubter Handlung*« zur Insolvenztabelle angemeldet. Hierbei handelt es sich um deliktische Ansprüche aus § 823 Abs. 1 BGB und vor allem aus § 823 Abs. 2 BGB, wobei vor allem die Tatbestände der §§ 263, 264 und 264a StGB als Schutzgesetze in Betracht kommen. Praktisch besonders bedeutsam ist der Eingehungsbetrug.[958] Von besonderer sozialpolitischer Bedeutung ist zudem § 266 a StGB. Im insolvenzrechtlichen Kontext ist § 15 a Abs. 1 InsO von hoher Relevanz, welcher den Verstoß gegen die Pflicht zur rechtzeitigen Anmeldung eines Insolvenzverfahrens sanktioniert.[959].

### 1. Rechtsgedanke der Norm

Die Restschuldbefreiung soll unter Berücksichtigung sowohl der Schuldner- als auch der Gläubigerinteressen erfolgen. Überschuldeten natürlichen Personen soll im Restschuldverfahren nach den §§ 286ff. InsO Aussicht auf eine wirtschaftliche Besserung ihrer finanziellen Leistungsfähigkeit gegeben werden. Gläubigerrechte werden dadurch gewahrt, dass bei bestimmten Forderungen, deren Entstehung oder Begleitumstände als besonders verwerflich empfunden werden, die Erteilung der Restschuldbefreiung ausgeschlossen ist.[960] Auch soll keine »Entschuldung zum Nulltarif« erfolgen: Nur dem Schuldner, der es »verdient«, soll ein Neustart ermöglicht werden.[961]

Demgemäß kommt auch hier wiederum der Rechtsgedanke zum Tragen, dass der verwerflich, insbesondere gesetzes- oder sittenwidrig Handelnde nicht in den Genuss von Privilegierungen gelangen darf, die dem redlich Handelnden zugutekommen, im Insolvenzkontext also dem sich nach besten Kräften bemühenden

955 Ebd.
956 Rattunde/Schmid/Zeuner-InsO/*Knop*, § 302 Rn. 1.
957 Bedingter Vorsatz reicht, grobe Fahrlässigkeit hingegen nicht; Uhlenbruck-InsO/*Sternal*, § 302 Rn. 6.
958 Uhlenbruck-InsO/*Sternal*, § 302 Rn. 11.
959 Ebd.
960 Heidelberger Kommentar-InsO/*Waltenberger*, § 302 Rn. 1ff.
961 *Schröder*, Überschuldung privater Haushalte und die Möglichkeit der Restschuldbefreiung, S. 235.

Schuldner, der alles versucht, den Gläubigern durch das formalisierte Insolvenzverfahren, sofern möglich, zumindest zu einer Minimalbefriedigung ihrer Forderungen zu verhelfen. Auf diese Weise lässt sich die Schutzrichtung bzw. ratio legis von § 302 InsO umschreiben.

### 2. Bezug von § 302 Nr. 1 Alt. 1 InsO zur Fehleridentität

Aus dem Rechtsgedanken von § 302 InsO lässt sich – aus einer spezifisch insolvenzrechtlichen Sicht – ein weiteres Argument ableiten, um die Anfechtung des Verfügungsgeschäfts nach § 119 Abs. 2 BGB auszuschließen:

Erfasst die BGB-Anfechtung in den Fällen der arglistigen Täuschung oder widerrechtlichen Drohung (§ 123 Abs. 1 BGB) das Verfügungsgeschäft, so kann auch der deliktisch unredlich Handelnde für Verbindlichkeiten, die aus derartigen Sachverhalten resultieren, keine Restschuldbefreiung erlangen.

In der Insolvenz des Geldschuldners kann der Sachschuldner bei arglistiger Täuschung oder widerrechtlicher Drohung durch den Geldschuldner den geleisteten Gegenstand wegen Anfechtung auch des Verfügungsgeschäfts gem. § 47 InsO i. V. m. § 985 BGB vindizieren, sofern die Sache noch in natura vorhanden ist.[962] Der Geldschuldner wird regelmäßig auch im Falle einer Anfechtung gem. § 123 Abs. 1 BGB in der Insolvenz des Sachschuldners auf die Insolvenzquote verwiesen, es sei denn, das Geld bzw. ein bestimmter Geldbetrag ist noch unterscheidbar in der Insolvenzmasse vorhanden. Mithin schützt das Insolvenzrecht den Geldschuldner durch die Ausnahmevorschrift des § 302 InsO bzw. den Sachschuldner, die nur Wertersatz verlangen können. Die zur Insolvenztabelle angemeldeten Forderungen aus diesen angefochtenen Rechtgeschäften sind von der Restschuldbefreiung ausgenommen.

### 3. Fazit

Die Restschuldbefreiung erfolgt in der Regel unabhängig von dem Entstehungsgrund der Forderungen. Nur in den in § 302 InsO genannten Konstellationen kommt es auf den Entstehungsgrund bzw. die jeweiligen Begleitumstände an, die sich auf die Frage auswirken, ob eine Restschuldbefreiung erlangt werden kann. Insofern lassen sich auch mit dieser Überlegung Rückschlüsse auf die dogmatische und rechtskonstruktive Überlegenheit des Trennungs- und des Abstraktionsprinzips und damit die anfechtungsrechtliche Einschränkung auf Verfügungsebene ziehen.

---

962 Scheidet eine Rückgewähr in Natur aus, kann regelmäßig ein Ersatzaussonderungsrecht gem. § 48 InsO entstehen. Anderenfalls besteht nur noch ein auf Wertersatz gerichteter Zahlungsanspruch, der eine Insolvenzforderung darstellt.

## VI. Belastung des Insolvenzverfahrens

Die Aufgaben des Insolvenzverwalters sind im heutigen Wirtschaftsleben ökonomisch und sozial bedeutend. Ein rechtsstaatliches Gesamtvollstreckungsverfahren erfordert die Wahrung der Interessen der Gläubigergemeinschaft und des redlichen Schuldners.

Der Insolvenzverwalter koordiniert bestenfalls die Unternehmensrestrukturierung und ist bestrebt Arbeitsplätze des schuldnerischen Unternehmens zu erhalten.[963]

Das »Aufschwingen« des lediglich kausalos Verfügenden zum Aussonderungsberechtigten belastet das Insolvenzverfahren, indem die Aufgabenwahrnehmung des Insolvenzverwalters erschwert wird und zudem Haftungsgefahren für den Insolvenzverwalter drohen. Deshalb ist auch aus einer spezifischen rechtspraktischen Perspektive kein Raum für eine Anfechtung des Verfügungsgeschäfts beim Eigenschaftsirrtum gem. § 119 Abs. 2 BGB.

In diesem Kapitel[964] sind bereits die wesentlichen Aufgaben des Insolvenzverwalters erläutert worden.[965] Die nachfolgenden Ausführungen beschränken sich im Kern auf den Pflichtenkanon des Insolvenzverwalters im Rahmen der Übernahme der Insolvenzmasse gem. § 148 Abs. 1 InsO mit besonderem Fokus auf massefremde Gegenstände und damit zusammenhängende mögliche Haftungsgefahren.

### 1. Ordnungsgemäße Aufgabenwahrnehmung durch den Insolvenzverwalter

Der Insolvenzverwalter hat sicherzustellen, dass das Insolvenzverfahren gesetzeskonform und insbesondere unter ökonomischen Aspekten vernünftig und die Gläubigerinteressen beachtend abgewickelt wird. Dies erfordert juristische und betriebswirtschaftliche Qualifikationen, aber auch praktischen Sachverstand, Lebenserfahrung, Verhandlungsgeschick sowie die Fähigkeit zu strategischem Denken. Was seine berufliche Befähigung betrifft, dürfte auch heute nach wie vor der Satz von *Ernst Jaeger* gelten: »Die Auslese des Verwalters ist die Schicksalsfrage des Konkurses«.[966] Unnötige rechtliche Fragestellungen können sowohl zu einer Verfahrensverzögerung führen als auch das Risiko seiner Haftungsinanspruchnahme erhöhen.

---

963 Vgl. zur Reform des Berufsrechts der Insolvenzverwalter *Cranshaw*, NZI 2020, 143.

964 Siehe in diesem Kapitel A.III.

965 Weiterführend *Graeber*, NZI 2003, 569 (570).

966 So Jaeger-KO/*Jaeger* (1939), § 78 Anm. 7, zitiert bei *Kästner*, Beruf und Berufsrecht des Insolvenzverwalters, S. 13.

Regelmäßig verfügt ein schuldnerisches Unternehmen über kein freies Vermögen mehr. Das vorgefundene Vermögen ist mit Rechten Dritter[967] verschiedener Gläubiger belastet.[968]

Der Sicherungszweck des § 148 Abs. 1 InsO verpflichtet den Insolvenzverwalter ebenfalls zur Inbesitznahme solcher Sachen, deren Massezugehörigkeit unklar ist (sog. Besitzergreifungspflicht).[969]

Die verfahrensrechtliche Stellung der Aussonderungsberechtigten beeinflusst die Verfahrensbearbeitung. Der Insolvenzverwalter hat bei seiner Aufgabenwahrnehmung die dinglichen Rechte zu beachten, sofern er Kenntnis von ihnen erlangt hat.[970] Der Insolvenzverwalter hat die in der Masse vorgefundenen fremden Gegenstände in Besitz zu nehmen, sie, wie der Schuldner, sorgfältig zu behandeln und ordnungsgemäß zu verwahren,[971] deren Verlust zu verhindern[972], verbotene Eigenmacht Dritter abzuwehren, deren Verwertung zu unterlassen und an den Schuldner zurückzugeben bzw. zu separieren, solange der Berechtigte noch keine Aussonderung begehrt hat.[973] Zur Versicherung des Aussonderungsguts ist der Verwalter indes im Allgemeinen nicht verpflichtet.[974]

Hat der Insolvenzverwalter die Prüfung des gesamten beim Schuldner vorhandenen Bestandes ordnungsgemäß durchgeführt, ergeben sich keine Hinweise auf Aussonderungsrechte, kann er deren Existenz, wie meist, aber auch nicht mit Sicherheit ausschließen, hat er die ihm bekannten Gläubiger von der Insolvenzeröffnung informiert und einen angemessenen Zeitraum mit der Verwertung zugewartet, genügt er seiner Pflicht zur Rücksichtnahme.[975] Grundsätzlich hat der Aussonderungsberechtigte dem Insolvenzverwalter nämlich innerhalb einer dem Einzelfall nach angemessenen Frist[976] das Aussonderungsgut anzuzeigen.[977] Als angemessen kann dabei die Zeit angesehen werden. die Ausson-

967 Aus- und Absonderungsrechte.

968 Exemplarisch seien Grundpfandrecht, die Sicherungsübereignung etwa von Warenlagern oder die Sicherungszession von Forderungsgesamtheiten, ferner Eigentumsvorbehalte, aber auch etwa das Vermieterpfandrecht erwähnt. Siehe auch in diesem Kapitel A.III.3.

969 OLG Düsseldorf KTS 1977, 119ff.; OLG Naumburg OLG-NL 1997, 163f.; AG Duisburg ZInsO 2005, 105f.; Jaeger-InsO/*Eckardt*, § 148 Rn. 29 m. w. N. u. 30.

970 *Vallender*, ZIP 1997, 345 (350).

971 OLG Thüringen, Urt. v. 27.10.2004 – 2 U 414/04, ZInsO 2005, 44; OLG Köln, Urt. v. 02.04. 1987–12 U 169/86, ZIP 1987, 653.

972 Vgl. BGH NJW 1983, 1049 (1050); BGH, Beschl. v. 18.4.2013 – IX ZR 228/12; Uhlenbruck-InsO/*Sinz*, § 60 Rn. 33 differenziert anhand des Kriteriums der Zumutbarkeit bzw. ob das Aussonderungsrecht erkennbar besteht. Nur dann treffen den Insolvenzverwalter diese Obhutspflichten; MüKoInsO/*Ganter*, § 47 Rn. 458; *Häsemeyer*, Rn. 11.27.

973 MüKoInsO/*Schoppmeyer*, § 60 Rn. 54a.

974 *Barnert*, KTS 2005, S. 431 (439).

975 MüKoInsO/*Ganter*, § 47 Rn. 459.

976 *Gundlach/Frenzel/Schmidt*, NZI 2001, 350 (354).

977 *Smid*, Kölner Schrift zur Insolvenzordnung, S. 453 (472, Rn. 56); OLG Düsseldorf ZInsO 2003, 997 (998).

derungsberechtigte im Einzelfall benötigen, um sich auf die (neue) Situation einzustellen und die zur Rechtewahrung erforderlichen Schritte zu unternehmen. Meist reichen hierfür zwei oder drei Wochen – zumindest bei überschaubaren inländischen Geschäftsbeziehungen.[978] Werden in der Frist keine Aussonderungsrechte geltend gemacht, kann der Verwalter davon ausgehen, dass solche Rechte nicht bestehen und verfolgt werden sollen.[979] Im Falle der Verwertung von Aussonderungsgut ist der Erlös an den Berechtigten herauszugeben (§ 48 InsO).[980] Zeitraubende Nachforschungen sind dem Insolvenzverwalter zumindest nicht zumutbar.

Eine ausufernde Prüfungs- und Auskunftspflicht des Insolvenzverwalters widerspricht dem gesetzgeberischen Motiv einer zügigen Verfahrensabwicklung.[981] Hat der Insolvenzverwalter indes Kenntnis vom Drittrecht, klärt er die Tatsachenlage im Rahmen ihm zumutbarer Erkundigungspflichten ungenügend auf oder beurteilt er eine eindeutige Rechtslage falsch, haftet der Insolvenzverwalter unter den Voraussetzungen des § 60 InsO.[982] Gleichwohl kann sich der Insolvenzverwalter auf die Vermutungen des § 1006 BGB berufen.[983] Nur wenn der Aussonderungsberechtigte die Eigentumsvermutung nicht wiederlegen kann, handelt der Insolvenzverwalter bei Missachtung eines Aussonderungsrechts nicht schuldhaft.[984]

Diese Ausführungen zeigen, dass durch die Existenz von Aussonderungsrechten die Durchführung des Insolvenzverfahrens (ggf. erheblich) verzögert werden kann. Der Verwalter muss sich in die rechtliche und wirtschaftliche Situation des Schuldners einarbeiten und sich von dieser ein zutreffendes Bild verschaffen. Mit der nötigen Zeit und ausreichendem Personal wird der Insolvenzverwalter diese (dinglichen) Rechte ermitteln und dann auch beachten können. Gleichzeitig soll er sämtliche Gläubiger gleichmäßig befriedigen, u. U. ein Schuldnerunternehmen fortführen und ggf. sanieren.[985]

---

978 Vgl. dazu: OLG Karlsruhe NZI 1999, 231 (232), allerdings offen gelassen: MüKoInsO/*Ganter*, § 47 Rn. 459.

979 MüKoInsO/*Ganter*, § 47 Rn. 459; OLG Karlsruhe NZI 1999, 231 (232); *Barnert*, KTS 2005, 431 (440).

980 BGH ZIP 1994, 140 (141).

981 *Barnert*, KTS 2005, 431 (434 und 438); *Fischer*, WM 2004, 2185 (2186f.).

982 BGH KTS 1958, 142, 143; BGH WM 1986, 749, 751; Nerlich/Römermann-InsO/*Rein*, § 60 Rn. 25.

983 BGH ZIP 1996, 1181, 1183. Gemäß § 1006 Abs. 1 BGB wird einerseits vermutet, dass Gegenstände, die der Schuldner im Eigenbesitz hat, ihm gehören. Anderseits wird Eigenbesitz vermutet, wenn der Schuldner unmittelbarer Besitzer ist.

984 OLG Köln, Urt. v. 07.05.1984 – 7 U 102/83 = ZIP 1984, 855 (856f.). Gleiches gilt bei der Verwertung von Vorbehaltseigentum, wenn konkrete Anhaltspunkte für den Eigentumsvorbehalt nicht bestanden.

985 *Barnert*, KTS 2005, 431 (434).

Die Komplexität der Materie lässt sich dabei mit der Erkenntnis: »*Ein Insolvenzverfahren ist kein Hundertmeterlauf*«[986] am sinnfälligsten zusammenfassen. Gleichwohl muss der Insolvenzverwalter meist sofortige Entscheidungen treffen, ungeachtet der allgegenwärtigen »Bedrohung« durch Haftungsgefahren im Sinne der §§ 60, 61 InsO.[987]

## 2. Haftungsgefahren für den Insolvenzverwalter

Die vielfältigen Aufgaben, welche der Insolvenzverwalter zu übernehmen hat und deren zunehmende Komplexität bzw. die daraus resultierenden Haftungsgefahren haben spätestens seit Mitte der 1980er-Jahre dazu geführt,[988] dass eine sukzessive Professionalisierung der Tätigkeit des Insolvenzverwalters erfolgt ist.[989] Dies hat eine überwiegend oder ausschließlich auf Insolvenzverfahren ausgerichtete fachliche Spezialisierung und eine Entwicklung zum Typus der entsprechend ausgestatteten und organisierten Verwalterkanzlei ausgelöst. Nur auf diese Weise ist die Bewältigung insolvenzrechtlicher Großverfahren durchführbar. Die Befassung mit Insolvenzverfahren ist heute nicht nur eine Nebentätigkeit von Rechtsanwälten, Steuerberatern und Wirtschaftsprüfern, sondern wird von der Insolvenzverwaltung als ein eigenständiger – verfassungsrechtlich geschützter[990] – Beruf betrachtet.[991]

Das Haftungspotenzial ist hoch. Oft werden Handlungen des Insolvenzverwalters von Gläubigern oder anderen Verfahrensbeteiligten kritisiert, u. a. weil sich einzelne Gläubiger oder der Schuldner nicht ausreichend beteiligt fühlen.

### *a) Überblick zur Haftungsnorm § 60 InsO*

#### *1) Haftungsmaßstab*

Nach § 60 Abs. 1 S. 1 InsO haftet der Insolvenzverwalter allen Beteiligten gegenüber für die schuldhafte Verletzung insolvenzspezifischer Verpflichtungen persönlich.[992] Maßstab ist § 60 Abs. 1 S. 2 InsO, wonach der Insolvenzverwalter für

986 *Undritz*, NZI 2007, 65 (69).

987 BGH NJW-RR 2006, 990 = ZIP, 859 (860) m. w. N.; *Gundlach/Frenzel/Schmidt*, NZI 2001, 350ff. Daneben ist eine Haftung aus § 823ff. BGB denkbar.

988 *Henssler*, ZIP 2002, 1053 (1054) m. w. N.

989 *Kästner*, S. 17.

990 BVerfG NJW 2004, 2725; BVerfG NZI 2006, 453.

991 *Kästner*, S. 17; *Deckenbrock/Fleckner*, ZIP 2005, 2290 (2296f.); *Uhlenbruck*, NZI 2006, 489 (490); zur Reform des Berufsrechts: *Cranshaw*, NZI 2020, 143ff.

992 Dies entspricht der Rechtslage zu § 82 KO und greift die Rechtsprechung des BGH auf, die im Ergebnis zu einer allgemeinen Vermögenschadenhaftung bei Verletzung konkursspezifischer Pflichten führte. Vgl. Gottwald-InsO/*Pechartscheck*, § 23 Rn. 5. Ausführlich zur Insolvenzverwalterhaftung: vgl. Dissertation von *Bank*, Insolvenzverwalterhaftung, Bonn 2016.

die Sorgfalt eines ordentlichen und gewissenhaften Insolvenzverwalters einzustehen hat.[993] Diese Sorgfaltsanforderungen sind handels- und gesellschaftsrechtlicher Natur (§ 347 Abs. 1 HGB, § 93 Abs. 1 S. 1 AktG, § 34 Abs. 1 S. 1 GenG, § 43 Abs. 1 GmbHG) und haben die Besonderheiten des Insolvenzverfahrens zu berücksichtigen.[994] Daher ist auch nur konsequent, dass der BGH jüngst zur Bestimmung des zutreffenden Haftungsmaßstabs des § 60 InsO die schon länger de lege lata von der Literatur und Praxis geforderte analoge Anwendung von § 93 Abs. 1 S. 2 AktG[995] im Insolvenzrecht ablehnt.[996]

Der BGH zieht für sein Ergebnis den Insolvenzzweck, die mehrseitige Fremdbestimmtheit des Insolvenzverwalters und den (anders als im Aktienrecht) ungenügenden Schutz der Insolvenzgläubiger durch das insolvenzrechtliche Überwachungs-instrumentarium.[997] Orientierungsmaßstab für eine Unternehmensfortführung in der Insolvenz sind diese drei Ziele und nicht deren Selbstzweck.[998]

Im Kern haben sich im Rahmen einer Betriebsfortführung sämtliche unternehmerische Entscheidungen des Insolvenzverwalters am Gläubigergleichbehandlungsgrundsatz sowie an dem von der Gläubigergemeinschaft beschlossene Verfahrensziel – Liquidation, übertragende Sanierung oder Insolvenzplan – als das der Zweckerreichung probate Mittel zu orientieren.[999] Diese Direktive ist mithin *insolvenzspezifisch.*[1000] Der BGH argumentiert in diesem Zusammenhang wie folgt:[1001]

---

Seit BGH, Urt. v. 26.04.2018 – IX ZR 238/17 = NJW 2018, 2125 ergibt sich die Haftung für die Geschäftsführung in der Eigenverwaltung analog §§ 60, 61 InsO. Gem. § 274 Abs. 1 InsO gilt die entsprechende Anwendung des § 60 InsO für den Sachwalter in der Eigenverwaltung.

993 Zur Rechtsnatur Vallender/Undritz/*Weyand*, § 18 Rn. 18.

994 BGH, Urt. v. 16.03.2017 – IX ZR 253/15, BGHZ 214, 220 Rn. 12 m. w. N.

995 Der Gesetzgeber hat den § 93 Abs. 1 S. 2 AktG im Jahr 2005 in die Vorschrift des Aktienrechts über die »Sorgfaltspflicht und Veantwortlichkeit der Vorstandsmitglieder« eingefügt. Danach handelt ein Unternehmensleiter nicht pflichtwidrig, wenn er bei einer unternehmerischen Ermessensentscheidung vernünftigerweise annehmen durfte, auf der Grundlage angemessener Informationen zum Wohle der Gesellschaft zu handeln. Diese Grundsätze basieren auf der ARAG/Garmenbeck-Entscheidung des BGH aus dem Jahr 1997, BGHZ 135, 244 = NJW 1997, 1926.

996 BGH, Urt. v. 12.03.2020 – IX ZR 125/17 = ZIP 2020, 1080: »§ 93 I S. 2 AktG ist nicht entsprechend auf die Haftung des Insolvenzverwalters bei unternehmerischen Entscheidungen anzuwenden.«. Zur Anwendung der Grundsätze der Business Judgment Rule gem. § 93 Abs. 1 S. 2 AktG: *Baumert*, NZI 2019, 973ff. m. w. N.; *Berger/Frege/Nicht*, NZI 2010, 321ff.; Nerlich/Römernann-InsO/*Rein*, § 60 Rn. 78ff.; *Kühl*, Unternehmerisches Ermessen in der Insolvenz, S. 181.; *Resch*, Business Judgement Rule und Insolvenzverwalterhaftung, S. 262f.; zurückhaltender und differenzierter Schmidt-InsO/*Thole*, § 60 Rn. 41.

997 Ausführlich zum Inhalt und den Auswirkungen dieser Entscheidung *Jungmann*, NZI 2020, S. 651ff.; siehe auch *Frind*, ZInsO 2020, 1213ff.

998 BGH, Urt. v. 12.03.2020 – IX ZR 125/17 Rn. 35.

999 BGH, Urt. v. 16.03.2017 – IX ZR 253/15, BGHZ 214, 220 Rn. 12 m. w. N.

1000 BGH, Urt. v. 12.03.2020 – IX ZR 125/17, Rn. 33.

»Hierzu hat der Insolvenzverwalter unternehmerische Entscheidungen im Rahmen einer Unternehmensfortführung daran auszurichten, ob die zu erwartenden mittelbaren oder unmittelbaren Vorteile für die Masse angesichts der mit der Maßnahme verbundenen Kosten, Aufwendungen, Chancen und Risiken aus der Sicht ex ante diese als eine für die Masse wirtschaftlich im Ergebnis sinnvolle Maßnahme erscheinen lassen. Maßgeblich ist, ob aus ex ante-Sicht die für die Unternehmensfortführung und für das von den Gläubigern beschlossene Verfahrensziel erreichbaren Vorteile der Masse die damit verbundenen Kosten zu rechtfertigen vermögen (vgl. BGH, Urteil vom 26. Juni 2014 – IX ZR 162/13, WM 2014, 1434 Rn. 21 ff).«

Und weiter:[1002]

»Ob der Insolvenzverwalter durch eine Maßnahme im Rahmen einer auf eine übertragende Sanierung ausgerichteten Unternehmensfortführung sei-ne insolvenzspezifischen Pflichten verletzt hat, hängt von den konkreten Umständen des Einzelfalls ab (vgl. BGH, Urteil vom 16. März 2017 – IX ZR 253/15, BGHZ 214, 220 Rn. 14). Bei solchen unternehmerischen Entscheidungen kommt dem Insolvenzverwalter ein weiter, mit der Vielschichtigkeit des Verfahrens zunehmender Ermessensspielraum zu (vgl. BGH, Urteil vom 26. Juni 2014, aaO Rn. 20; vom 16. März 2017, aaO Rn. 15 mwN). Er ist überschritten, wenn die Maßnahme aus der Perspektive ex ante angesichts der mit ihr verbundenen Kosten, Aufwendungen und Risiken im Hinblick auf die Pflicht des Insolvenzverwalters, die Masse zu sichern und zu wahren, nicht mehr vertretbar ist.«

Als »Beteiligte« gelten diejenigen, denen gegenüber der Insolvenzverwalter insolvenzrechtliche Pflichten zu erfüllen hat.[1003] Der Kreis potenzieller Anspruchsteller ist demnach groß.

### 2) *Interne und externe Haftung*

Bei der persönlichen Haftung des Insolvenzverwalters kann zwischen der internen und der externen Haftung differenziert werden.[1004]

Die *interne Haftung* resultiert aus dem Sonderrechtsverhältnis zwischen dem Schuldner und dem Insolvenzverwalter, da auf Letzteren die Verwaltungs- und Vermögenbefugnis übergeht. Aufgrund dessen obliegt dem Insolvenzverwalter eine interne Verantwortung gegenüber der Insolvenzmasse. Dabei ist das »Feld« denkbarer Fehler enorm. Der Schaden führt regelmäßig bei schuldhaften Pflichtverletzungen im Rahmen der Inbesitznahme, Verwaltung und Verwertung

1001 BGH, Urt. v. 12.03.2020 – IX ZR 125/17, Rn. 27 = NZI 2020, ZIP 1080.

1002 BGH, Urt. v. 12.03.2020 – IX ZR 125/17, Rn. 28 = NZI 2020, ZIP 1080.

1003 *Barnert* KTS 2005, 431, (433); BGH ZIP 1987, 115. Verfahrensbeteiligte sind auch Aussonderungsberechtigte, da der Insolvenzverwalter ihnen gegenüber die insolvenzspezifische Pflicht zu erfüllen hat, aussonderungsbehaftete Gegenstände von der Masseverwertung auszunehmen.

1004 Nerlich/Römermann-InsO/*Rein*, § 60 Rn. 5. Uhlenbruck-InsO/*Sinz*, § 60 Rn. 115f.; ausführlich *Bank*, S. 106ff.

zu einer Minderung der Masse oder zu einer erhöhten Verschuldung.[1005] Demgemäß ist meist die Gläubigergemeinschaft betroffen.[1006] Dies ist z. B. der Fall, wenn der Insolvenzverwalter aussichtslose und kostspielige Prozesse führt, wenn Forderungen gegen Dritte nicht erkannt oder realisiert werden oder wenn steuer- oder handelsrechtliche Bestimmungen nicht genutzt werden.[1007]

Die *externe Haftung* bzw. Außenverantwortlichkeit kann, muss aber nicht zwangsläufig die Gläubiger betreffen.[1008] Diese Haftung kann relevant werden, wenn gegenüber Dritten ein Schaden verursacht wurde. Hängt der Schaden mit insolvenzspezifischen Verpflichtungen des Insolvenzverwalters zusammen, kann eine Haftung des Insolvenzverwalters unmittelbar aus § 60 InsO folgen.

Beruht der Schaden dagegen nicht auf insolvenzspezifischen Ursachen, z. B. auf deliktischem Handeln, gelten die allgemeinen zivilrechtlichen Bestimmungen nach den §§ 823ff. BGB bzw. bei Verschulden bei Vertragsschluss (c. i. c.; gem. § 311 Abs. 2 BGB).[1009] Die insolvenzrechtliche Haftung ist subsidiär, also nachrangig gegenüber spezialgesetzlichen Haftungsnormen.[1010]

### b) *Beispiele für Haftungsgefahren*

Hat der Insolvenzverwalter den Aussonderungsanspruch bzw. das Aussonderungsrecht eines Dritten vorsätzlich oder zumindest fahrlässig vereitelt, kann sich der Insolvenzverwalter schadensersatzpflichtig machen (§ 60 InsO). Zu den insolvenzspezifischen Pflichten des Insolvenzverwalters gegenüber Aussonderungsberechtigten gehört zum einen die Beachtung ihrer dinglichen Rechtsposition sowie die Mitwirkung an der Herausgabe des auszusondernden Vermögensgegenstands.[1011] Der Insolvenzverwalter handelt grundsätzlich dann fahrlässig, wenn er die Sachlage unzureichend aufklärt oder bei klarer Rechtslage die Sachlage falsch beurteilt.[1012] Für den Insolvenzverwalter spricht andererseits die Vermutungswirkung nach § 1006 Abs. 1 BGB, dass der Schuldner Eigentümer der Sachen ist, die er im Eigenbesitz hat. Bei unmittelbarem Besitz des Schuldners wird zusätzlich vermutet, dass er Eigenbesitzer ist und damit Eigentümer (»doppelte Vermutung«).[1013] Der Aussonderungsberechtigte muss im Rahmen der Durchsetzung seines Aussonderungsrechts die doppelte Vermutung zugunsten des Insolvenzverwalters entkräften, den Aussonderungsgegenstand in-

1005 Vallender/Undritz/*Weyand*, § 18 Rn. 21; Schmidt-InsO/*Thole*, § 60 Rn. 35.
1006 *Lüke*, Persönliche Haftung des Verwalters in der Insolvenz, Rn. 60ff.
1007 BGH, Urt. v. 22.07.2004 – IX ZB 161/03 = ZInsO 2004, 970.
1008 Nerlich/Römermann-InsO/*Rein*, § 60 Rn. 5.
1009 Hamburger Kommentar-InsO/*Weitzmann*, § 60 Rn. 8.
1010 Vgl. nur Uhlenbruck-InsO/*Sinz*, § 60 Rn. 117.
1011 Kübler/Prütting/Bork-InsO/*Lüke*, § 60 Rn. 15.
1012 BGH, Urt. v. 09.05.1996 – IX ZR 244/95, Tz. 31 = NJW 1996, 2233 (2235); OLG Hamm, JW 1985, 865, 867; OLG Köln, NJW 1991, 2570, 2571.
1013 BGH, a. a. O.

dividualisieren und die Umstände, auf die er sein Aussonderungsrecht stützt, innerhalb einer angemessenen Frist konkret darlegen.

Der Insolvenzverwalter hingegen muss nicht selbst für jeden möglicherweise aussonderungsfähigen Gegenstand Nachforschungen anstellen.

Tut er dies nicht, kann ihm nicht ohne Weiteres Fahrlässigkeit vorgeworfen werden.[1014] Drittrechte hat dieser nur im Falle konkreter Anhaltspunkte zu beachten.[1015]

Dem Aussonderungsberechtigten steht gegenüber dem Insolvenzverwalter persönlich ein Schadensersatzanspruch wegen Verletzung insolvenz-spezifischer Pflichten zu, wenn dieser Aussonderungsgut trotz eines rechtshängigen Herausgabeanspruchs nicht in der Nachfrist des § 281 BGB herausgibt. Dieser Anspruch ist gegenüber einem Schadensersatzanspruch gegen die Masse nicht subsidiär. Der Anspruch ist auf die Erstattung der dem Gläubiger im Rechtsstreit entstandenen Prozesskosten gerichtet.[1016]

Verlangen mehrere Gläubiger die Herausgabe, ist der Verwalter berechtigt, bis zur Prüfung der Rechtslage die Herausgabe zu verweigern.[1017]

### 3. Fazit

Auch rechtspraktische Aspekte und die aufgezeigte haftungsrechtliche Sonderproblematik bei Insolvenzverwaltern sprechen gegen die Anfechtbarkeit des Verfügungsgeschäfts beim Eigenschaftsirrtum gem. § 119 Abs. 2 BGB. Es ist vielmehr angezeigt, dass der Verwalter primär die eindeutig erkennbaren dinglichen Rechte bzw. nicht massezugehörigen Gegenstände beachten muss.

Zu diesen zählt nicht das Recht des lediglich sine causa verfügenden Gläubigers, der sich »zum Aussonderungsberechtigten aufschwingt«.[1018] Ein besonderes Schutzbedürfnis für diesen als Insolvenzgläubiger mit Forderungen im Rang des § 38 InsO ist nicht erkennbar. Eine ausufernde Prüfungs- und Auskunftspflicht des Insolvenzverwalters widerspricht dem gesetzgeberischen Motiv einer zügigen und effektiven Verfahrensabwicklung[1019] und widersprechen dem insolvenzspezifischen Wirtschaftlichkeitsgebots. Unnötige rechtliche Sachverhalte, ob das dingliche Geschäft wegen Eigenschaftsirrtums anfechtbar sein soll, und damit zusammenhängende Nachforschungen des Insolvenzverwalters sind hinderlich. Wollte bzw. müsste sich der Insolvenzverwalter auch noch mit einer möglichen zivilrechtlichen Anfechtung des Verfügungsgeschäfts befassen, wäre das Risiko

1014 BGH, Urt. v. 09.05.1996 – IX ZR 244/95, Tz. 32 = NJW 1996, 2233 (2235).
1015 LG Bochum, Urt. v. 09.11.2011 – 4 O 436/10.
1016 BGH, Urt. v. 01.12.2005 – IX ZR 115/01 = NZI 2006, 169.
1017 OLG Stuttgart, Urt. v. 29.12.1989 – 9 U 224/89 = ZIP 1990, 1091.
1018 Siehe ausführlich in diesem Kapitel C.III.
1019 *Barnert*, KTS 2005, 431 (434 und 438); *Fischer*, WM 2004, 2185 (2186f.).

der persönlichen Haftung weiter erhöht. So kann er zumindest darauf vertrauen dürfen, dass der dingliche Rechtsübergang Bestand hat.

### VII. Zusammenfassung

In diesem Teil der Arbeit wurden zunächst grundlegend die Ziele und die Durchführung des Insolvenzverfahrens sowie die Aufgaben und Befugnisse des Insolvenzverwalters erörtert. Trennungs- bzw. Abstraktionsprinzip und die Regeln über das BGB-Anfechtungsrecht gelten uneingeschränkt auch im Insolvenzverfahren. Nicht die Herbeiführung der Nichtigkeit von Willenserklärungen bzw. Rechtsgeschäften ist das Ziel der Regeln über die Insolvenzanfechtung (§§ 129ff. InsO), sondern ausschließlich der Beseitigung der Gläubigerbenachteiligung, die dadurch herbeigeführt wird, dass Vermögen im Vorfeld der Insolvenz der späteren Insolvenzmasse entzogen wird. Dabei wurden anhand des exemplarischen Ausgangsfalls, des *Duveneck/Leibl*-Falls, die praktischen Auswirkungen im Falle der Verkäufer- und Käuferinsolvenz sowie der Fall der Doppelinsolvenz dargestellt. Im vorliegenden Kontext maßgeblich konnte nachgewiesen werden, dass auch das für sämtliche Insolvenzrechtsordnungen kennzeichnende Leitprinzip der *par conditio creditorum* gegen eine Anfechtbarkeit des Verfügungsgeschäfts streitet. Insolvenzrechtsspezifische Wertungen und Maßgaben stützen dieses Ergebnis: Die Schutzrichtung und der Rechtsgedanke des § 302 InsO sind einerseits zu beachten, wonach der Entstehungsgrund bzw. die jeweiligen Begleitumstände von Forderungen nur ausnahmsweise für die Frage Bedeutung gewinnen, ob dem Schuldner die »Rechtwohltat« eines finanziellen Neustarts zugutekommen kann. Andererseits wurde auch gezeigt, dass schuldrechtliche bzw. bereicherungsrechtliche Verschaffungsansprüche an der dinglichen und haftungsrechtlichen Zuordnung nichts ändern. Schließlich kann für die Versagung einer Anfechtbarkeit des Verfügungsgeschäfts gem. § 119 Abs. 2 BGB mit der auch ansonsten gesteigerten Haftungsgefahr für Insolvenzverwalter argumentiert werden.

## D. Resümee

Es sprechen nicht nur rechtsdogmatisch-konstruktive Gründe, sondern auch evidente Bedürfnisse der Insolvenzpraxis für den hier vertretenen Rechtsstandpunkt, dass eine Anfechtbarkeit des Verfügungsgeschäfts wegen Eigenschaftsirrtums nicht anzuerkennen und die Anfechtung nur für das Verpflichtungsgeschäft zuzulassen. Eine andere Betrachtungsweise würde zu einer übermäßigen Belastung des Insolvenzverfahrens führen, wobei nicht nur die Haftungssituation des Insolvenzverwalters, sondern auch die ohnehin zeitintensive Insolvenzverfahrensabwicklung zu beachten ist. Müssten Insolvenzverwalter auch die Motive der Vertragsparteien eruieren und sich mit der etwaigen Anfechtung der Verfügungsgeschäfte aus dem Blickwinkel von § 119 Abs. 2 BGB befassen, wäre nicht nur die zeitnahe Befriedigung der Insolvenzgläubiger gefährdet; auch eine Sanierung und ein Neustart des Schuldners würden sich, sofern überhaupt möglich, über die Gebühr verzögern. Dies würde Zweck und Zielen des Insolvenzverfahrens gem. § 1 InsO zuwiderlaufen.

# 4. Kapitel: Zusammenfassung und Thesen

Abschließend lassen sich die gewonnenen Erkenntnisse wie folgt zusammenfassen:

## A. Dogmatische, rechtshistorische und rechtsvergleichende Grundlagen

1. Im kontinentaleuropäischen Sachenrecht haben sich im Wesentlichen drei Eigentumsübertragungssysteme herausgebildet: Das Konsensual- oder Einheitsprinzip, wonach nicht zwischen schuldrechtlichem und dinglichem Rechtsgeschäft getrennt wird und bereits mit Vertragsabschluss das Eigentum ohne weitere Akte auf den Erwerber übergeht. Konträr dazu das mit dem Trennungsprinzip gekoppelte Abstraktionsprinzip, als die spezifische Eigenheit und Errungenschaft des deutschen Zivilrechts. Und schließlich: das Kausalprinzip bzw. die Lehre von Titel und Modus, welche ebenfalls auf dem Trennungsprinzip aufbaut, nach der jedoch die Wirksamkeit des Verfügungsgeschäfts von der Wirksamkeit des Kausalgeschäfts abhängig ist.

2. Die Kritik am Trennungs- und am Abstraktionsprinzip geht im Ergebnis ins Leere. Aus Sicht juristischer Laien mögen zwar beide mit Blick auf einfach gelagerte Bar- und Handgeschäfte des Alltagslebens schwierig vermittelbar sein, erweisen sich aber unter Berücksichtigung der durch die Eigentumsübertragung tangierten Beteiligteninteressen und des Verkehrsschutzes als eine sämtlichen anderen Lösungsansätzen überlegene Konzeption. Die eindeutige Zuordnung trennt die Wirksamkeit des Erfüllungsgeschäfts von der Fehlerquelle des Grundgeschäfts und erhöht dadurch auch rechtsökonomisch die Verkehrssicherheit. Auch verfassungsrechtliche Argumente (Art. 14 Abs. 3 S. 1 GG) sprechen für einen Vorrang von Verkehrsschutzerwägungen.

3. Die Aussage, dass die Sicherheit des Rechtsverkehrs, welcher das Abstraktionsprinzip dienen soll, durch den Gutglaubenserwerb gewährleistet werde, ist

indifferent. Außer der Redlichkeit aufseiten des Erwerbers muss erst einmal die Möglichkeit eines gutgläubigen Erwerbs gegeben sein.

Letztere ist in den Fällen der §§ 933 und 934 sowie 405 BGB stark eingeschränkt. Das Abstraktionsprinzip unterscheidet sich vom Kausalprinzip dadurch, dass die Rückabwicklung entweder kondiktions- oder vindikationsrechtlicher Natur ist. Das BGB sieht, anders als das österreichische Recht, bei rechtsgrundlosen, aber wirksamen Verfügungen gerade keine Anspruchskonkurrenz vor.

4. Die Existenz des Abstraktionsprinzips ist durch Rechtsharmonisierungsversuche auf EU-Ebene nicht gefährdet. Im Sachenrecht gelten ohnehin nach wie vor die Bestimmungen des nationalen Rechts. Auch die EuInsVO und der DCFR trennen zwischen schuldrechtlichen und dinglichen Verträgen. Die Eigentumsübertragung allein kraft Kaufvertrags (sog. Konsensualprinzip) wird durch Art. VIII.-2:101 DCFR ausdrücklich ausgeschlossen, das Abstraktionsprinzip dagegen explizit nicht. Eine Aufgabe des Abstraktionsprinzips würde eine Überarbeitung des gesamten BGB erfordern, Systembrüche evozieren und womöglich der Rechtssicherheit in ungekanntem Ausmaß abträglich sein. Es bedarf ihrer daher nicht.

## B. Fehleridentität bei der Anfechtung nach § 119 Abs. 2 BGB

1. Die Möglichkeit einer Anfechtung des Verfügungsgeschäfts wegen Inhalts- bzw. Erklärungsirrtums (§ 119 Abs. 1 BGB) und wegen besonderer Schutzbedürftigkeit des Irrenden (§ 123 Abs. 1 BGB) ist in Rechtsprechung und Schrifttum allgemein anerkannt. Das Interesse des Anfechtungsberechtigten, bei einer Kausalität zwischen unlauterer Beeinflussung und dinglicher Willenserklärung das Eigentum durch Anfechtung zurückzuerlangen, wird im Falle von § 123 Abs. 1 BGB privilegiert. Der Willensmangel wird durch einen von außen kommenden und schwerwiegenden, in der Regel auch strafbewehrten Verstoß des Anfechtungsgegners gegen die Rechtsordnung hervorgerufen.

2. Für den im vorliegenden Kontext relevanten Eigenschaftsirrtum gem. § 119 Abs. 2 BGB gilt dies nicht. Der Irrende ist regelmäßig selbstverantwortlich. Selbst wenn er im Rechtsverkehr redlich ist, ist ein Mindestmaß an Schutz daher nicht geboten.

3. Insoweit besteht ein überaus breit gefächertes und stark divergierendes Meinungsbild. Die grundsätzliche Anfechtbarkeit des Verfügungsgeschäfts stellt keine Durchbrechung des Abstraktionsprinzips, sondern dessen Bestätigung dar. Seine konsequente Beachtung setzt einen Minimalkonsens voraus, der sich lediglich auf die Einigung über den konkreten Verfügungsgegenstand, die Rechts-

wirkungen der Verfügung und die Identität der Parteien beschränkt. Die Übereignung ist damit wert- und motivneutral.

4. Verkehrswesentliche Eigenschaften im Sinne des § 119 Abs. 2 BGB vereinbaren die Vertragsparteien bindend ausschließlich auf der Kausalebene bzw. im Verpflichtungsgeschäft: Verkehrs- und Gläubigerinteressen rechtfertigen beim Eigenschaftsirrtum die Versagung des dinglichen Schutzes für den Anfechtungsberechtigen, aus dessen Verantwortungssphäre die Störung bei der Willensbildung resultiert. Für eine gesonderte Anfechtung gem. § 119 Abs. 2 BGB auf der Verfügungsebene ist im BGB kein Raum. Auch bei Koinzidenz von Verpflichtungs- und Verfügungsgeschäft kann der Willensinhalt hinsichtlich beider Rechtsgeschäfte ein anderer sein.

5. Entscheidungsrelevant wird die Frage nach der dinglichen Rechtslage insbesondere in der Insolvenz des Anfechtungsgegners. Bedingt durch das Abstraktionsprinzip geht das Eigentum an der Sache in das Haftungsvermögen des Anfechtungsgegners (z. B. des Käufers) über und steht damit dessen Gläubigern zur Verfügung. Der anfechtungsberechtigte Verkäufer ist Insolvenzgläubiger und wird mit seiner Forderung im Rang des § 38 InsO regelmäßig auf die Insolvenzquote verwiesen. Dagegen führt die Anfechtbarkeit auch des Verfügungsgeschäfts zu einem Aussonderungsrecht des verfügenden Anfechtungsberechtigten gem. § 47 InsO.

## C. Maßgaben und Wertungen im Insolvenzverfahren

1. Das Insolvenzverfahren wird bestimmt durch materiell-rechtliche und verfahrensbezogene Rechtsnormen, die einem staatlich geordneten Verfahren zur gemeinschaftlichen Verwirklichung der Vermögenshaftung eines Schuldners dienen, der zur vollen Befriedigung aller Gläubiger nicht mehr in der Lage ist.

Das Insolvenzrecht und das gesamte Insolvenzverfahren sind ausgerichtet am primären Zweck der gleichmäßigen Gläubigerbefriedigung bzw. Gläubigergleichbehandlung (*par conditio creditorum*).

2. Der Insolvenzverwalter fungiert als zentrale Figur des Insolvenzverfahrens bzw. *Exekutivorgan des Insolvenzverfahrens* (§ 80 Abs. 1 InsO). Seine wichtigsten Aufgaben sind die Inbesitznahme (§ 148 InsO), die Erhaltung und Verwaltung des Schuldnervermögens (Ist-Masse), die Verwertung der Insolvenzmasse im Wege einer Veräußerung im Ganzen oder von Bestandteilen (§ 159 InsO) sowie die Sanierung bzw. Restrukturierung des Schuldners. Daneben hat der Insolvenzverwalter das vorgefundene Vermögen zu bereinigen und anzureichern.

3. Trennungs- und Abstraktionsprinzip sowie das BGB-Anfechtungsrecht gelten uneingeschränkt auch im Insolvenzverfahren. Die Regeln über die Insolvenzanfechtung (§§ 129–147 InsO) dienen nicht der Herbeiführung der Nich-

tigkeit von Rechtsgeschäften, sondern ausschließlich der Beseitigung der Gläubigerbenachteiligung und der Sicherung der Insolvenzmasse, wirken mithin nicht rechtsgestaltend. Auf diese Weise wird das den Gläubigern zur Verfügung stehende Haftungssubstrat, das nach Verwertung an diese ausgeschüttet werden kann, vergrößert. Die Ratio der Anfechtungsregeln besteht vordergründig im Gläubigerschutz.

4. Verpflichtungs- und Verfügungsgeschäfte werden als getrennte Angriffsobjekte begriffen. Über ihre Insolvenzanfechtung wird jeweils isoliert entschieden. Sofern Verpflichtungs- und Verfügungsgeschäft eine Einheit bilden, ist die Anfechtungserklärung des Insolvenzverwalters regelmäßig als einheitliche Anfechtung von Verpflichtungs- und Verfügungsgeschäft auszulegen. Die Behandlung der Insolvenzanfechtungstatbestände fügt sich lückenlos in die zivilrechtliche Dogmatik ein, wenn auch bei den mittelbaren Anfechtungsfolgen flankierend auf die jeweils andere Ebene rekurriert werden muss.

5. Die insolvenzrechtlichen Anfechtungsvorschriften schützen die Gläubigerinteressen und bieten Rechtssicherheit und Rechtsklarheit. Sie konkretisieren wiederum das Abstraktionsprinzip. Auf die allgemeinen zivilrechtlichen Rechtsbehelfe muss der Insolvenzverwalter nicht zurückgreifen.

6. Die *par conditio creditorum* ist ein zentraler Grundsatz des Insolvenzrechts, der historisch im römischen Recht wurzelt. Der Grundsatz der Gläubigergleichbehandlung ist elementarer Bestandteil sämtlicher moderner Insolvenzrechtskodifikationen. Dieses Prinzip rechtfertigt neben weiteren teleologischen Erwägungen die Geltung des Abstraktionsprinzips im Insolvenzverfahren. Käme es auf die dem jeweiligen Kausalgeschäft zugrunde liegenden Motive an, wäre die Gewährleistung der Gläubigergleichbehandlung gefährdet bzw. erschwert. Im Insolvenzrecht sind die spezifischen Wertungen dieses Rechtsgebiets zu berücksichtigen, insbesondere bei der Insolvenzanfechtung. Zwar hat der anfechtungsrechtliche Rückgewähranspruch gem. § 143 Abs. 1 S. 1 InsO in der Doppelinsolvenz Aussonderungskraft. Das bedeutet im Umkehrschluss aber nicht, dass das Abstraktionsprinzip im Insolvenzrecht überflüssig ist, was die Existenz des § 47 InsO zeigt.

7. Die Geltung des Trennungs- und Abstraktionsprinzips im Insolvenzrecht manifestiert sich deutlich in der Existenz des § 47 InsO. Der Aussonderungsschutz gem. § 47 InsO steht in unmittelbarem Zusammenhang mit der sachenrechtlichen Vermögenszuordnung und der damit den Gläubigern zur Verfügung stehenden Haftungsmasse (§§ 35 Abs. 1, 47 S. 2 InsO). Zwar kommt dem anfechtungsrechtlich begründeten Rückgewähranspruch in der Doppelinsolvenz nach § 143 Abs. 1 S. 1 InsO Aussonderungskraft zu; § 47 InsO verschafft aber keinen Aussonderungsschutz für Verschaffungs- bzw. Bereicherungsansprüche, denn der *par conditio creditorum*-Grundsatz würde gestört, wenn der sine causa Verfügende infolge der Berücksichtigung zugrunde liegender Motive im Sinne

des § 119 Abs. 2 BGB bevorzugt würde. Der sine causa Verfügende ist vielmehr mit den anderen Insolvenzgläubigern im Rang des § 38 InsO gleichgestellt.

8. Auch die schwache Situation des Treuhänders in der Insolvenz des Treugebers ist mit derjenigen des Bereicherungsschuldners nicht vergleichbar.

9. Der sine causa Verfügende wird mit gewöhnlichen Insolvenzgläubigern im Rang des § 38 InsO gleichbehandelt. Nur derjenige, welcher das Risiko eines unwirksamen Verpflichtungsgeschäfts und eine mögliche Insolvenzgefahr bewusst absichert, kann insolvenzrechtlich privilegiert sein.

10. Schließlich führen auch weitere insolvenzspezifische Maßgaben und Wertungen dazu, insbesondere das Symmetrieargument und der unauflösbare Wertungswiderspruch mit § 103 InsO, dass der kausalos Verfügende nicht dinglich gesichert sein kann.

11. Auch die nicht zu rechtfertigende Privilegierung des Sachleistenden gegenüber dem Geldleistenden (sog. Symmetrieargument) und die Schlechterstellung des Käufers bei Eingreifen der Sachmängelgewährleistungsrechte sprechen für das hier vertretene Ergebnis. Aus dem Rechtsgedanken von § 302 InsO lässt sich – aus einer spezifisch insolvenzrechtlichen Sicht – ein weiteres Argument für den Ausschluss der Anfechtung des Verfügungsgeschäfts nach § 119 Abs. 2 BGB ableiten. Das Insolvenzrecht schützt den Geldschuldner durch die Ausnahmevorschrift des § 302 InsO bzw. den Sachschuldner, die nur Wertersatz verlangen können.

12. Darüber hinaus können auch rechtspraktische Gesichtspunkte in der Insolvenzpraxis gegen die Anfechtbarkeit des Verfügungsgeschäfts wegen Eigenschaftsirrtums angeführt werden. Die Aufgaben des Insolvenzverwalters im heutigen Wirtschaftsleben sind ökonomisch und sozial bedeutend. Ein rechtsstaatliches Gesamtvollstreckungsverfahren erfordert die Wahrung der Interessen der Gläubigergemeinschaft und des redlichen Schuldners. Der Insolvenzverwalter koordiniert bestenfalls die Unternehmensrestrukturierung und ist bestrebt Arbeitsplätze des schuldnerischen Unternehmens zu erhalten.

13. Die wirtschaftlich vorteilhaftere »Aufwertung« des lediglich kausalos Verfügenden zum Aussonderungsberechtigten belastet das Insolvenzverfahren, indem die Aufgabenwahrnehmung des Insolvenzverwalters erschwert wird und zudem Haftungsgefahren für den Insolvenzverwalter drohen.

14. Auch in der Insolvenz müssen Vermögensgegenstände fungibel bleiben. Zunächst ist die Haftungsmasse schnellstmöglich zu ermitteln, damit über die Durchführung des Insolvenzverfahrens entschieden werden kann. Für eine optimale Verwertung und Mehrung der Insolvenzmasse muss der Insolvenzverwalter dann rechtssicher über massebefangene Vermögensgegenstände verfügen können. Ein effektives Verwalterhandeln ist nur dann gewährleistet, wenn der Insolvenzverwalter nicht mit aufwendigen Konflikten um die Wirksamkeit von Verpflichtungsgeschäften belastet wird.

15. Die Haftungsgefahren auf Seiten des Insolvenzverwalters sind weiter erhöht, müsste dieser die Motivlage der Vertragsparteien mit Blick auf eine Anfechtung der Verfügungsgeschäfte wegen Eigenschaftsirrtums eruieren. Eine ansonsten unnötige und zum Teil äußerst komplizierte Sachverhaltsklärung, ob das Verfügungsgeschäft bzw. die dingliche Einigungserklärung im Einzelfall anfechtbar sein sollen, und damit im Zusammenhang stehende Nachforschungen durch den Insolvenzverwalter stünden in diametralem Gegensatz zum Gebot einer bestmöglichen Gläubigerbefriedigung und einer zügigen Sanierung bzw. Restrukturierung des Schuldners. Die ohnehin mitunter recht zeitaufwendigen Insolvenzverfahren würden dadurch zusätzlich erschwert. Das ist legislatorisch nicht gewollt.

# Literaturverzeichnis

*Ahrens, Martin/Gehrlein, Markus/Ringstmeier, Andreas:* Insolvenzrecht, Kommentar, 4. Auflage, Köln 2020.

*Antoniolli, Luisa/Veneziano, Anna:* The PECL and Italian Law, Den Haag 2005.

*Aretz, Stephanie:* Das Abstraktionsprinzip – Das einzig wahre?; JA 1998, S. 242 ff.

*Assies, Paul H./Beule, Dirk/Heise, Julia/Strube, Hartmut/Rösler, Patrick:* Handbuch des Fachanwalt Bank- und Kapitalmarktrecht, 4. Auflage, Köln 2015.

*Bach, Ivo:* Neue Richtlinien zum Verbrauchsgüterkauf und zu Verbraucherverträgen über digitale Inhalte; NJW 2019, S. 1705 ff.

*Bähr, Otto:* Besprechung des Entwurfs eines bürgerlichen Gesetzbuches für das Deutsche Reich; Kritische Vierteljahresschrift, 30. Band, 1889, S. 326 ff.

*Bamberger, Heinz Georg/Roth, Herbert/Hau, Wolfgang/Poseck, Roman:* Bürgerliches Gesetzbuch, Kommentar, 4. Auflage, München 2019.

*Bank, Stefan:* Insolvenzverwalterhaftung, Bonn 2016.

*Barnert, Thomas:* Insolvenzspezifische Pflichten des Insolvenzverwalters gegenüber Aussonderungsberechtigten; KTS 2005, S. 431 ff.

*Basedow, Jürgen:* Europäisches Vertragsrechtsvereinheitlichung und deutsches Recht, Tübingen 2000.

*Baumert, Andreas:* Business Jugdment Rule und Insolvenzverwalterhaftung; NZI 2019, S. 973 f.

*Baur, Jürgen F./Stürner, Rolf:* Insolvenzrecht, 12. Auflage, Heidelberg 1999.

*Dies.:* Sachenrecht, 18. Auflage, München 2009.

*Beck, Siegfried/Depré, Peter:* Praxis der Insolvenz, 3. Auflage, München 2017.

*Behrends, Okko/Knütel, Rolf/Kupisch, Berthold/Seiler, Hans Hermann:* Corpus Juris Civilis, Text und Übersetzung, Band 3, Digesten 11–20, Heidelberg 1999.

*Becker, Ernst Immanuel:* System und Sprache des Entwurfes eines bürgerlichen Gesetzbuches für das Deutsche Reich, Berlin 1888.

*Berger, Christian:* Massebezogene Verwalterpflichten: Von der Massewahrung zu einem »allgemeinen Wertmehrungsgebot«; ZInsO 2017, S. 2100 ff.

*Ders.:* Nutzungsrechte am Universitätsnamen; JZ 1993, S. 1169 ff. (sogleich Besprechung des BGH-Urteils v. 23.09.1992 – I ZR 251/90).

*Ders./Frege, Michael/Nicht, Matthias:* Unternehmerische Ermessensentscheidungen im Insolvenzverfahren – Entscheidungsfindung, Kontrolle und persönliche Haftung; NZI 2010, S. 321 ff.

*Bitter, Georg:* Corona und die Folgen nach dem COVID-19-Insolvenzaussetzungsgesetz (COVInsAG); ZIP 2020, S. 685 ff.

*Boehmer, Gustav:* Einführung in das Bürgerliche Recht, 2. Auflage, Tübingen 1965.

*Bork, Reinhard:* Einführung in das Insolvenzrecht, 10. Auflage, Tübingen 2021.

*Ders.:* Allgemeiner Teil des Bürgerlichen Gesetzbuchs, 4. Auflage, Tübingen 2016.

*Ders.:* Handbuch des Insolvenzanfechtungsrechts, Köln 2006.

*Ders.:* Anfechtung als Kernstück der Gläubigergleichbehandlung; ZIP 2014, S. 797 ff.

*Ders./Hölzle, Gerrit:* Handbuch Insolvenzrecht, 2. Auflage, Köln 2019.

*Brandt, Hans:* Eigentumserwerb und Austauschgeschäft. Der abstrakte dingliche Vertrag und das System des deutschen Umsatzrechts im Licht der Rechtswirklichkeit, Leipziger rechtswissenschaftliche Studien, Heft 120, Leipzig 1940.

*Braun, Eberhard:* Insolvenzordnung, Kommentar, 8. Auflage, München 2020.

*Brehm, Wolfgang/Berger, Christian:* Sachenrecht, 3. Auflage, Tübingen 2014.

*Breyhan, Christian:* Abstrakte Übereignung und Parteiwille in der Rechtsprechung, Leipzig 1929.

*Bucher, Eugen:* Allgemeines Obligationenrecht, Allgemeiner Teil, 2. Auflage, Zürich 1988.

*Buchholz, Stephan:* Abstraktionsprinzip und Immobiliarrecht, Frankfurt am Main 1978.

*Ders.:* Zur Rechtsvereinheitlichung in der zweiten Hälfte des 19. Jahrhunderts; RabelsZ 50 (1986), S. 77 ff.

*Budnik, Andreas:* Keine Abnahme einer eidesstattlichen Offenbarungsversicherung während Insolvenzverfahren; EWiR 2012, S. 733 ff. (Zugleich Besprechung des BGH-Beschlusses v. 24.05.2012 – IX ZB 275/10 = ZIP 2012, 1311).

*Busch, Danny:* The PECL before the Supreme Court of the Netherlands; ZEuP 2008, S. 549 ff.

*Ders./Hondius, Ewoud/Kooten, Hugo J. van/Schelhaas, Harriet N./Schrama, Wendy M.:* The PECL and Dutch Law: A Commentary (Band I 2001, Band II 2006), Alpen am Rhein.

*Campe, Moritz von:* Insolvenzanfechtung und ihre kollisionsrechtliche Anknüpfung im deutschen und französischen Recht, Diss. Freiburg (Breisgau), Köln u. a. 1996.

*Canaris, Claus-Wilhelm:* Handelsrecht, 24. Auflage, München 2006.

*Carey-Miller, David Lancelot:* Corporeal Moveables in Scots Law, 2. Auflage, Edinburgh 2005.

*Ders.:* Transfer of Ownership: Reinhard Zimmermann and Daniel Visser: Southern Cross – Civil Law and Common Law in South Africa, 1996, S. 727 ff.

*Coing, Helmut/Wilhelm, Walter:* Wissenschaft und Kodifikation des Privatrechts im 19. Jahrhundert, Band II. Die rechtliche Verselbständigung der Austauschverhältnisse vor dem Hintergrund der wirtschaftlichen Entwicklung und Doktrin, Frankfurt am Main 1977.

*Cranshaw, Friedrich L.:* Berufsbilder des Insolvenzverwalters (und verwandter Berufe) vor dem Hintergrund von Koalitionsvertrag und Restrukturierungsrichtlinie; NZI 2020, S. 143 ff.

*Deckenbrock, Christian/Fleckner, Andreas M.:* Berufsbild, Qualitätskriterien und Berufsrecht des Insolvenzverwalters; ZIP 2005, S. 2290 ff.

*Dötsch, Wolfgang:* Anfechtung wegen Eigenschaftsirrtums gem. § 119 II BGB im Mietrecht – Konkurrenz zum Gewährleistungsrecht?; NZM 2011, S. 457 ff.

*Doralt, Walter:* Rote Karten oder grünes Licht für den Blue Button? – Zur Frage eines optionalen Europäischen Vertragsrechts; AcP 211 (2011), S. 1 ff.

*Dorn, Franz:* Accursius; Kleinheyer, Gerd/Schröder, Jan (Hrsg.): Deutsche und europäische Juristen aus neun Jahrhunderten, 4. Auflage, Heidelberg 1996, S. 13–16.

*Drexelius, Matthias:* Irrtum und Risiko. Rechtsvergleichende Untersuchungen und Reformvorschläge zum Recht der Irrtumsanfechtung, Frankfurt, Berlin 1964.

*Dunz, Walter:* Betrag als Eigenschaft der Forderung; NJW 1964, S. 1214ff.

*Eckhardt, Diederich:* Anfechtung und Aussonderung – Zur Haftungspriorität des Anfechtungsanspruchs im Verhältnis zu den Eigengläubigern des Anfechtungsgegners; KTS 2005, S. 15ff.

*Eidenmüller, Horst/Jansen, Nils/Kieninger, Eva-Maria/Wagner, Gerhard/Zimmermann, Reinhard:* Der Vorschlag für eine Verordnung über ein Gemeinsames Europäisches Kaufrecht; JZ 2012, S. 269ff.

*Ders./Faust, Florian/Grigoleit, Hans Christoph/Wagner, Gerhard/Zimmermann, Reinhard:* Der Gemeinsame Referenzrahmen für das Europäische Privatrecht; JZ 2008, S. 529ff.

*Einsele, Dorothee:* Bank- und Kapitalmarktrecht, 4. Auflage, Tübingen 2018.

*Eisenhardt, Ulrich:* Die Einheitlichkeit des Rechtsgeschäfts und die Überwindung des Abstraktionsprinzips; JZ 1991, S. 271ff.

*Ders.:* Die Entwicklung des Abstraktionsprinzips im 20. Jahrhundert; Köbler, Gerhard/Nehlsen, Hermann: Wirkungen europäischer Rechtskultur; Festschrift für Karl Kroeschell zum 70. Geburtstag, München 1997, S. 215ff.

*Enneccerus, Ludwig/Nipperdey, Hans Carl:* Allgemeiner Teil des Bürgerlichen Rechts, 15. Auflage, Tübingen 1960.

*Erman, Walter Alexander:* Bürgerliches Gesetzbuch (BGB), Band I, §§ 1-758 (Hrsg. v. Westermann, Harm Peter/Grunewald, Barbara/Maier-Reimer, Georg), 16. Auflage, Köln und Tübingen 2020.

*Ernst, Wolfgang:* Der Common Frame of Reference aus juristischer Sicht; AcP 208 (2008), S. 248ff.

*Esser, Josef:* Schmollers Jahrbuch für Gesetzgebung, Verwaltung und Volkswirtschaft im Deutschen Reich, 66 (1942), S. 347ff.

*Faust, Florian:* Bürgerliches Gesetzbuch Alölgemeiner Teil, 7. Auflage 2020, Baden-Baden.

*Faude, Georg:* Aussonderungskraft des Wertersatzanspruchs bei anfechtbarer Übertragung von Buchgeld; NZI 2017, 21f. (Anmerkung zum Urteil des OLG Schleswig v. 27.07. 2016 – U 34/16 = NZI 2017, 19).

*Felgentraeger, Wilhelm:* Friedrich Carl v. Savignys Einfluss auf die Übereignungslehre, Leipzig 1927.

*Fikentscher, Wolfgang:* Schuldrecht, 9. Auflage, Berlin 1977.

*Fischer, Gero:* Die Haftung des Insolvenzverwalters nach neuem Recht; WM 2004, S. 2185ff.

*Floßmann, Ursula:* Österreichische Privatrechtsgeschichte, 3. Auflage, Wien u. a. 1996.

*Flume, Werner:* Eigentumsirrtum und Kauf, Münster 1948 sowie Nachdruck, Darmstadt 1974.

*Ders.:* Allgemeiner Teil des Bürgerlichen Rechts, 2. Band, Das Rechtsgeschäft, 4. Auflage, München 1992.

Frankfurter Kommentar zur Insolvenzordnung (Hrsg. v. Wimmer, Klaus), 9. Auflage, Köln 2018.

*Forschner, Julius:* Pferdetausch – vertauscht!; J§E 2019, S. 108f. (Zugleich Besprechung v. OLG Hamm, Urt. v. 04.04.2019 – 5 U 40/18).

*Frege, Michael C./Keller, Ulrich/Riedel, Ernst:* Handbuch der Rechtspraxis, Band 3, Insolvenzrecht, 8. Auflage, München 2015.

*Freudenberg, Christian:* Die Entwicklung des rechtsgeschäftlichen Eigentumserwerbs in der DDR: Die Verabschiedung des Abstraktionsprinzips, Diss. Rostock, Frankfurt am Main u. a. 1997.

*Frind, Frank:* Die Haftungsreichweite bei der Insolvenzverwaltung – insbesondere bei Betriebsfortführung mit Asset Deal; ZInsO 2020, S. 1213ff. (Zugleich Besprechung v. BGH, Urt. v. 12.03.2020 – IX ZR 125/17).

*Fuchs, Johannes Georg:* Iusta causa traditionis in der Romanistischen Wissenschaft, Basel 1952.

*Füller, Jens Thomas:* Eigenständiges Sachenrecht?, Tübingen 2006.

*Ganter, Hans Gerhard:* Zweifelsfragen bei der Ersatzaussonderung und Ersatzabsonderung; NZI 2005, S. 1ff.

*Gassert-Schumacher, Heike:* Privilegien in der Insolvenz, Frankfurt am Main 2002.

*Gehrlein, Markus:* Eigentumsrechte nach einer Geldvermengung; NJW 2010, S. 3543ff.

*Gemoll, Friedrich Wilhelm:* Griechisch-Deutsches Schul- und Handwörterbuch, 10. Auflage, München 2006.

*Georgiades, Apostolos:* Der Einfluss des deutschen BGB auf das griechische Zivilrecht; AcP 200 (2000), S. 493ff.

*Gierke, Otto von:* Der Entwurf eines Bürgerlichen Gesetzbuches und das deutsche Recht, Leipzig 1889, Nachdruck 1997.

*Giesen, Dieter:* BGB Allgemeiner Teil: Rechtsgeschäftslehre, Berlin, New York 1991.

*Gottwald, Peter:* Insolvenzrechts-Handbuch, 6. Auflage, München 2020.

*Graeber, Thorsten:* Die Aufgaben des Insolvenzverwalters im Spannungsfeld zwischen Delegationsbedürfnis und Höchstpersönlichkeit; NZI 2003, S. 569ff.

*Graf-Schlicker, Marie-Luise:* InsO, Kommentar zur Insolvenzordnung, 5. Auflage, Köln 2020.

*Grevesmühl, Götz:* Die Gläubigeranfechtung nach klassischem römischen Recht, Göttingen 2003.

*Grigoleit, Hans Christoph:* Abstraktion und Willensmängel – Die Anfechtbarkeit des Verfügungsgeschäfts; AcP 199 (1999), S. 379ff.

*Gsell, Beate/Krüger, Wolfgang/Lorenz, Stephan/Reymann, Christoph:* beck-online.GROSSKOMMENTAR (BeckOGK, beck-online), München 2019.

*Gundlach, Ulf:* Notwendigkeit einer wirksamen Veräußerung für die Ersatzaussonderung; KTS 1997, S. 211ff.

*Gundlach, Ulf/Frenzel, Volkhard/Schmidt, Nikolaus:* Die Haftung des Insolvenzverwalters gegenüber Aus- und Absonderungsberechtigten; NZI 2001, S. 350ff.

*Dies.:* Der Anwendungsbereich des § 88 InsO; NZI 2005, S. 663f.

*Grundmann, Stefan:* Zur Anfechtbarkeit des Verfügungsgeschäfts; JA 1985, S. 80ff.

*Habermeier, Stefan:* Das Trennungsdenken; AcP 195 (1995), S. 283ff.

*Haedicke, Maximilian:* Der bürgerlich-rechtliche Verfügungsbegriff; JuS 2001, S. 966ff.

*Häde, Ulrich:* Die Behandlung von Geldzeichen in Zwangsvollstreckung und Konkurs; KTS 1991, S. 365ff.

*Haferkamp, Hans-Peter:* »Fehleridentität« – zur Frage der Anfechtung von Grund- und Erfüllungsgeschäft; JURA 1998, S. 511ff.

Hamburger Kommentar: Kommentar zum Insolvenzrecht (Hrsg. v. Schmidt, Andreas), 8. Auflage, Köln 2021.

*Hammen, Horst:* Friedrich Carl von Savigny, Pandektenvorlesung 1824/25, Frankfurt am Main 1993.

*Hartkamp, Arthur S./Hesselink, Martijn W./Hondius, Ewoud/C Mak/Du Perron, Edgar:* Towards a European Civil Code, 4. Auflage, Alpen am Rhein 2011.

*Häsemeyer, Ludwig:* Insolvenzrecht, 4. Auflage, Köln 2007.

*Heck, Philipp:* Das abstrakte dingliche Rechtsgeschäft, Tübingen 1937.

*Ders.:* Grundriss des Sachenrechts, Tübingen 1930.

Heidelberger Kommentar zur Insolvenzordnung (Hrsg. v. Kayser, Godehard/Thole, Christoph), 10. Auflage 2020.

*Henssler, Martin:* Das Berufsbild des Insolvenzverwalters im Wandel der Zeit; ZIP 2002, S. 1053ff.

*Herberger, Maximilian/Martinek, Michael/Rüßmann, Helmut/Weth, Stephan/Würdinger, Markus:* juris PraxisKommentar: BGB, Band 1, Allgemeiner Teil, 9. Auflage, Saarbrücken 2020.

*Hiebert, Olaf:* Die neue Rechtsprechung des BGH zur Kenntnis des Gläubigers von drohender Zahlungsunfähigkeit des Schuldners (§ 133 Abs. 1 InsO); ZInsO 2016, S. 1738ff.

*Hönn, Günther:* Grundfälle zur Konkurrenz zwischen Sachmängelhaftung beim Stückkauf und Anfechtung wegen Willensmängel; JuS 1989, S. 293ff.

*Huber, Ulrich:* Savigny und das sachenrechtliche Abstraktionsprinzip; Heldrich, Andreas/Prölls, Jürgen/Koller, Ingo (Hrsg. u. a.); Festschrift für Claus-Wilhelm Canaris zum 70. Geburtstag, München 2007, S. 471–512.

*Hübner, Heinz:* Der Rechtsverlust im Mobiliarsachenrecht, Erlangen 1955.

*Ders.:* Allgemeiner Teil des Bürgerlichen Gesetzbuchs, Berlin 1985.

*Hugo, Gustav:* Lehrbuch des heutigen Römischen Rechts, Berlin 1826.

IDW, Sanierung und Insolvenz (WPH Edition), Rechnungslegung und Beratung in der Unternehmenskrise, Düsseldorf 2017.

*Jaeger, Ernst:* Konkursordnung, Großkommentar, Erster Band, §§ 1–70 KO, bearbeitet von Weber, Friedrich und Lent, Friedrich, 8. Auflage, Berlin 1958.

*Ders.:* Konkursordnung, Großkommentar, Zweiter Band, §§ 71–206 KO, bearbeitet von Weber, Friedrich, 8. Auflage, Berlin 1958.

*Ders.:* Insolvenzordnung, Großkommentar, Band 1, §§ 1–55 (Hrsg. v. Henckel, Wolfram/Gerhard, Walter), 1. Auflage, Berlin 2004.

*Ders.:* Insolvenzordnung, Großkommentar, Band 2, §§ 56–102 (Hrsg. v. Henckel, Wolfram/Gerhard, Walter), 1. Auflage, Berlin 2007.

*Ders.:* Insolvenzordnung, Großkommentar, Band 4, §§ 129–147 (Hrsg. v. Henckel, Wolfram/Gerhard, Walter), 1. Auflage, Berlin 2008.

*Ders.:* Insolvenzordnung, Großkommentar, Band 5/1, §§ 148–155; Insolvenzsteuerrecht (Hrsg. v. Henckel, Wolfram/Gerhardt, Walter), 1. Auflage, Berlin/Boston 2016.

*Jaensch, Michael:* Grundzüge des Bürgerlichen Rechts. Mit 63 Fällen und Lösungen, 3. Auflage, Heidelberg 2012.

*Jahr, Günther:* Romanistische Beiträge zur modernen Zivilrechtswissenschaft, AcP 168 (1968), S. 9ff.

*Jakobs, Horst Heinrich:* Gibt es den dinglichen Vertrag?; SZ 119 (2002), S. 269ff.

*Jacoby, Florian:* Die Insolvenzfestigkeit von Lastschriften gestern, heute und morgen; ZIP 2010, S. 1725ff. (Zugleich Besprechung der BGH-Urteile v. 20.7.2010 – IX ZR 236/07 = ZIP 2010, 1556 und IX ZR 37/09 = ZIP 2010, 1552).

*Jauernig, Othmar:* Bürgerliches Gesetzbuch: BGB, Kommentar, 18. Auflage, München 2021.

*Ders.:* Trennungsprinzip und Abstraktionsprinzip; JuS 1994, S. 721ff.

*Ders./Berger, Christian:* Zwangsvollstreckungs- und Insolvenzrecht, 23. Auflage, München 2010.

*Jensen, Thore:* Grundfragen des Rechts der Gläubiger- und Insolvenzanfechtung, Hamburg 2008.

*Jhering, Rudolf von:* Der Kampf ums Recht, Wien, 1872, Neuauflage Frankfurt am Main 2003.

*Jungmann, Carsten:* Business Judgements in der Insolvenz: Freiräume trotz richterlicher Sachlichkeitskontrolle; NZI 2020, S. 651ff.

*Karner, Ernst:* Gutgläubiger Mobiliarerwerb, Zum Spannungsverhältnis von Bestandschutz und Verkehrsinteressen, Wien, New York 2006.

*Kaser, Max/Knütel, Rolf/Lohsse, Sebastian:* Römisches Privatrecht, 22. Auflage, München 2021.

*Kaspar, Michael:* Abschied vom Abstraktionsprinzip? Gemeinsame Strukturen des rechtsgeschäftlichen Mobiliarerwerbs nach »Abstraktionsprinzip« und dem so genannten »reinen Konsensprinzip« am Beispiel eines deutsch-rumänischen Rechtsvergleichs, Diss. Frankfurt/Oder, Berlin, Heidelberg u.a. 2003.

*Kästner, Andreas:* Beruf und Berufsrecht des Insolvenzverwalters. Kollisionen und Spannungsfelder, Diss., Baden-Baden 2018.

*Kegel, Gerhard:* Verpflichtung und Verfügung; Internationales Recht und Wirtschaftsordnung; Festschrift für F. A. Mann, München 1977, S. 56ff.

*Keller, Beatrice:* Einführung in das Insolvenzrecht; ZJS 2010, S. 40ff. (Teil 1).

*Kiefner, Hans:* Der abstrakte obligatorische Vertrag in Praxis und Theorie des 19. Jahrhunderts; Coing, Helmut/Wilhelm, Walter (Hrsg.), Wissenschaft und Kodifikation des Privatrechts im 9. Jahrhundert II, München 1977, S. 74ff.

*Kilger, Joachim/Schmidt, Karsten:* Insolvenzgesetze KO/VglO/GesO, 17. Auflage, München 1997.

*Kleinheyer, Gerd/Schröder, Jan:* Deutsche und europäische Juristen aus neun Jahrhunderten, 4. Auflage, Heidelberg 1996, S. 112–115.

*Klinck, Fabian:* Die Grundlagen der besonderen Insolvenzanfechtung: Gläubiger- und Vertrauensschutz im Übergang vom Prioritäts- zum Gleichbehandlungsgrundsatz, Diss. Bochum, Berlin 2011.

*Klinkert, Johannes:* Die Regelung des sozialistischen und persönlichen Eigentumsrechts im ZGB; NJ 1975, 628ff.

*Klumb, Jan:* Kollisionsrecht der Insolvenzanfechtung, Köln 2005.

*Kollhosser, Helmut:* Grundfälle zu Besitz und Besitzschutz, 1. Teil; JuS 1992, S. 215ff.

*Köster, Eva:* Konkurrenzprobleme im neuen Kaufmängelrecht; JURA 2005, S. 145ff.

*Kötz, Hein D.:* Dispositives Recht und ergänzende Vertragsauslegung (Default Rules and Supplementary Interpretation in the Law of Contract); JuS 2013, S. 289ff.

*Koziol, Helmut:* Grundlagen und Streitfragen der Gläubigeranfechtung, Wien 1991.

*Krause, Hermann:* Das Einigungsprinzip und die Neugestaltung des Sachenrechts; AcP 145 (1939), S. 312ff.

*Krimphove, Dieter:* Das Europäische Sachenrecht, Lohmar 2006.
*Kübler, Bruno M./Prütting, Hanns/Bork, Reinhard:* InsO, Kommentar zur Insolvenzordnung, Köln, Loseblatt, 88. EL Mai 2021.
*Kühl, Stefan:* Unternehmerisches Ermessen in der Insolvenz, Baden-Baden 2020.
*Kuntze, Johannes Emil:* Das Wechselrecht, Leipzig 1884.
*Lando, Ole/Beale, Hugh:* Principles of European Contract Law (Parts I and II, 2000).
*Ders./Clive, Eric/Prüm, André/Zimmermann, Reinhard:* Principles of European Contract Law (Part III, 2003).
*Lange, Heinrich:* Rechtsgrundabhängigkeit und Verfügung im Boden- und Fahrnisrecht; AcP 146 (1941), S. 28ff.
*Ders.:* Zum System des deutschen Vermögensrechts. Zu einer Schrift von Franz Wieacker; AcP 147 (1942), S. 290ff.
*Ders.:* Rechtswirklichkeit und Abstraktion. Zu Hans Brandt: Eigentumserwerb und Austauschgeschäft; AcP 148 (1943), S. 188ff.
*Ders.:* Abstraktes oder kausales dingliches Geschäft?; DR 1935, S. 485ff.
*Langenbucher, Katja/Engert, Andreas/Herresthal, Carsten/Klöhn, Lars:* Europäisches Privat- und Wirtschaftsrecht, 4. Auflage, Baden-Baden 2017.
*Larenz, Karl:* Lehrbuch des Schuldrechts Band I, 14. Auflage, München 1987.
*Ders.:* Lehrbuch des Schuldrechts Band II/1, 13. Auflage, München 1986.
*Ders.:* Der Eigentumserwerb durch Austauschgeschäft; DR 1940, S. 1264ff.
*Ders./Wolf, Manfred:* Allgemeiner Teil des Bürgerlichen Rechts, 9. Auflage, München 2004.
*Leible, Stefan:* Europäisches Privatrecht am Scheideweg; NJW 2008, S. 2558ff.
*Leipold, Dieter:* BGB I: Einführung und Allgemeiner Teil, 10. Auflage, Tübingen 2019.
*Liebs, Detlef:* Q. Cercidius Scaevola; Klaus Sallmann (Hrsg.): Die Literatur des Umbruchs. Von der römischen zur christlichen Literatur, 117 bis 284 n.Chr., Handbuch der lateinischen Literatur der Antike, Band 4, München 1997, S. 113–116.
*Liebs, Gerhard:* Abstraktion im Neueren Gemeinen Recht; Orbis Juris Romani (2002), S. 59ff.
*Lieder, Jan:* Die rechtsgeschäftliche Sukzession, Tübingen 2015.
*Ders./Berneith, Daniel:* Echte und unechte Ausnahmen vom Abstraktionsprinzip; Jus 2016, S. 673ff.
*Lindemann, Achim:* Die Durchbrechungen des Abstraktionsprinzips durch die höchstrichterliche Rechtsprechung seit 1900, Konstanz 1989.
*Lissner, Stefan:* Haftung und Verantwortlichkeit des Insolvenzverwalters. Haftung, Insolvenzverwalter, Verantwortlichkeit; BB 2014, S. 1419ff.
*Locher, Eugen:* Die Neugestaltung des Liegenschaftsrechts, Leipzig 1942.
*Lopau, Eberhard:* Noch einmal – Die begehrte Standuhr; JuS 1980, 217ff.
*Lorenz, Stephan:* Grundwissen – Zivilrecht: Abstrakte und kausale Rechtsgeschäfte; JuS 2009, S. 489ff.
*Lüke, Wolfgang:* Persönliche Haftung des Verwalters in der Insolvenz. RWS-Skript 267, 5. Auflage 2015.
*Lütcke, Niklas/Holzmann, Christian/Swierczok, Artur:* Das COVID-19-Insolvenzaussetzungs-gesetz (COVInsAG); BB 2020, S. 898ff.
*Mankowski, Peter/Müller, Michael F./Schmidt, Jessica:* EuInsVO 2015, Kommentar, München 2016.

*May, Erich:* Die Möglichkeit der Beseitigung des Abstraktionsprinzips bei den Verfügungsgeschäften, Mainz 1952.

*Meder, Stefan:* Ius non scriptum – Traditionen privater Rechtsetzung, 2. Auflage, Tübingen 2009.

*Ders.:* Rechtsgeschichte. Eine Einführung, 7. Auflage, Köln 2020.

*Ders./Czelk, Andrea:* Grundwissen Sachenrecht, 3. Auflage, Tübingen 2018.

*Medicus, Dieter:* Allgemeiner Teil des BGB, 10. Auflage, Heidelberg 2010.

*Ders.:* Ansprüche auf Geld; JuS 1983, S. 897ff.

*Ders./Petersen, Jens:* Allgemeiner Teil des BGB, 11. Auflage, Heidelberg 2016.

*Meier, Patrick/Jocham, Felix:* Die Fehleridentität als Verwirklichung des Abstraktionsprinzips; JuS 2021, S. 494ff.

*Menger, Anton:* Das bürgerliche Recht und die besitzlosen Volksklassen, Tübingen 1890.

*Michel, Arndt:* Überschießende Rechtsmacht als Problem abstrakter und nichtakzessorischer Konstruktionen. Eine Untersuchung anhand einzelner Durchbrechungen bei Sicherungseigentum/-abtretung, bei der Sicherungsgrundschuld, bei Scheck und Wechsel und bei der Vollmacht, Diss. Köln, Baden-Baden 2000.

*Mohrbutter, Harro/Ringstmeier, Andreas:* Handbuch der Insolvenzverwaltung, 9. Auflage, Köln u. a. 2015.

*Montholon de, Charles-Tristan:* Récits de la captivité de l'empereur Napoléon à Sainte-Hélène, Band I, Paris 1847.

*Müller, Gerd:* Zur Beachtlichkeit des Eigenschaftsirrtums des Käufers; Festschrift für Ulrich Huber, Tübingen 2006, S. 449ff.

*Müller, Klaus/Gruber, Urs:* Sachenrecht, 1. Auflage 2016, München.

*Müller-Freienfels, Wolfram:* Die Vertretung beim Rechtsgeschäft, Tübingen 1955.

Münchener Kommentar zum Bürgerlichen Gesetzbuch, Band 1 Allgemeiner Teil, §§ 1–240 (Hrsg. v. Säcker, Franz Jürgen/Rixecker, Roland/Oetker, Hartmut/Limperg, Bettina), 4. Auflage, München 2001.

Münchener Kommentar zum Bürgerlichen Gesetzbuch, Band 1 Allgemeiner Teil, §§ 1–240 (Hrsg. v. Säcker, Franz Jürgen/Rixecker, Roland/Oetker, Hartmut/Limperg, Bettina), 8. Auflage, München 2018.

Münchener Kommentar zum Bürgerlichen Gesetzbuch, Band 3 Schuldrecht – Allgemeiner Teil 2, §§ 311–432 (Hrsg. v. Säcker, Franz Jürgen/Rixecker, Roland/Oetker, Hartmut/Limperg, Bettina), 8. Auflage, München 2019.

Münchener Kommentar zum Bürgerlichen Gesetzbuch, Band 4 Schuldrecht – Besonderer Teil 1, §§ 433–534 (Hrsg. v. Säcker, Franz Jürgen/Rixecker, Roland/Oetker, Hartmut/Limperg, Bettina), 8. Auflage, München 2019.

Münchener Kommentar zum Bürgerlichen Gesetzbuch, Band 8 Sachenrecht, §§ 854–1296 (Hrsg. v. Säcker, Franz Jürgen/Rixecker, Roland/Oetker, Hartmut/Limperg, Bettina), 8. Auflage, München 2020, und 4. Auflage, München 2004.

Münchener Kommentar zum Bürgerlichen Gesetzbuch, Band 8 Familienrecht, §§ 1589–1921 (Hrsg. v. Säcker, Franz Jürgen/Rixecker, Roland/Oetker, Hartmut/Limperg, Bettina), 3. Auflage, München 1992.

Münchener Kommentar zur Insolvenzordnung, Band 1, §§ 1–79 InsO, InsVV (Hrsg. v. Stürner, Rolf/Eidenmüller, Horst/Schoppmeyer, Heinrich), 4. Auflage, München 2019.

Münchener Kommentar zur Insolvenzordnung, Band 2, §§ 80–216 InsO (Hrsg. v. Stürner, Rolf/Eidenmüller, Horst/Schoppmeyer, Heinrich), 4. Auflage, München 2019.

Münchener Kommentar zur Insolvenzordnung, Band 3, §§ 217–359 InsO (Hrsg. v. Stürner, Rolf/Eidenmüller, Horst/Schoppmeyer, Heinrich), 4. Auflage, München 2020.

*Mugdan, Benno:* Die gesammten Materialien zum Bürgerlichen Gesetzbuch für das Deutsche Reich, Band I (Einführungsgesetz und Allgemeiner Theil), Berlin 1899.

*Ders.:* Die gesammten Materialien zum Bürgerlichen Gesetzbuch für das Deutsche Reich, Band II (Recht der Schuldverhältnisse), Berlin 1899.

*Ders.:* Die gesammten Materialien zum Bürgerlichen Gesetzbuch für das Deutsche Reich, Band III (Sachenrecht), Berlin 1899.

*Nerlich, Jörg/Römermann, Volker:* Insolvenzordnung, Kommentar, Loseblatt, München 42. EL Februar 2021.

*Neuner, Jörg:* Allgemeiner Teil des Bürgerlichen Rechts, 12. Auflage, München 2020.

*Nolden, Christoph:* Das Abstraktionsprinzip im urheberrechtlichen Lizenzverkehr, Diss. Kiel, Göttingen, 2005.

*Nolte, Hermann:* Zur Reform der Eigentumsübertragung, Stuttgart u. a. 1941.

Nomos Kommentar: BGB, Kommentar (Hrsg. v. Dauner-Lieb, Barbara/Heidel, Thomas/Ring, Gerhard), 4. Auflage, Baden-Baden 2021.

*Oetker, Hartmut/Maultzsch, Felix:* Vertragliche Schuldverhältnisse, 5. Auflage, Berlin 2018.

*Olshausen, Eberhard v.:* Die begehrte Standuhr; JuS 1979, S. 725 ff.

*Otto, Carl E./Schilling, Bruno/Sintenis, Friedrich F.:* Das corpus juris civilis in's Deutsche übersetzt, Band 4, Leipzig 1832.

*Palandt, Otto:* Bürgerliches Gesetzbuch: BGB, Kommentar (Hrsg. v. Bassenge, Peter/Brudermüller, Gerd/Ellenberger, Jürgen/Götz, Isabell/Grüneberg, Christian/Sprau, Hartwig/Thorn, Karsten/Weidenkaff, Walter/Weidlich, Dietmar), 80. Auflage, München 2021.

*Pape, Gerhard/Uhlenbruck, Wilhelm/Voigt-Salus, Joachim:* Insolvenzrecht, 2. Auflage, München 2010.

*Paulus, Christoph G.:* Insolvenzrecht, 3. Auflage, München 2017.

*Ders.:* § 1 InsO und sein Insolvenzmodell; NZI 2015, S. 1001 ff.

*Ders.:* Das Recht der Insolvenzanfechtung und Gläubigerschutz; ZGR, Sonderheft 17, 2006, S. 434 ff.

*Pawlowski, Hans-Martin:* Allgemeiner Teil des BGB, 4. Auflage, Heidelberg 1993.

*Peters, Frank:* Kauf und Übereignung; JURA 1986, S. 449 ff.

*Ders.:* Der Entzug des Eigentums an beweglichen Sachen durch gutgläubigen Erwerb (Jus Privatum), Tübingen 1991.

*Petersen, Jens:* Das Abstraktionsprinzip; JURA 2004, S. 98 ff.

*Picot, Henriette:* Abstraktion und Kausalabhängigkeit im deutschen Immaterialgüterrecht, Diss. Dresden, Baden-Baden 2007.

*Pietrek, Marietta:* Konsens über Tradition? Eine Studie zur Eigentumsübertragung im brasilianischen, deutschen und portugiesischen Recht, Diss., Tübingen 2015.

*Pluta, Maximilian:* Insolvenzaufrechnung und der Grundsatz der par conditio creditorum, Bielefeld 2009.

*Prieto, Catherine:* Regards croisés sur les Principes du Droit Européen du Contrat et sur le droit français, Aix-en-Provence 2003.

*Prütting, Hanns:* Sachenrecht, 37. Auflage, München 2021.

*Ders./Wegen, Gerhard/Weinreich, Gerd:* BGB, Kommentar, 15. Auflage, Köln 2020.

*Raape, Leo:* Sachmängelhaftung und Irrtum beim Kauf; AcP 150 (1949), S. 481 ff.

*Ranieri, Filippo:* Die Lehre von der abstrakten Übereignung in der deutschen Zivilrechtswissenschaft des 19. Jahrhunderts; Coing, Helmut/Wilhelm, Walter (Hrsg.), Wissenschaft und Kodifikation des Privatrechts im 9. Jahrhundert, Band II, Frankfurt am Main 1977, S. 90ff.

*Rattunde, Rolf/Smid, Stefan/Zeuner Mark:* Insolvenzordnung (InsO), Kommentar, Band 2: §§ 148–359, 4. Auflage, Stuttgart 2019.

*Reid, Kenneth G. C.:* The Law of Property in Scotland, London 1996.

*Reinicke, Dietrich/Tiedtke, Klaus:* Kaufrecht, 8. Auflage, München 2009.

*Resch, Sarah-Maria:* Business Judgement Rule und Insolvenzverwalterhaftung, Baden-Baden 2019.

*Rheinstein, Max:* Einführung in die Rechtsvergleichung, München 1974.

*Ders.:* Die Strukturen des vertraglichen Schuldverhältnisses im anglo-amerikanischen Recht, Berlin, Leipzig 1932.

*Rodriguez-Rosado, Bruno:* Abstraktionsprinzip und redlicher Erwerb als Mittel zum Schutze des Rechtsverkehrs, Frankfurt am Main 2009.

*Röthel, Anne/Heßeler, Benjamin:* Vertragsübernahme und Vertrauensschutz – Bewährungsprobe für ein junges Rechtsinstitut; WM 2008, S. 1001ff.

*Rother, Werner:* Die Erfüllung durch abstraktes Geschäft; AcP 169 (1969), S. 1ff.

*Rummel, Peter:* Kommentar zum Allgemeinen bürgerlichen Gesetzbuch, Band 1, 3. Auflage, Wien 2000.

*Runkel, Hans.-P./Schmidt, Jens M.:* Keine Berechtigung des Gemeinschuldners zur Geltendmachung eines Gemeinschaftsschadens nach Verfahrensbeendigung; EWiR 2010, S. 157ff. (Zugleich Besprechung des BGH-Hinweisbeschlusses v. 14.05.2009 - IX ZR 93/08 = ZIP 2009, 2012).

*Savigny, Friedrich Carl von:* System des heutigen Römischen Rechts, Band 3, Berlin 1840.

*Ders.:* System des heutigen Römischen Rechts, Band 4, Berlin 1841.

*Ders.:* Das Obligationenrecht als ein Theil des heutigen römischen Rechts II, Berlin 1853.

*Schey, Hans:* Österreichisches Centralblatt für die juristische Praxis 1902.

*Schimansky, Herbert/Bunte, Hermann-Josef/Lwowski, Hans-Jürgen:* Bankrechts-Handbuch, Band I, 5. Auflage, München 2017.

*Schindler, Karl-Heinz:* Kausale oder abstrakte Übereignung; Köbler, Gerhard/Nehlsen, Hermann: Wirkungen europäischer Rechtskultur; Festschrift Karl Kroeschell zum 70. Geburtstag, München 1997, S. 1033ff.

*Schlechtriem, Peter:* Restitution und Bereicherungsanspruch in Europa, Band 1: Eine rechtsvergleichende Darstellung, Tübingen 2000.

*Schluck-Amend, Alexandra:* Änderungen im Insolvenzrecht durch das COVID-19-Insolvenzaussetzungsgesetz; NZI 2020, S. 289ff.

*Schmidt, Karsten:* Insolvenzordnung, Kommentar, 19. Auflage, München 2016.

*Schmidt-Kessel, Martin:* Study Group on a European Civil Code; Handwörterbuch des Europäischen Privatrechts (HWB EUP), Tübingen 2009, S. 1453ff.

*Schmidt-Rimpler, Walter:* Eigenschaftsirrtum und Erklärungsirrtum; Nipperdey, Hans Carl (Hrsg.), Das deutsche Privatrecht in der Mitte des 20. Jahrhunderts; Festschrift für Heinrich Lehmann zum 80. Geburtstag, Band I, 1956.

*Schmieke, Arne:* Der Unterschied zwischen dinglichen und persönlichen Rechten an Immobilien im südafrikanischen Recht, Baden-Baden 2017.

*Schollmeyer, Mario:* Selbstverantwortung und Geschäftsgrundlage, Tübingen 2014.

*Schröder, Tobias:* Überschuldung privater Haushalte und die Möglichkeit der Restschuldbefreiung. Eine rechtssoziologische Analyse, Diss., Baden-Baden 2017.

*Schubert, Werner:* Die Entstehung der Vorschriften des BGB über Besitz und Eigentumsübertragung, Berlin 1966.

*Ders.:* Zu einer Edition unveröffentlichter Materialien – Zugleich ein Beitrag zur Entstehungsgeschichte des § 119 BGB; AcP 175 (1975), S. 426ff.

*Ders.:* Die Vorlagen der Redaktoren für die erste Kommission zur Ausarbeitung des Entwurfs eines Bürgerlichen Gesetzbuches, Sachenrecht, Teil 1, Berlin, New York 1982.

*Schulte-Nölke, Hans:* Die schwere Geburt des bürgerlichen Gesetzbuches; NJW 1996, S. 1705ff.

*Schur, Wolfgang:* Eigenschaftsirrtum und Neuregelungen des Kaufrechts; AcP (204) 2004, S. 883–906.

*Schwartz, Daniel:* Der subjektive Tatbestand der Vorsatzanfechtung nach § 133 InsO, Frankfurt am Main 2013.

*Sieverts, Hauke G.:* Die vorschnelle Ablehnung des dinglichen Konsenses: Abstraktions- und Trennungsprinzip im ZGB der DDR, Diss. Bielefeld, Bielefeld 2007.

*Singer, Reinhard:* Selbstbestimmung und Verkehrsschutz im Recht der Willenserklärungen, München 1995.

*Smid, Stefan:* Die Haftung des Insolvenzverwalters in der Insolvenzordnung – Kontinuität und Diskontinuität des Rechts der Haftung des Insolvenzverwalters; Kölner Schrift zur Insolvenzordnung, 2. Auflage, Köln 2000.

*Sonnenberger, Hans-Jürgen/Classen, Claus Dieter:* Einführung in das französische Recht, 4. Auflage, Frankfurt am Main 2012.

*Soergel, Hans Theodor:* Bürgerliches Gesetzbuch, Kommentar, Band 2, Allgemeiner Teil 2 (§§ 104–240), 13. Auflage, Stuttgart, Berlin, Köln 1999.

*Ders.:* Bürgerliches Gesetzbuch, Kommentar, Band 14, Sachenrecht 1 (§§ 854–984), 13. Auflage, Stuttgart 2002.

*Sorge, Chrisioph:* Verpflichtungsfreier Vertrag als schuldrechtlicher Rechtsgrund. Das »Rechtsgeschäft« der condictio ob rem gem. § 812 Abs. 1 S. 2 Alt. 2 BGB jenseits von Erfüllungszwang und Markttausch. Diss, Göttingen, 2017.

*Stadler, Astrid:* Gestaltungsfreiheit und Verkehrsschutz durch Abstraktion, Tübingen 1996.

*Dies.:* Die Vorschläge des gemeinsamen Referenzrahmens für ein europäisches Sachenrecht – Grundprinzipien und Eigentumserwerb; JZ 2010, S. 380ff.

*Stagl, Jakob Fortunat:* Der Eigentumsübergang beim Kauf beweglicher Sachen – Gedanken über die Methode der Rechtsvereinheitlichung am Beispiel der Study Group on a European Civil Code; Tietze, Andrea/McGuire, Mary-Rose/Bendel, Christian/Bendel, Lorenz/Nickel, Nicole/Reich, Barbara/Sachse, Kathrin/Wehling, Eileen (Hrsg.): Jahrbuch junger Zivilrechtswissenschaftler – Europäisches Privatrecht: Über die Verknüpfung von nationalem und Gemeinschaftsrecht, Stuttgart, 2005, S. 369–397.

*Ders.:* Eigentumsübertragung beim Kauf beweglicher Sachen im DCFR und CESL; RabelsZ 79 (2015), S. 1ff.

*Stangl, Roland:* Die kollisionsrechtliche Umsetzung des Art. 13 EuInsVO, Tübingen 2015.

*Staudenmayer, Dirk:* Der Kommissionsvorschlag für eine Verordnung zum Gemeinsamen. Europäischen Kaufrecht; NJW 2011, S. 3491ff.

*Staudinger, Julius von:* Kommentar zum Bürgerlichen Gesetzbuch (BGB), Buch 1: Allgemeiner Teil, §§ 90–124; 130–133, Neubearbeitung Berlin 2017.

*Ders.:* Kommentar zum Bürgerlichen Gesetzbuch (BGB), Buch 1: Allgemeiner Teil 4b, §§ 139–163, Neubearbeitung Berlin 2020.

*Ders.:* Kommentar zum Bürgerlichen Gesetzbuch (BGB), Buch 2: Recht der Schuldverhältnisse, §§ 311, 311a-c, Neubearbeitung Berlin 2018.

*Ders.:* Kommentar zum Bürgerlichen Gesetzbuch (BGB), Buch 2: Recht der Schuldverhältnisse, §§ 397–432, Neubearbeitung Berlin 2017.

*Ders.:* Kommentar zum Bürgerlichen Gesetzbuch (BGB), Buch 2: Recht der Schuldverhältnisse, §§ 433–480, Neubearbeitung Berlin 2013.

*Ders.:* Kommentar zum Bürgerlichen Gesetzbuch (BGB), Buch 2: Recht der Schuldverhältnisse, §§ 516–534, Neubearbeitung Berlin 2005.

*Ders.:* Kommentar zum Bürgerlichen Gesetzbuch (BGB), Buch 2: Recht der Schuldverhältnisse, §§ 516–534, Neubearbeitung Berlin 2021.

*Ders.:* Kommentar zum Bürgerlichen Gesetzbuch, Buch 3: Sachenrecht, Einleitung zum Sachenrecht; §§ 854–882, Neubearbeitung Berlin 2018.

*Ders.:* Kommentar zum Bürgerlichen Gesetzbuch, Buch 3: Sachenrecht, §§ 925–984; Anh. Zu 929–931, Neubearbeitung Berlin 2020.

*Ders.:* Kommentar zum Bürgerlichen Gesetzbuch, Buch 3: Sachenrecht, §§ 985–1011, Neubearbeitung Berlin 2019.

*Stowasser, Josef M.:* Lateinisch-deutsches Schulwörterbuch, München 2016.

*Strack, Astrid:* Hintergründe des Abstraktionsprinzips; JURA 2011, S. 5ff.

*Streier, Joseph:* Eigentumsübertragung und Kausalgeschäft, Bochum 1938.

*Stürner, Rolf/Fix, Christian:* Das maßgebliche Recht im Sinne des Artikel 13 EuInsVO: Bestimmung und Geltungsumfang; Festschrift für Jobst Wellensiek zum 80. Geburtstag, München 2011, S. 833ff.

*Süß, Theodor:* Anmerkung zu RG, Urt. v. 18.9.1934 – II 95/34; JW 1934, S. 3124ff.

*Ders.:* Das Traditionsprinzip – ein Atavismus des Sachenrechts; von Caemmerer, Ernst/Mann, F.A./Hallstein, Walter/Raiser, Ludwig (Hrsg.): Beiträge zum Zivilrecht und internationalem Privatrecht; Festschrift für Martin Wolff, Tübingen 1952, S. 141ff.

*Thole, Christoph:* Gläubigerschutz durch Insolvenzrecht; Tübingen 2010.

*Ders.:* Das Reformgesetz zur Insolvenzanfechtung; ZIP 2017, S. 401ff.

*Tilmann, Winfried:* Entschließung des Europäischen Parlaments über die Angleichung des Privatrechts der Mitgliedstaaten; ZEuP 1993, S. 613ff.

*Tu, Changfeng:* Abstrakte Verfügungen und kausale Verpflichtungen? Über die Bedeutungslosigkeit der Einordnung eines Rechtsgeschäftes als Verfügungs- oder Verpflichtungsgeschäft für die Frage nach seiner Abstraktion oder Kausalität, Diss. Bonn, Baden-Baden 2007.

*Tuhr, Andreas von:* Zum Begriff der Verfügung nach BGB; AcP 117 (1919), S. 193ff.

*Trunk, Alexander:* Internationales Insolvenzrecht: Systematische Darstellung des deutschen Rechts mit rechtsvergleichenden Zügen, Tübingen 1998.

*Uhlenbruck, Wilhelm:* Zur Vorauswahl und Bestellung des Insolvenzverwalters; NZI 2006, S. 489ff.

*Ders./Hirte, Heribert/Vallender, Heinz:* Insolvenzordnung, Kommentar, 15. Auflage, München 2019.

*Undritz, Sven-Holger:* Betriebsfortführung im Eröffnungsverfahren – Die Quadratur des Kreises?; NZI 2007, S. 65ff.

*Vallender, Heinz:* Die Rechtsprechung des Bundesgerichtshofs zur Konkursverwalterhaftung; ZIP 1997, S. 345ff.

*Ders./Undritz, Sven-Holger:* Praxis des Insolvenzrechts, 2. Auflage, Bonn 2017.

*Vendrell Cervantes*, Carles: The Application of the PECL by Spanish Courts; ZEuP 2008, S. 534ff.

*Vieweg, Klaus/Werner, Almuth:* Sachenrecht, 8. Auflage, München 2018.

*Vogt, Verena:* Massemehrung durch späte gerichtliche Geltendmachung von Anfechtungsansprüchen; NZI 2015, S. 830ff.

*Wagner, Magnus:* Handlungsoptionen des Insolvenzverwalters als Reaktion auf die neue Rechtsprechung des BGH zum Einzugsermächtigungsverfahren; ZIP 2011, S. 846ff. (Zugleich Besprechung der BGH-Urteile v. 20.07.2010 - IX ZR 37/09 = ZIP 2010, 1552 und XI ZR 236/07 = ZIP 2010, 1556)

*Weitnauer, Hermann:* Verdinglichte Schuldverhältnisse; Festschrift für Karl Larenz zum 80. Geburtstag, München 1983, S. 705ff.

*Welan, Manfried:* Recht in Österreich. Eine Einführung, 3. Auflage, Wien 2002.

*Westermann, Harm Peter/Gursky, Karl-Heinz/Eickmann, Dieter:* Sachenrecht, 8. Auflage, Heidelberg 2011.

*Wieacker, Franz:* Friedrich Carl von Savigny; Zeitschrift der Savigny-Stiftung für Rechtsgeschichte, Romanistische Abteilung 72 (1955), S. 1ff.

*Wieling, Hans Josef:* Sachenrecht, Band 1, Sachen, Besitz und Rechte an beweglichen Sachen, Berlin u.a. 1990.

*Ders.:* Das Abstraktionsprinzip für Europa; ZEuP 2001, S. 301ff.

*Wieser, Eberhard:* Weshalb berechtigt der Eigenschaftsirrtum zur Anfechtung?; Festschrift für Günther Küchenhoff, Erster Halbband, Berlin 1972, S. 409ff.

*Wilhelm, Jan:* Sachenrecht, 6. Auflage, Berlin, Boston 2019.

*Windscheid, Bernhard:* Lehrbuch des Pandektenrechts in drei Bänden, Band 1, 6. Auflage, Leipzig 1887.

*Ders.:* Die Voraussetzung; AcP 78 (1892), S. 161ff.

*Witz, Claude:* Analyse critiqiue des règles régissant le transfert de la propriété; Martinek, Michael/Schmidt, Jürgen/Wadle, Elmar (Hrsg.); Festschrift für Günther Jahr zum siebzigsten Geburtstag, Tübingen 1993, S. 533ff.

*Wellenhofer, Marina:* Sachenrecht, 36. Auflage, München 2021.

*Zander, Ines:* Irrtumsanfechtung und Sachmängelgewährleistung beim Kauf von Kunstwerken. Ein Rechtsvergleich des deutschen, französischen und englischen Rechts, Tübingen, 2019.

*Zimmermann, Reinhard:* The Law of Obligations: Roman Foundations of the Civilian Tradition, Cape Town 1990.

*Ders.:* Commmon Frame of Reference; Handwörterbuch des Europäischen Privatrechts (HWB EUP), Tübingen 2009.

*Ders.:* Principles of European Contract Law; Handwörterbuch des Europäischen Privatrechts (HWB EUP), Tübingen 2009.

*Ders./Jansen, Nils:* Was ist und wozu der DCFR?; NJW 2009, S. 3401ff.

*Zweigert, Konrad/Kötz, Hein:* Einführung in die Rechtsvergleichung auf dem Gebiete des Privatrechts, Band 1, Grundlagen, 1. Auflage, Tübingen 1971.

*Dies.:* Einführung in die Rechtsvergleichung auf dem Gebiete des Privatrechts, Band 2, Institutionen, 1. Auflage, Tübingen 1971.

# Beiträge zu Grundfragen des Rechts

Herausgegeben von Stephan Meder

Die drei Grundfragen des Rechts, die vor gut zweihundert Jahren der Rechtsgelehrte Gustav Hugo formulierte – »Was ist Rechtens?«, »Wie ist es Rechtens geworden?« und »Ist es vernünftig, daß es so sey?« – stellen sich bis heute. Die Frage nach dem geltenden Recht zielt heute nicht nur auf dessen Prinzipien und Regeln, sondern auch auf das Verhältnis von Gesetz und Recht, juristischer Geltung und sozialer Wirklichkeit. Die Frage nach der Geschichte des Rechts betrifft auch das sich wandelnde Verhältnis zwischen den Rechtsquellen sowie das Verhältnis von Tradition und Gegenwartsbezug der Rechtsinhalte. Die Frage nach den richtigen Inhalten des Rechts bezieht sich heute vor allem auf das rechtliche Verhältnis zwischen der größtmöglichen Freiheit des Einzelnen und dem notwendigen Mindestmaß sozialer Gleichheit und Gemeinwohlbindung des Rechts. So sind die Grundfragen des Rechts niemals von lediglich theoretischer Bedeutung, sondern haben einen unmittelbar praktischen Bezug zur Rechtsentstehung, Rechtsauslegung und Rechtsanwendung. Antworten auf diese Fragen versuchen aus unterschiedlichen Perspektiven die Beiträge dieser Reihe zu geben.

**Weitere Bände dieser Reihe:**

Band 39: Susanne Beck / Stephan Meder (Hg.)
**Jenseits des Staates?**
Über das Zusammenwirken von staatlichem und nicht-staatlichem Recht
2021, 230 Seiten, gebunden, ISBN 978-3-8471-1367-6

Band 37: Janina Schaffert
**Der familienrechtliche Ausgleichsanspruch**
Die Geschichte einer Fehlkonstruktion
2021, 200 Seiten, gebunden, ISBN 978-3-8471-1257-0

Band 36: Christoph Sorge
**Abhängige Autoren**
Rechtsdiskurse um angestellte und arbeitnehmerähnliche Urheber in der Weimarer Republik – ein Blick zurück nach vorn
2020, 161 Seiten, gebunden, ISBN 978-3-8471-1213-6

Band 34: Stephan Meder (Hg.)
**Geschichte und Zukunft des Urheberrechts II**
2020, 262 Seiten, gebunden, ISBN 978-3-8471-1176-4

Band 33: Alexander Ihlefeldt
**Carl Bulling (1822–1909)**
Pandektist und Vordenker der Gleichberechtigung
2020, 319 Seiten, gebunden, ISBN 978-3-8471-1100-9

Band 31: Wolfgang Hummes
**Freier Beruf oder Gewerbe?**
Über die Sinnhaftigkeit einer traditionellen Unterscheidung im Recht
2019, 254 Seiten, gebunden, ISBN 978-3-8471-0964-8

Vandenhoeck & Ruprecht Verlage

V&R unipress

www.vandenhoeck-ruprecht-verlage.com